China's Development Report on Transport Rule of Law

中国交通运输法治发展报告

张瑞萍◎主　编
袁　琳◎副主编

知识产权出版社
全国百佳图书出版单位
—北京—

图书在版编目（CIP）数据

中国交通运输法治发展报告 / 张瑞萍主编．—北京：知识产权出版社，2023.5
ISBN 978－7－5130－8466－6

Ⅰ.①中…　Ⅱ.①张…　Ⅲ.①交通运输管理—法规—研究报告—中国
Ⅳ.①D922.144

中国版本图书馆 CIP 数据核字（2022）第 218035 号

责任编辑：秦金萍　　**责任校对：**谷　洋
封面设计：瀚品设计　　**责任印制：**刘译文

中国交通运输法治发展报告

张瑞萍　主编

袁　琳　副主编

出版发行：	知识产权出版社有限责任公司	**网　　址：**	http://www.ipph.cn
社　　址：	北京市海淀区气象路 50 号院	**邮　　编：**	100081
责编电话：	010－82000860 转 8367	**责编邮箱：**	1195021383@qq.com
发行电话：	010－82000860 转 8101/8102	**发行传真：**	010－82000893/82005070/82000270
印　　刷：	北京建宏印刷有限公司	**经　　销：**	新华书店、各大网上书店及相关专业书店
开　　本：	720mm×1000mm　1/16	**印　　张：**	16.25
版　　次：	2023 年 5 月第 1 版	**印　　次：**	2023 年 5 月第 1 次印刷
字　　数：	272 千字	**定　　价：**	78.00 元

ISBN 978－7－5130－8466－6

《中国交通运输法治发展报告》编委会

序

党的十八大对我国全面建成小康社会和全面深化改革开放作出重要部署。作为国民经济的基础性、先导性、战略性产业，交通运输业的高质量发展对服务人民美好生活、促进共同富裕具有重要意义。党的十九大进一步提出建设“交通强国”的目标，要求把握交通“先行官”定位，强调建设人民满意交通，形成现代化综合交通运输体系。“交通强国”这一重大战略决策也对我国交通运输法治建设提出了更高的要求。

目前，我国交通法律法规体系的基础较为完善，初步形成了包括 8 部法律、43 部行政法规、300 部地方性法规、288 件部门规章、290 件地方政府规章的综合交通运输法规体系。[1] 相应的法律法规基本覆盖铁路、公路、水路、民航、邮政、管道等交通运输领域。在此背景下，北京交通大学法学院《中国交通运输法治发展报告》编写组系统梳理了改革开放以来我国交通运输法治的发展状况，按照总报告—分报告—专题报告的总体逻辑，不仅全景展现了我国交通运输法治与法学教育的总体情况，并且依照立法、司法、执法、法学研究的撰写思路，系统介绍了铁路、公路、水路、海上、航空五个具体领域的交通运输法治状况。此外，编写组选取了数字交通、北京市公共交通两个热点问题作为主题，对新时代背景下交通运输法治的前沿问题展开聚焦讨论。

北京交通大学法学学科历史积淀深厚，依托于北京交通大学的平台，北京交通大学法学院一直以来以交通法为学科特色与优势，多位教师深耕于交通法领域并取得卓越成就。法学院多年来积极发挥特色学科优势，致力于培养优秀的交通法治人才，并通过开展系统性的交通法律法规体系研究，助力交通强国

---

[1] 参见李小鹏：《国务院关于建设现代综合交通运输体系有关工作情况的报告》，2021 年 6 月 7 日在十三届全国人大常委会二十九次会议上。

建设。值此法学院建院十周年之际，编写组历经一年多的筹划、讨论与撰写，形成了这份《中国交通运输法治发展报告》。这不仅是对法学院的生日献礼，更是北京交通大学以及法学院对中国交通运输法治发展的一份献礼。我们期冀这份报告能够为我国交通运输法治建设的理论研究与实践发展贡献力量。跟随全面建成人民满意、保障有力、世界前列的交通强国的新时代伟大愿景，在全面依法治国基本方略的引领下，交通运输法治发展也必将更进一步、更加健全、更为完善。编写组将以持之以恒的努力，在未来不断精进与完善《中国交通运输法治发展报告》。期待与交通运输法治理论界与实务界的各位同人一道，为中国交通运输法治建设的不断发展共同努力。

《中国交通运输法治发展报告》编写组

2022年6月20日

目录

CONTENTS

第一篇
总报告

中国交通运输法治总览

尹　婷[*]　裴洪辉[**]

改革开放以来，中国交通运输法治建设取得了举世瞩目的成就，交通法律体系已经基本建成，交通基本制度正在不断完善，交通治理水平得到极大提升，公民交通权益得到充分保障。作为交通运输事业健康发展的重要支撑，交通运输法治为交通强国建设奠定了坚实基础。

党的十八大对全面建成小康社会和全面深化改革开放作出重要部署。作为国民经济的基础性、先导性、战略性产业，交通运输的高质量发展对服务人民美好生活、促进共同富裕具有重要意义。党的十九大进一步提出建设“交通强国”的目标，要求把握交通“先行官”定位，强调建设人民满意交通，形成现代化综合交通体系。“交通强国”这一重大战略决策也对我国交通运输法治建设提出了更高的要求。

党的十八大以来，随着“大部制”改革的稳步推进，现代综合交通运输体系不断完善，交通运输法治建设的作用更加突出。其不仅要求加强重点领域交通法律法规的“立、改、废、释”工作，还要在交通运输法治整体建设中，以法治思维和法治方式引领交通运输领域的综合改革，在法治轨道上推动交通治理体系和治理能力的现代化。

本报告将系统梳理改革开放以来交通运输法治发展的重要成果，回顾交通运输法治建设的历史进程，展现交通运输法治体系的基本面貌和发展动向，探

* 尹婷，北京交通大学法学院讲师。

** 裴洪辉，北京交通大学法学院副教授。

感谢北京交通大学法学院2019级本科生龚卓一秀、余晓蝶、王璐三位同学协助查阅、收集与整理相关材料。

讨交通运输法治研究和法学教育中的前沿与热点问题，以期为交通运输法治建设的未来发展提供思路与启示。

一、中国交通运输法治发展中的法律体系建构

（一）中国交通法律体系的基本框架

目前，我国交通法律法规体系的基础较为完善，初步形成了包括8部法律、43部行政法规、300部地方性法规、288件部门规章、290件地方政府规章的综合交通法规体系。[1] 相应的法律法规基本覆盖铁路、公路、水路、民航、邮政、管道等交通运输各个领域，具有保障交通运输行业发展，规范交通行政管理的重要作用。

1. 中央层面的交通运输立法

中央层面的交通运输立法包括法律、行政法规和部门规章。其中法律又分为交通运输领域的专门性法律与涉及交通运输的其他领域法律。交通运输领域的专门性法律包括《海上交通安全法》《铁路法》《公路法》《航道法》《港口法》《海商法》《邮政法》《民用航空法》《道路交通安全法》《国防交通法》《石油天然气管道保护法》等。[2] 在这些专门性法律之外，还有大量涉及交通运输的其他领域法律，如《土地管理法》《大气污染防治法》《环境影响评价法》《网络安全法》中对于保障交通运输规划与建设的规定；《突发事件应对法》《传染病防治法》《戒严法》《枪支管理法》中涉及对交通运输活动进行管理或对交通运输工具实施检查的规定；《残疾人保障法》《老年人权益保障法》《兵役法》《人民警察法》《种子法》中涉及对某类群体或某个行业进行优待照顾的规定；《民法典》《行政处罚法》《刑法》中也涉及交通运输领域的专门责任或有关执法、司法层面的规定。交通运输领域的专门性法律与涉及交通运输的其他领域法律共同构成了我国交通法律体系的基础。

目前，依托于分别发展的各项交通运输方式，我国中央层面的交通运输立法主要由五个相互独立的法律法规系统构成，分别是铁路法律法规系统、公路法律法规系统、水路法律法规系统、民航法律法规系统与邮政法律法规系统。

---

[1] 参见李小鹏：《国务院关于建设现代综合交通运输体系有关工作情况的报告》，2021年6月7日在十三届全国人大常委会二十九次会议上。

[2] 为行文方便，本书部分法律法规及其他规范性文件直接使用了简称。

各法律法规系统内部又分别由主干法律、重要的行政法规和若干部门规章构成。如铁路法律法规系统中最为核心与基础的是1990年公布的《铁路法》，其规定了我国铁路行业的基本体制与重要制度。另外，国务院制定的《铁路安全管理条例》（国务院令第639号）和《铁路交通事故应急救援和调查处理条例》（国务院令第628号）以及交通运输部、国家铁路局制定的大量部门规章，共同构成铁路法律法规系统的重要组成部分。此外，在某一独立的法律法规系统之内还会根据内部特征分为若干子系统，如公路法律法规系统可以分为公路基础设施和道路运输两个子系统，水路法律法规系统可以分为水运基础设施、水路运输、水上交通安全和防污染三个子系统。

综上可见，经过多年发展，中央层面的交通运输立法已经形成了较为完整的交通法律法规整体框架。同时，特别需要注意的是交通运输活动具有较强的跨地域特征，1915年初版的《辞源》对于"交通"的定义中就强调其"因减少或排除因地域隔离而发生困难"的特点。中央层面的交通运输立法在全国范围内普遍适用，具有统一标准、降低交易成本的优势，这也与交通运输活动的跨地域特征相适应。中央层面的交通运输立法奠定了我国交通法律体系的基础和主干，立法现状可见表1。

表1 中央层面的交通运输立法

序号	公布日期	法律名称	法律类别	主要内容
1	1983.09.02	《海上交通安全法》（分别于2016年修正，2021年修订）	海洋运输	加强海上交通管理，维护海上交通秩序，保障生命财产安全，维护国家权益
2	1986.12.02	《邮政法》（分别于2009年修订，2012年、2015年修正）	邮政	保障邮政普遍服务，加强对邮政市场的监督管理，维护邮政通信与信息安全，保护通信自由和通信秘密，保护用户合法权益，促进邮政业健康发展，适应经济社会发展和人民生活需要
3	1990.09.07	《铁路法》（分别于2009年、2015年修正）	铁路运输	保障铁路运输和铁路建设的顺利进行，适应社会主义现代化建设和人民生活的需要

续表

序号	公布日期	法律名称	法律类别	主要内容
4	1992.11.07	《海商法》	海洋运输	调整海上运输关系、船舶关系，维护当事人各方的合法权益，促进海上运输和经济贸易的发展
5	1995.10.30	《民用航空法》（分别于2009年、2015年、2016年、2017年、2018年、2021年进行五次修正）	航空运输	维护国家的领空主权和民用航空权利，保障民用航空活动安全和有秩序地进行，保护民用航空活动当事人各方的合法权益，促进民用航空事业的发展
6	1997.07.03	《公路法》（分别于1999年、2004年、2009年、2016年、2017年进行五次修正）	公路运输	加强公路的建设和管理，促进公路事业的发展，适应社会主义现代化建设和人民生活的需要
7	2003.06.28	《港口法》（分别于2015年、2017年、2018年进行三次修正）	港口港务	加强港口管理，维护港口的安全与经营秩序，保护当事人的合法权益，促进港口的建设与发展
8	2003.10.28	《道路交通安全法》（分别于2007年、2011年、2021年进行三次修正）	公路运输	维护道路交通秩序，预防和减少交通事故，保护人身安全，保护公民、法人和其他组织的财产安全及其他合法权益，提高通行效率
9	2010.06.25	《石油天然气管道保护法》	石油天然气管道	保护石油、天然气管道，保障石油、天然气输送安全，维护国家能源安全和公共安全
10	2014.12.28	《航道法》（于2016年修正）	水路运输	规范和加强航道的规划、建设、养护、保护，保障航道畅通和通航安全，促进水路运输发展
11	2016.09.03	《国防交通法》	交通运输综合规定	加强国防交通建设，促进交通领域军民融合发展，保障国防活动顺利进行

2. 地方层面的交通运输立法

在中央立法之外，地方交通运输立法也是我国交通法律体系的重要组成部分。地方交通运输立法主要包括地方性法规和地方政府规章。交通运输作为区域发展的基础性、先导性、战略性产业，对地方经济与社会发展具有重要意义，发展交通运输事业也是地方事权的一部分。地方交通运输立法具有因地制宜的适应性和因势利导的灵活性。在中央立法缺失的情况下，地方交通运输立法还具备弥补缺漏、先行试验的作用。2015 年《立法法》修正后，地方立法权扩容，享有地方立法权的主体大幅度扩张。同年全国交通运输依法行政工作会议特别提出，要“加快形成完备的综合交通运输法规体系……鼓励地方在法定权限内积极探索，填补法律空白”。❶ 地方交通运输立法逐步在弥补立法空白、积累立法经验、具体执行交通法律、管理地方交通事务等方面发挥越来越重要的作用。

无论对地方治理还是交通法律法规体系的完善而言，地方交通运输立法都具有重要作用。特别是地方先行立法对满足交通运输治理需求具有重要意义。据统计，有 26 个省、自治区、直辖市曾经在交通运输领域开展先行立法，先后制定 145 部地方先行性法规，重点关注道路运输管理、城市道路管理、公路管理、港口管理等领域。❷ 地方交通运输立法的重要意义主要体现在以下几个方面。

首先，地方交通运输立法要与本区域的自然状况、地理位置、交通条件等客观因素以及发展模式、政策倾斜等现实因素相适应，我国地区之间、城乡之间存在较大差异性，地方交通运输立法能够满足不同地区的立法需求。例如，一些大城市出现了较为严重的交通堵塞和空气污染问题，“治堵”“治污”需求突出，部分城市通过颁布地方性法规，采取了“摇号上牌”“禁摩令”“禁电令”“单双号限行”“交通管制”等一系列因应政策。

---

❶ 参见交通运输部：《杨传堂在全国交通运输依法行政工作会议上强调：围绕依法治国战略布局着力形成四个体系　加快推进行业治理体系和治理能力现代化 – 2005 年 03 月新闻 – 中华人民共和国交通运输部》，载网易网，https://www.163.com/news/article/AMQTGGSF00014JB5.html，2022 年 10 月 8 日访问。

❷ 参见周艾燕、高頔、李胤：《我国交通运输地方先行立法研究》，载《交通建设与管理》2016 年第 16 期。

其次，针对交通运输领域出现的新业态、新模式、新技术，需要处理好规制需要与未来发展的关系，在统一的中央立法出台之前，地方的先行立法具有弥补空白、积累经验的作用。例如，在高速公路领域，被誉为“神州第一路”的沈大高速公路（沈阳—大连）于1990年全线通车，是我国第一条高等级高速公路。为此，辽宁省率先对高速公路开展先行性立法，于1994年制定了《辽宁省高速公路管理条例》。伴随着高速公路在全国范围内的迅速发展，各省也相继制定了地方性法规或地方政府规章。然而，在城市轨道交通方面，截至目前，国家层面的专门性法律和行政法规依然空白，仅有2018年交通运输部公布的《城市轨道交通运营管理规定》（交通运输部令2018年第8号）。与此同时，很多城市已经率先出台专门的城市轨道交通管理条例，其中不乏多项创新性举措，为未来城市轨道交通的专门立法积累了宝贵经验。在其他新兴领域，针对共享经济模式下各种形式的网约车、自动驾驶、低碳交通，地方先行立法同样发挥了重要的试验功能。例如，在《道路交通安全法》及《道路交通安全法实施条例》尚未对共享交通作出针对性规定的情况下，众多城市已开始通过地方性立法对共享交通进行规制。[1]

最后，即使已有中央立法，很多情况下地方立法仍具备现实必要性。在不违背上位法的前提下，地方立法能够因地制宜、对症下药，满足多样化需求。例如，地方交通运输立法能够为实现上位法目的创设必要的规定，如2016年发布的《衢州市市区电动自行车管理规定》第23条即突破了《道路交通安全法》的规定，要求“电动自行车驾驶人和乘坐人员应当佩戴安全头盔”，以更好地保护骑行者安全。再如，《道路交通安全法》修改前，地方立法过程中对强制儿童约束装置系统的讨论，[2] 以及某些地方性立法中关于“成年人驾驶电动自行车只能搭载一名十六周岁以下的未成年人”的规定，在合宪性审查中被认为是基于公民出行便利的需要作出的探索性规定。[3]

尽管地方交通运输立法具有释放交通运输治理能力、先行先试、大胆创新

---

[1] 参见于静涛：《共享交通大发展下的地方立法因应》，载《海峡法学》2019年第3期（总第81期）。

[2] 参见周伟：《未成年人地方立法良法标准实证研究》，载《法学论坛》2014年第5期。

[3] 参见沈春耀：《全国人大常委会法工委关于2020年备案审查工作情况的报告》，2021年1月20日在十三届全国人大常委会二十五次会议上。

的优势，但在我国宪法体制下，仍要受到中央与地方权力划分的基本原则以及《立法法》等基本法律框架的约束。地方交通运输立法应当处理好中央立法的统一性与地方立法的主动性、积极性之间的关系。一方面，对于应当由中央立法统一规定的事项，根据法律先占原则，应由相关立法部门尽快制定全国性的法律与行政法规。特别是，由于交通运输本身强调打破区域分割，立法规划上应尽可能地协调统一，避免造成一城一法、一事一法、一轨一法，甚至一趟地铁运行在两个城市之间还要适用不同法律的现象。[1] 另一方面，对于上位法应遵循“不抵触”原则，避免因违反或突破上位法规定而导致违法甚至违宪。比如，很多地方性法规规定了出租汽车司机的户籍限制，2020 年全国人大备案审查中指出这种职业准入条件的规定不符合党中央关于“引导劳动力要素合理畅通有序流动”和“营造公平就业环境，依法纠正身份、性别等就业歧视现象，保证城乡劳动者享有平等就业权利”的改革要求，并要求制定机关进行修改。目前某些网约车地方性立法对车籍和户籍的限制性规定同样有违反《行政许可法》的嫌疑，[2] 某些地方性立法对外地车辆的限制政策以及各种形式的“限外令”也引发了地方保护降低全国性交通通行效率的争议。[3] 未来的地方交通运输立法同样要关注地方交通治理能力与法制统一的关系。

（二）中国交通法律体系的发展历程

从历史发展上来看，交通运输领域的立法需求与交通行业的发展密切相关。在现代交通行业发展早期，交通运输法律关系比较简单，仅靠民事法律就足以调整相应的法律关系，满足纠纷解决的日常需求。伴随现代社会各种交通运输方式突飞猛进的发展，交通运输立法得到各国的普遍重视，在铁路、民航、邮政、公路、水运等领域逐渐形成了调整不同交通运输方式的专门立法。

新中国的交通运输立法最早可追溯至 1951 年 9 月 13 日政务院公布的《车船使用牌照税暂行条例》（政密字〔1951〕714 号），其规定了车船牌照税的征收问题。[4] 新中国成立初期，国家结合国民经济和社会发展需要，恢复和发展

---

[1] 参见汪东丽：《我国城市轨道交通立法的模式选择》，载《铁道警察学院学报》2020 年第 1 期。

[2] 参见陈国栋：《网约车地方立法合法性之辨析——以城市道路资源的公共性为视角》，载《浙江社会科学》2018 年第 8 期。

[3] 参见黄建武：《论立法的科学性与主观选择》，载《地方立法研究》2016 年第 1 期。

[4] 参见何山石：《我国交通运输立法发展之回顾》，载《交通企业管理》2007 年第 3 期。

交通运输，制定了相应的法规与规章。例如，1954 年政务院公布《海港管理暂行条例》（已失效），1955 年国务院发布《国务院关于改进民工建勤养护公路和修建地方道路的指示》（〔55〕国六交字第 153 号），1955 年原交通部编纂的《人民交通法令汇编》正式出版。截至 1987 年年底，国务院制定并发布的有关公路、水路交通运输的行政法规和规范性文件共计 31 部，原交通部制定的有关公路、水路交通运输的行政规章和规范性文件共计 800 多部。这些法规、规章和其他规范性文件体现了当时党和国家发展交通运输事业的方针、政策，调整了交通运输方面的行政管理关系和经济关系，在维护国家权益与发展交通运输经济方面发挥了巨大作用，也为交通法制建设奠定了一定的基础。[1]

改革开放以后，中国交通法律体系的建构进入新的阶段，交通运输立法工作开始步入正轨。我国交通运输方面的专门性法律都制定于这个时期。例如，于 1983 年公布并于 1984 年实施的《海上交通安全法》是我国交通运输领域的第一部专门性法律，该部法律使海上交通管理成为改革开放后较早实现专门立法的领域，甚至间接推动了海上行政诉讼制度的建立与发展，发挥了促进行业发展、规范行政管理的作用。1990 年公布的《铁路法》成为保障铁路运输和建设顺利进行的重要法律依据。1992 年公布的《海商法》借鉴和吸收了大量国际公约，按照国际标准并参照国际惯例，在调整促进海上运输和经济贸易的发展中发挥了重要作用。1995 年公布的《民用航空法》，对于维护国家的领空主权和民用航空权利、促进民用航空事业的发展具有重要意义。1997 年公布的《公路法》对公路规划、公路建设、公路养护、路政管理、收费公路、监督检查、法律责任等作出了全方位的规定。20 世纪 90 年代，铁路、水路、民航、公路等重要领域相继公布专门性法律，交通法制建设进入高速发展时期。与此同时，原交通部确立了“加强交通法制建设，实现依法治理交通”的战略目标。1979 年，原交通部在其办公厅设置了法律处，负责拟定交通运输立法计划；1988 年年底，又设置了政策法规司，进一步加强交通法制建设工作，并根据国务院的要求，对新中国成立以来的 1500 多部交通法律、法规、规章分期分批进行了全面清理，对认定继续有效的法规，编入《交通法规汇编》以出版发行，对需要

[1] 参见付国民、洪永军：《中国的交通法制建设》，载《中国法律年鉴》1991 年第 1 期。

修改的，及时作出相应修改。

2008 年“大部制”改革帷幕拉开，成为新一轮政府体制改革的起点。2013 年国务院进一步深化改革，“大交通”体制成为这次“大部制”改革的重点之一。2013 年 3 月 14 日，十二届全国人大一次会议审议通过了《关于国务院机构改革和职能转变方案的决定》，明确指出不再保留铁道部，将铁道部拟定铁路发展规划和政策的行政职责划入交通运输部，由交通运输部统筹规划铁路、公路、水路、民航发展。“大部制”改革后，交通运输部加强对于综合交通运输法规体系建设的研究，不断加大公路、水路、邮政立法项目的工作力度，各项立法工作取得新进展。围绕交通运输基础设施建设、交通运输管理、交通运输安全和邮政管理，交通运输部先后推动制定、修改了一批行业改革和发展急需的法律、行政法规和部门规章。2016 年，交通运输部为合理统筹立法项目，促进相关法律制度的整合和衔接，强化综合管理，发挥组合效用，发布《交通运输部关于完善综合交通运输法规体系的实施意见》（交法发〔2016〕195 号），将综合交通运输法规体系分为跨运输方式法规、铁路法规、公路法规、水路法规、民航法规和邮政法规六个系统，回应了我国理论界和实务界长期存在的关于综合交通运输法规体系立法模式的争议。[1] 新时代交通运输立法朝向更加综合的方向发展。

（三）中国交通法律体系的重要内容

如上文所述，我国目前已经基本建立覆盖各种交通运输方式、部门基本完备、体系较为健全的交通法律法规体系。伴随交通运输体制改革的深化，特别是现代综合交通运输体系的建设，我国对交通法律法规体系进一步调整和补充。2016 年《交通运输部关于完善综合交通运输法规体系的实施意见》和 2021 年《国务院关于建设现代综合交通运输体系有关工作情况的报告》都提出要进一步建立健全综合交通运输法律法规体系，计划到 2030 年完成跨运输方式及铁路、公路、水路、民航、邮政等各领域“龙头法”的制定和修订工作，形成架构科学、布局合理、门类齐全、分工明确、上下有序、相互衔接的综合交通运输法律法规体系的主骨架。目前，跨运输方式的综合立法还在酝酿之中，我国

---

[1] 参见胡正良、曹译文：《我国“综合交通运输法”立法宗旨的价值探析》，载《学术交流》2019 年第 2 期。

交通法律体系主要围绕铁路、公路、水路、民航、邮政这五大系统展开，以下将对五大交通法律法规系统的具体内容分别加以阐述。

1. 铁路法律法规系统

铁路法律法规系统主要围绕《铁路法》展开。此外，2007 年公布的《铁路交通事故应急救援和调查处理条例》（国务院令第 628 号）和 2013 年公布的《铁路安全管理条例》是目前铁路法领域最重要的行政法规。

我国现行《铁路法》于 1990 年公布，并于 2009 年、2015 年完成两次“打包修改”，共有 6 章 74 个条文，包括铁路运输营业、铁路建设、铁路安全保护制度、法律责任等内容。《铁路法》自实施以来为维护铁路运输生产秩序，保障铁路运输安全，调整铁路运输企业与相关各方关系发挥了积极作用。

《铁路运输安全保护条例》于 2004 年公布，2014 年 1 月 1 日起正式废止，同日起《铁路安全管理条例》实施，涉及铁路建设质量安全、专用设备质量安全、线路安全、运营安全、监督检查、法律责任等内容。《铁路交通事故应急救援和调查处理条例》于 2007 年公布，2012 年修订，主要涉及铁路交通事故应急救援和调查处理等方面的内容。随着党中央、国务院对加强安全生产工作提出一系列新要求，如《安全生产法》修订和铁路政企分开改革，需要对铁路交通事故应急救援和调查处理机制作出相应调整。目前，仍在制定中的重要的行政法规还有“铁路运输条例”，旨在解决铁路运输市场秩序、运输服务质量监管等方面的问题。

2. 公路法律法规系统

公路法律法规系统由公路基础设施和道路运输两个子系统构成。目前最为核心的法律是《公路法》与《道路交通安全法》，未来还有必要制定专门的“道路运输法”，以规范道路运输市场秩序。

《公路法》是公路基础建设子系统的“龙头法”，于 1997 年公布，经过 1999 年、2004 年、2009 年、2016 年、2017 年五次修正，涉及公路规划、建设、养护、路政管理、收费公路等内容，对促进我国公路交通跨越式发展发挥了重要作用。考虑到加快推进新农村建设的大背景以及《收费公路管理条例》修订带来的公路管理体制改革，未来还应就农村公路建设、养护、管理及收费公路相关内容进行基础性、方向性的制度安排。

《道路交通安全法》于2003年公布，对交通肇事、道路通行、第三者责任险、赔偿、酒后驾车、驾校、特种车处罚和报废等方面都作出了详尽具体的规定，确立了以人为本、尊重生命的交通事故处理理念，重新配置了机动车与行人、非机动车之间的权利义务关系，对于维护道路交通秩序，预防和减少交通事故，提高道路通行效率，保护人身和财产安全，发挥了重要作用。

目前，在公路法律法规系统中发挥重要作用的行政法规包括2004年公布的《收费公路管理条例》（国务院令第417号）、2011年公布的《公路安全保护条例》（国务院令第593号）和2004年公布并于2022年最新修订的《道路运输条例》（国务院令第752号）。其中，《收费公路管理条例》是我国第一部规范收费公路管理的行政法规，主要涉及收费公路建设和收费站设置、收费标准确定、收费权益转让以及收费公路经营管理等方面的内容。在国家深化财税体制改革、优化收费公路结构的发展背景下，收费公路的投融资体制、发展模式、安全管理等内容需要结合新形势作出调整。《公路安全保护条例》主要涉及公路线路保护、公路通行、公路养护等内容。《道路运输条例》是我国第一部全面调整道路运输法律关系的行政法规，主要涉及客货运道路运输经营、道路运输相关业务、国际道路运输等内容。随着道路运输业蓬勃发展，特别是物流等新型业态的大力发展，需要在现代运输服务业转型以及加强安全管理等方面作出完善和补充。此外，城市公共交通等领域还缺乏专门立法，为此制定并出台《城市公共交通条例》已纳入立法规划。

3. 水路法律法规系统

水路法律法规系统由水运基础设施、水路运输、水上交通安全和防污染法规三个子系统构成。目前，水路法律法规系统的重要法律主要包括《港口法》《航道法》《海商法》《海上交通安全法》，待制定的法律包括“航运法”与“船员法”。

《港口法》于2003年公布，经过2015年、2017年、2018年三次修正，主要解决港口管理、港口安全与经营秩序等问题，具体包括港口管理体制，港口规划、建设、经营管理等方面的内容。随着水运业的发展，需要就港口生产安全、建设质量安全、岸线管理等方面进一步修订完善。

《航道法》于2014年公布，2016年修正，主要解决航道建设和管理等问题，以保障航道畅通，发展航道事业，具体包括航道的战略定位及发展政策、规划、建设、养护、安全、保护等方面的内容。

《海商法》于1992年公布，主要解决海上运输关系和船舶关系等问题，具体包括船舶的相关权利、船员的行为规范、海上货物和旅客运输合同、船舶碰撞与海难救助、共同海损及海事赔偿等内容。随着航运与国际贸易的发展变化以及国内外立法环境的变化，需要予以全面修订。

《海上交通安全法》于1983年公布，经过2016年、2021年两次修正，主要解决海上交通安全和应急保障等问题，具体包括船舶检验登记、船员管理、海上安全保障、危险货物运输、海上搜寻救助等内容。由于立法年代较早，一些制度内容过于陈旧，故需要予以全面修订，以完善海上交通安全的相关法律规则。

4. 民航法律法规系统

民航法律法规系统以《民用航空法》为统领，由航空器、空中交通管理、运行审定、机场管理、运输管理、通用航空、安全保卫、航空安全与事故调查八个子系统构成。民航业是国家重要战略产业，在服务经济社会发展大局和对外开放交流与合作中具有不可替代的作用。在《民用航空法》之外，还有一系列行政法规，且在立法中还会涉及国际公约的转化问题。

《民用航空法》于1995年公布，经过2009年、2015年、2016年、2017年、2018年、2021年六次修正，主要涉及民用航空器、航空人员、民用机场、空中航行活动、公共航空运输企业及行为、通用航空、搜寻援救和事故调查、对地面第三人损害的赔偿责任、外国民用航空等内容。随着我国民航业的发展，本法部分内容已滞后，在空域管理、市场调控、安全监管等方面需要结合新形势作出调整完善。

5. 邮政法律法规系统

邮政法律法规系统以1986年公布的《邮政法》为核心。2007年邮政体制改革后实现政企分开，我国邮政管理体制发生巨大变化，2009年国家邮政局重组并划归交通运输部。这一改革的目的在于实现政企分开，加强政府监管，完善市场机制，加强普遍服务，强化特殊服务，保障邮政信息安全，促进邮政业健康发展。在此之后，随着社会经济发展，邮政行业又发生巨大的变迁，为适应新形势，亟待加强推进快递、物流行业等方面的立法。

《邮政法》于1986年公布，经过2009年修订，2012年、2015年两次修正，主要涉及邮政设施、邮政服务、邮政资费、损失赔偿、快递业务等内容。在《邮政法》之外，还亟待制定“物流行业促进法”“邮政服务条例”“快递条例”“邮政业安全管理条例”等相关法律法规。

（四）中国交通法律体系的主要特征

综上所述，自改革开放以来，我国交通法律体系经历了从无到有、逐步完善的过程，是中国特色社会主义法律体系的重要组成部分。交通法律体系围绕交通运输法律关系展开，并且由于交通运输具有涉及范围广、门类多、技术性强、环节复杂等特点，因此交通运输立法也带有综合性、系统性、技术性、变动性、社会性等特点。总体上，我国交通法律体系呈现以下特征。

1. 交通法律体系由跨部门的行业法构成，难以完全归入传统的部门法体系

交通法律体系由跨部门的行业法构成，属于以调整对象所属行业为分类标准的行业法体系，包含公法规范与私法规范、实体法规范与程序法规范，难以完全归入传统的部门法体系。随着社会分工的细化与分化，针对特定行业的专门立法发挥了越来越重要的作用。进入 20 世纪 90 年代以来，立法的主要任务是建设行业法制，[1] 包括交通运输、教育、卫生、环境等各个领域在内的行业立法逐步完备并向体系化方向发展。从功能主义立场出发，交通法律法规体系根据交通运输行业发展的需要，融合了公法规范与私法规范。一部单行的交通运输法律可能同时规定民事责任、刑事责任与行政责任，综合运用公法手段与私法手段达成行业规制目标。未来交通运输立法的发展有必要打破部门法分立格局，尊重行业以自我为中心的理性化进程，[2] 为碎片化的行业单行立法引入统一基准，形成科学的行业法体系，最大程度地发挥体系功能。

2. 交通法律体系容易受到技术与政策的影响

交通运输行业的发展与技术进步密不可分，技术上的突破会带来交通运输行业的变革，也会产生新的规制方式和立法需求。无论是自动驾驶、人工智能技术的发展，还是环保标准的升级或共享经济的繁荣，都会对交通运输行业产生直接影响，交通法律体系需要及时回应技术或政策变化，体现出开放性特征。

---

[1] 参见孙笑侠：《论行业法》，载《中国法学》2013 年第 1 期。

[2] 参见宋亚辉：《社会基础变迁与部门法分立格局的现代发展》，载《法学家》2021 年第 1 期。

3. 交通法律体系主要围绕不同的交通运输方式展开，并以各个单一的交通运输方式为核心形成了多个独立的法律体系

不同法律体系之间缺乏衔接和融合，呈现碎片化发展的局面，未来有必要通过法律的整合以促进不同交通运输方式的深度融合，促进立法向综合性方向发展。交通运输领域的立法一直分类别展开，不同方式、行业、领域之间缺乏协调，甚至有相互冲突之处，这不利于降低行业发展成本，营造公平竞争的市场环境。故综合交通运输立法应向法典化方向发展，应制定“交通运输法”作为交通运输领域的基础性立法，对交通法的原则性、共通性问题作出规定。尽管是否有必要开启交通运输法治的法典化还有待深入讨论，但法典化统一体系、集中信息、降低搜索成本的特征与推动综合交通法律体系的目标较为契合，依托于综合交通法律体系展开的法典化讨论也可以避免重复立法、减少浪费立法资源。

二、中国交通运输法治发展中的法治政府建设

法治政府建设是中国交通运输法治发展中的关键环节与重要内容。在这一进程中，很多领域都取得了重要成绩和突破性进展，同时也在一系列问题上面临诸多挑战。建设法治政府，应当紧紧围绕规范行政权力行使的主题，提高政府决策的科学化、民主化与法治化水平，推进治理能力和治理体系的现代化，严格规范文明执法，确保法律有效实施，建立多元化的救济渠道和有实效的纠纷解决机制。

（一）优化部门组织结构，加快政府职能转变

1. 建立并完善综合交通运输管理体制

在新中国成立以来的相当长的时期内，我国采取分方式、分部门的分散式交通运输管理体制。这种分而治之的管理体制，在早期能够较好地发挥行业主管部门的积极性和专业优势，有利于细化管理，促进各种交通运输方式的发展。但随着经济社会发展，交通运输行业有了深度融合的条件和需求。在此背景下，分散式管理体制带来的管理碎片化问题愈加凸显，如管理部门众多，各自职能相对单一，部门间协调配合难度大、职能交叉明显，导致成本增加，效率低下，不利于有效治理。之后，2008 年和 2013 年两次“大部制”改革有效针对分散式管理体制的缺陷进行整顿，使交通运输部门的组织结构朝综合交通运输管理体制的方向逐步转型。

回顾新中国成立以来交通行政组织的发展历程，行政职能碎片化问题表现得较为突出，铁路、公路、水路、民航、管道等各个行业主管部门各自为政，甚至在城市规划建设主管部门和交通行政主管部门之间，对道路、公路运输的管理还要进行再次分割。其间，虽然也会出现整合部分交通管理职能的尝试，但很快又再次回到分散化模式。例如，中国民用航空局曾于1958年划归原交通部，1962年又改为国务院直属局（当时为中国民用航空总局），其业务工作、党政工作、干部人事工作等直接归属空军负责管理，直到1980年中国民用航空局才正式脱离军队建制。原铁道部、原交通部和原邮电部的邮政业务也曾在1970年合并，组成“大交通部”，但随后又恢复到原来的分散式管理体制。进入20世纪80年代，建设综合交通运输体系的目标被提上议程，相应地产生了优化交通部门组织结构、提升综合交通运输管理能力的要求。

交通运输领域的“大部制”改革始于2008年，“大交通”体制是“大部制”改革的重点。十一届全国人大一次会议审议通过《关于国务院机构改革方案的决定》，正式开始探索整合交通运输相关机构，建立职能有机统一的“大交通”体制。这次机构改革组建了交通运输部，将原交通部、原中国民用航空总局的职责以及原建设部的指导城市客运职责整合划入交通运输部。同时，组建国家民用航空局，由交通运输部管理，国家邮政局改由交通运输部管理，保留原铁道部，继续推进改革。不再保留交通部、中国民用航空总局。[1] 2008年的机构改革初步形成了交通“大部制”的治理架构，民航、邮政、城市客运、城市地铁、轨道交通等职能得到整合。2013年，十二届全国人大一次会议审议通过《关于国务院机构改革和职能转变方案的说明》，围绕转变职能和理顺职责关系的重点，继续推进“大部制”改革。这次机构改革实行铁路政企分开，完善综合交通运输体系。将原铁道部拟订铁路发展规划和政策的行政职责划入交通运输部。交通运输部统筹规划铁路、公路、水路、民航发展，加快推进综合交通运输体系建设。组建国家铁路局，由交通运输部管理，承担原铁道部的其他行政职责，不再保留原铁道部。[2] 中央层面的交通“大部

---

[1] 参见华建敏：《关于国务院机构改革方案的说明》，2008年3月11日在十一届全国人大一次会议上。

[2] 参见马凯：《关于国务院机构改革和职能转变方案的说明》，2013年3月10日在十二届全国人大一次会议上。

制”改革基本完成，综合交通运输管理体制逐步形成。2018 年，国务院机构改革又将原农业部的渔船检验和监督管理职责划入交通运输部，进一步整合综合交通运输管理职能。

优化部门组织结构、完善交通运输管理体制是提升交通运输治理能力的关键，也能够为交通运输行业发展提供动力。改革开放以来，我国在交通运输机构设置和职能划分方面进行了一系列探索和创新，经过数次机构改革，已经初步建立了综合交通运输“大部门”管理体制。交通运输领域的“大部制”改革对克服行政碎片化，推动现代综合交通运输体系建设有重要作用。目前，在中央层面，以交通运输部为核心，由国家发展和改革委员会、住房和城乡建设部、公安部等部委协同的综合交通运输管理体制的架构基本形成。在该体制下，交通运输部负责推进综合交通运输体系建设，统筹规划铁路、公路、水路、民航以及邮政行业发展，建立各种与综合交通运输体系相适应的体制机制。在交通运输部以外，国家发展和改革委员会统筹交通运输发展规划，提出交通运输行业的战略、规划、改革方案和政策措施，协调相关重大问题，安排中央财政性建设基金，按权限审核重大项目。住房和城乡建设部指导城市市政公用设施建设、安全和应急管理，指导城市地铁、轨道交通的规划和建设。公安部负责道路交通管理，包括拟订道路交通管理的政策、规定，指导、监督地方公安机关依法查处道路交通违法行为等，同时也指导航运、海事、港口公安工作。交通运输作为基础性行业，与社会各部门都有密切的联系，对其治理也势必会涉及各个政府部门，因而，完善综合交通运输管理体制要在一体化原则下加强各个部门间的协同配合。

2. 转变政府职能，处理好政府、市场和社会之间的关系

2013 年，十八届三中全会通过《中共中央关于全面深化改革若干重大问题的决定》，提出加快转变政府职能的目标，这也成为之后交通运输领域行政机构改革的主要方向。由于历史原因，交通运输行业长时间存在大量“政企合一”的现象，公用企事业单位自身的经营权和行政管理权之间没有清晰的界限，由此产生了政府“既当裁判员，又当运动员”、市场活力不足等一系列问题。交通运输领域的体制改革首先要处理好政府与市场、政府与社会的关系，减少微观事务管理，充分发挥市场在资源配置中的作用，转变政府职能，“该取消的必须取消、该下放的必须下放、该整合的必须整合”。[1]

政府交通运输管理职能转变，首先体现为调整政府与市场之间的关系。交通运输管理部门逐步从微观管理和对企业的直接管理转变为宏观调控和行业监管。政府在交通运输领域的主要职能逐步向宏观调控、政策法规制定、维护市场秩序、社会公共事务管理和服务等方向调整。相应的管理手段也从行政命令转向经济手段、法律手段，注重改善监管方式、提升治理能力，特别是落实“放管服”要求、推进简政放权，切实改变重审批、轻监管、弱服务的行权方式，更多实行清单管理、分类授权放权，并加强事中事后监管。

经过几次机构改革，当前，交通运输领域已基本实现政企分开，原属于交通运输主管部门直接管理的企业已与主管部门脱钩，成为真正的市场主体，铁路、公路、水运、民航业等均已实现政企分开。交通运输部以及中国民用航空局、国家邮政局不再直接管理运输企业，中国国家铁路集团有限公司、中国邮政集团有限公司转变为国家授权投资机构和国家控股公司，由财政部代表国务院履行出资人职责，财务关系在财政部单列。相应的地方省级交通运输主管部门也基本实现了政企分开。《2016 年政府工作报告》中强调，要持续推进简政放权，放管结合，优化服务，不断提高政府效能。交通运输领域“放管服”改革的实质是全面清理政府现有职能，从激发市场主体活力出发，厘清政府、市场和社会的关系，将政府职能定位于宏观调控、市场监管、社会管理、公共服务和生态保护，最终实现政府职能的法定化。

以铁路领域的体制改革为例，目前我国铁路领域已经在形式上完成了政企分开的改革，形成了“政府、企业、市场”三个主体。2013 年机构改革后，一切行政职能由国家铁路局和地方铁路监督管理局承担。中国铁路总公司和 18 个地方铁路局作为铁路运输企业在未经法律、法规授权的情况下，不能承担相应的行政职能。实践中，囿于机构改革对职权以及人力、财力形成的分离，国家铁路局和相应的地方铁路监督管理局已无法有效承担铁路管理的一切行政职能和服务职能，相当多的行政职权授权给铁路运输企业行使。例如，《铁路法》第 3 条第 2 款规定：“国家铁路运输企业行使法律、行政法规授予的行政管理职

---

[1] 参见马凯：《关于国务院机构改革和职能转变方案的决定》，2013 年 3 月 10 日在十二届全国人大一次会议上。

能。”《铁路法》第 48 条和《铁路安全管理条例》第 56 条、第 62 条、第 65 条都赋予铁路运输企业制定和公告铁路运输安全管理制度，对旅客携带物品进行安全检查的权力，据此中国铁路总公司制定并发布了《铁路进站乘车禁止和限制携带物品的公告》（铁总运〔2015〕355 号），其他铁路企业在业务执行过程中也行使了一些事实上的行政管理职能。这种授权有一定的现实必要性和专业合理性，但仍然需要加强规范和监督。

（二）加强行政程序建设，完善行政执法体系

行政程序是指行政机关行使权力、作出行政行为所遵守的方式、步骤、时间和顺序的总和，对于规范行使行政权力，提高行政决定理性化水平、保障公民权利具有重要意义。《国务院关于加强法治政府建设的意见》（已失效）中曾对程序公正原则提出了明确的要求，要求各级行政机关都要强化程序意识，严格按程序执法，加强程序制度建设，细化执法流程，明确执法环节和步骤，保障程序公正。交通运输领域的法治政府建设要重视程序制度，推动政府治理规范化、程序化、法治化。

程序制度是法治政府建设的关键环节，通过一系列程序制度的合理设计，有利于保障行政相对人的合法权益，提高行政决策的理性化水平，实现以“程序法治”推进“实质法治”。事实上，交通运输是较早引入利益相关者参与治理程序的领域，各个行政领域普遍用到的听证会、论证会制度就在铁路客运票价定价上有所运用。2001 年《政府价格决策听证暂行办法》（已失效）施行之后，2002 年 1 月我国召开了全国首场部分旅客列车票价实行政府指导价方案听证会，推进了公众参与的程序化、法治化。具体而言，交通运输领域程序制度建设主要体现为重大行政决策程序制度建设和行政执法程序制度建设，在这一过程中，政府信息公开制度、公众参与专家论证制度、行政执法各项制度等都不断完善。

2014 年，党的十八届四中全会通过的《中共中央关于全面推进依法治国若干重大问题的决定》中要求“把公众参与、专家论证、风险评估、合法性审查、集体讨论决定确定为重大行政决策法定程序”。2019 年，国务院出台《重大行政决策程序暂行条例》（国务院令第 713 号）统一规范重大行政决策程序，初步建立起重大行政决策程序制度，为科学决策、民主决策、依法决策提供了制度性保障。与此同时，不同领域的部委规章或不同层级的地方性法规或地方

政府规章都对重大行政决策程序进行了规范。这些共同构成了交通运输领域重大行政决策程序发展的制度背景。2021 年，交通运输部印发《交通运输部关于进一步深化交通运输法治政府部门建设的意见》（交法发〔2021〕125 号），专门在第四部分规定健全行政决策程序体系，不断提升行政决策公信力和执行力。交通运输部出台《交通运输部重大行政决策程序规定》，界定重大行政决策事项范围，细化决策制定程序、决策执行程序和责任追究机制，明确重大行政决策草案未经合法性审查或者经审查不合法的，不得提请部务会议审议。[1] 在此之外，很多地方结合本地区交通运输实际情况出台了相关的规范性文件，如《江苏省交通运输厅重大行政决策程序规定》《陕西省交通运输厅重大行政决策程序规定》等。

重大行政决策是实践中的常见制度，但并非行政法上的传统概念，作为一种程序性理念的重大行政决策要贯彻到各部门行政法之中。[2] 交通运输领域的重大行政决策程序包括公众参与和专家论证制度、重大行政决策事项年度目录公开制度、决策过程记录和材料归档制度、行政决策执行及执行后评估机制、重大行政决策终身责任追究制度和责任倒查机制等。其中，公众参与和专家论证制度是实现民主决策、科学决策的重要保障，有助于提高决策的理性化水平和决策的可接受性。在涉及社会公众切身利益的重要规划、重大公共政策和措施、重大公共建设项目时，应当通过举行听证会等形式加大公众参与力度，深入开展风险评估，认真听取和反映利益相关群体的意见和建议，增强公众参与实效，提高专家论证质量。特别是在交通运输领域，很多决策与社会公众的日常生活息息相关，无论是重大交通工程的建设，还是公共交通价格调整，都会对相当广泛的人群产生影响，而公众参与则能够发挥汇集民意、彰显民智、为决策注入民主正当性的功能。目前，听证会、论证会作为促进公众参与的手段在交通运输领域的重大行政决策中得到了广泛运用，但公众参与的实际效果仍然有待提高，应避免参与的形式化。如 2014 年北京市公共交通价格听证会就作为检讨听证实效性的一个典型事例被学界广泛讨论，有学者认为这次听证会并未超脱“逢听必涨”的宿命，存在参与人困局、结果封闭性、信息瑕疵、约束

---

[1] 参见《坚持立法先行深化简政放权　交通运输部全面推进法治政府部门建设》，载微信公众号“交通运输部”，2020 年 4 月 12 日发布。

[2] 参见熊樟林：《重大行政决策概念证伪及其补正》，载《中国法学》2015 年第 3 期。

机制乏力以及功能定位局限等问题，这些问题都会制约公众参与功能的发挥。[1]

在交通运输行政执法方面，加强程序建设，完善行政执法体系，同样是长期以来的工作重点。特别是根据《国务院办公厅关于全面推行行政执法公示制度执法全过程记录制度重大执法决定法制审核制度的指导意见》（国办发〔2018〕118 号），明确行政执法三项制度（行政执法公示制度、执法全过程记录制度、重大执法决定法制审核制度），严格规范公正文明执法，加强执法监督，提高执法效能。于 2019 年发布并于 2021 年修正的《交通运输行政执法程序规定》（交通运输部令 2021 年第 6 号），进一步完善执法程序、规范执法行为，落实行政执法三项制度。在此之外，政府信息公开制度、行政裁量基准制度在交通运输领域的落实都推动了程序法治的发展。

2007 年，国务院公布《政府信息公开条例》（国务院令第 492 号，2019 修订），标志政府信息公开制度在我国的正式建立，这一制度是保障公民知情权，确保有效公共参与的前提。2008 年《交通运输部关于印发〈中华人民共和国交通运输部施行《政府信息公开条例》办法〉的通知》（交办发〔2008〕13 号），对交通运输领域的政府信息公开方式与机制进行了更为具体的安排。政府信息公开不仅是建设阳光政府、透明政府所必要的监督制度，也是提升公民参政能力、促进合作治理的重要机制。充分的信息公开既有助于公民对公共政策有更加全面的了解，引导公民更加积极地参与社会治理，也能从根本上推进全民守法局面的形成。

裁量基准是一种行政自我约束技术，能够有效规范行政裁量权的行使。在中央层面，2010 年，交通运输部出台《交通运输部关于规范交通运输行政处罚自由裁量权的若干意见》（交政法发〔2010〕251 号），对交通运输行政执法特别是交通运输行政处罚自由裁量权进行规范。相应地，交通运输部海事局制定的《常见海事违法行为行政处罚裁量基准》，针对常见的海上海事违法行为分类别地详尽规定了行政处罚裁量基准；交通运输部发布的《邮政行政执法监督办法》（2021 修正）中也规定了“邮政管理部门可以依法制定本机关行政处罚裁量基准，规范行使行政处罚裁量权”。在地方层面，很多地方以规范性文件

---

[1] 参见胡斌：《行政决策公众参与的名与实——检视北京市公共交通票价改革的听证历程》，载《行政法学研究》2017 年第 1 期。

形式出台了专门的裁量基准，如《北京市交通运输行政处罚裁量基准》《海南省交通运输行政处罚自由裁量基准（2022年版）》《杭州市交通运输行政处罚裁量基准》等。事实上，行政裁量制度在交通运输执法领域的开展本身就是从地方兴起。早在2004年，浙江省金华市公安局就推出《关于推行行政处罚自由裁量基准制度的意见》，并陆续出台涉及交通运输等领域内常见违法行为的行政处罚裁量基准，有效地规范了城市交通运输执法行为，随后行政裁量基准制度在全国交通运输执法领域得到推广。[1]

（三）完善交通治理体系，提升交通治理能力

2013年，党的十八届三中全会将“完善和发展中国特色社会主义制度，推进国家治理体系和治理能力现代化”作为全面深化改革的总目标，这是对社会主义现代化内涵的重大认识和重大创新。推进国家治理体系和治理能力现代化，是坚持和发展中国特色社会主义的必然要求，也是实现中国特色社会主义现代化的应有之义。国家治理现代化对国家治理的方方面面提出了新认识、新主张、新要求，表明中国特色社会主义现代化进入了新阶段。习近平总书记指出“国家治理体系和治理能力是一个国家的制度和制度执行能力的集中体现，两者相辅相成”，[2] 对国家治理现代化进行了深刻的阐释和权威的解读，也为国家治理的各个方面指明了方向。有制度，无能力，那么制度就徒有虚名；有能力，没制度，那么能力就会被泛用滥用。[3] 要在制度体系下不断提高执行能力，在执行过程中不断完善改进制度体系。

2021年11月11日通过的《中国共产党第十九届中央委员会第六次全体会议公报》强调，党的十八大以来，“中国特色社会主义法治体系不断健全，法治中国建设迈出坚实步伐，党运用法治方式领导和治理国家的能力显著增强”，“党不断推动全面深化改革向广度和深度进军，中国特色社会主义制度更加成熟更加定型，国家治理体系和治理能力现代化水平不断提高”。全面依法治国、全面深化改革和国家治理现代化事业的稳步推进是交通治理现代化的时代背景，交通治理现代化是社会治理现代化的重要组成部分。2019年，党的十九届四中

---

[1] 参见周佑勇：《以新发展理念引领城市交通法治新发展》，载《学术交流》2018年第1期。

[2] 参见习近平：《习近平谈治国理政》（第一卷），外文出版社2018年版，第105页。

[3] 参见沈春耀：《民主政治展现新境界 依法治国开启新征程——深入学习习近平总书记关于社会主义民主法治的重要论述》，载《求索》2016年第7期。

全会上通过的《中共中央关于坚持和完善中国特色社会主义制度 推进国家治理体系和治理能力现代化若干重大问题的决定》中指出，推进国家治理体系和治理能力现代化要“着力固根基、扬优势、补短板、强弱项，构建系统完备、科学规范、运行有效的制度体系，加强系统治理、依法治理、综合治理、源头治理，把我国制度优势更好转化为国家治理效能”，这为完善交通治理体系，提升交通治理能力提出了总体要求。

2019 年，中共中央、国务院发布《交通强国建设纲要》，提出到 2035 年，基本建成交通强国的宏伟目标，而基本实现交通治理体系和治理能力现代化是交通强国建设的重要指标，“完善治理体系，提升治理能力”是交通强国建设的重要内容。2020 年，交通运输部发布《交通运输部关于推进交通运输治理体系和治理能力现代化若干问题的意见》（交政研发〔2020〕96 号），对深入贯彻落实党的十九届四中全会决策部署，推进交通运输治理体系和治理能力现代化提出了更加具体的措施，在法治体系、行政管理体系、市场治理体系、社会协同共治体系等诸多方面进行了深入的谋划和详尽的安排。

治理现代化具有丰富的内涵，包括治理的科学化、市场化、信息化、民主化等要求，但特别需要强调和突出法治化，这是因为法治化的治理主体最具有广泛性、治理依据最具有稳定性、治理方式最具有现代性、治理选择最具有正当性、治理结果最富有公平正义性。[1] 社会治理法治化是国家治理现代化的重要目标。2013 年，党的十八届三中全会通过《中共中央关于全面深化改革若干重大问题的决定》，首次提出“社会治理”概念，强调“创新社会治理体制，提高社会治理水平”，要求“改进社会治理方式，坚持依法治理，加强法治保障，运用法治思维和法治方式化解社会矛盾”。2014 年，党的十八届四中全会通过的《中共中央关于全面推进依法治国若干重大问题的决定》，提出“推进多层次多领域依法治理，提高社会治理法治化水平”。交通治理本身也是社会治理的一部分，法治是交通治理现代化的重要依托，交通治理法治化必然要求坚持依法治理，加强法治保障，运用法治思维和法治方式维护公民权益，化解社会矛盾，防控社会风险，维护社会稳定。

---

[1] 参见应松年：《加快法治建设促进国家治理体系和治理能力现代化》，载《中国法学》2014 年第 6 期。

治理体系与治理能力现代化是法治性和人民性的统一，这种统一将治理体系和治理能力现代化这一哲学命题做了契合形式和实质要素的阐释，也做了形式内容和实质内容的有机处理。[1] 2014 年，我国在依法治国顶层设计中确立了“坚持人民主体地位”的原则，这是我国首次在依法治国方略[2]中确立人民主体地位原则。法治国家建设中人民的地位是不容忽视的，人民的主体地位实质上建立了重大社会事项由社会机制决定、治理方式由社会公众选择的机制。我们以前使用的是社会管理的概念，而现在使用的是社会治理的概念，这一字之差意味着治理模式的深刻变化，即由单向治理向双向治理发展，以双向治理模式替代单向治理模式；而这不仅仅是治理的形式方面的变化，还包括相关治理机制和治理内容的变化。简言之，确立人民的主体地位从根本上要求由管理模式走向治理模式。

交通治理应坚持“以人民为中心”的发展方向，在改革过程中积极推进共建共治共享。2019 年《中共中央关于坚持和完善中国特色社会主义制度　推进国家治理体系和治理能力现代化若干重大问题的决定》提出多主体“共建共治共享”的社会治理模式，要求“完善党委领导、政府负责、民主协商、社会协同、公众参与、法治保障、科技支撑的社会治理体系，建设人人有责、人人尽责、人人享有的社会治理共同体”。交通治理同样属于社会治理的范畴，仅靠交通运输行政主管部门以及其他行政机关难以实现有效治理。在社会治理体系中，行政机关只是其中的参与主体之一，对于适合由社会组织提供的公共服务和解决的事务，交由社会组织承担，从而发挥社会的作用。

交通治理坚持“以人民为中心”同样要求构建服务型政府，始终把提升公共服务质量作为目标。《中共中央关于坚持和完善中国特色社会主义制度　推进国家治理体系和治理能力现代化若干重大问题的决定》同样强调要“建设人民满意的服务型政府”。服务型政府以社会发展、人民利益和权利保护为出发点，坚持秩序行政、服务行政和依法行政相结合，体现了既服务于公益又服务

---

[1] 参见关保英：《治理体系与治理能力现代化中的公法给付精神论》，载《法律科学》2020 年第 5 期。

[2] 2017 年党的十九大进一步把坚持全面依法治国上升为新时代坚持和发展中国特色社会主义的基本方略之一。

于私益的“双服务”行政理念。[1] 行政主体在履行公共职能时不能以管理和管制为行为取向，而应以公共服务为行为取向。例如，在我国，交通运输行业中有大量公营事业，直接承担了服务人民群众的重大社会职责，始终要坚持“服务性”。在交通治理能力的提升过程中，行政机关的管理资源应更多向公共服务倾斜，促使服务型政府的建设和功能运转符合便民原则。

在具体的治理手段上，交通治理要以法治思维和法治方式推进治理创新，在法治轨道上引入不同类型的治理工具。例如，铁路行业曾长期实行政企合一运营模式，治理方式上存在行政化、单一化、依赖命令控制等弊端，法治化程度不高，治理效能较低。近年来，为提升铁路治理效能、推进铁路治理现代化转型，铁路部门进行了大量的实践探索和创新，积极运用“铁路黑名单”、行政约谈、信用评价等治理工具，以应对传统治理方式的失灵，取得了良好的实践效果。如2018年《国家铁路局关于印发〈路安全生产约谈实施办法（试行）〉的通知》（国铁安监〔2018〕84号），对约谈的启动、告知、材料准备、参加和列席人员、约谈程序、整改督促、资料存档和政务公开等工作作出了具体规定，为行政约谈实践的展开提供依据和指引。2019年，国家铁路局发布《铁路法（修订草案）》（征求意见稿），针对铁路运输、铁路建设、铁路安全管理的多发问题，如霸座、阻拦列车发车、列车上吸烟等，增设产品质量召回、行政约谈、服务质量评估和信用规制等新型监管方式。但与此同时，实践中出现的创新型治理工具也经常面临合法性质疑。对此，总结交通运输治理实践经验，既要注重治理方式的有效性、多样性，也要保障治理方式的合法性，针对不同的治理场景，积极探索治理工具法治化方案，以期提升治理水平。

在市场化背景下，以开放的治理结构和广泛的公共参与为特征的公共治理模式正在取代传统的国家管理模式。市场经济是一部复杂而精良的机器，它通过价格和市场体系对个人和企业的各种经济活动进行协调，市场机制本身也成为治理过程的一部分。交通治理突出体现了对市场机制的尊重和利用，通过法律制度设计来改变市场场景下各个主体的行为模式，从而引导市场主体作出契

---

[1] 参见杨解君：《“双服务”理念下现代行政之变革——服务行政的解读和提升》，载《行政法学研究》2004年第3期。

合治理目标或公共利益的选择。如2013年我国铁路改革取得重大突破，就是以铁路企业化、市场化为主线，以铁路行政管理法治化为关键。目前在铁路行业，企业市场主体制度基本确立，行政监管职能日益规范，铁路改革也向纵深推进。2019年，中共中央、国务院发布《交通强国建设纲要》，明确提出“不断深化铁路……管理体制改革，建立健全适应综合交通一体化发展的体制机制。推动国家铁路企业股份制改造……支持民营企业健康发展”，“深入推进简政放权，破除区域壁垒，防止市场垄断，完善运输价格形成机制，构建统一开放、竞争有序的现代交通市场体系。全面实施市场准入负面清单制度，构建以信用为基础的新型监管机制”。2021年3月11日，十三届全国人大四次会议通过的《国民经济和社会发展第十四个五年规划和2035年远景目标纲要》，提出“深入推进铁路企业改革”。同年发布的《关于做好2021年降成本重点工作的通知》（发改运行〔2021〕602号）中提出“推进铁路行业竞争性环节市场化改革，放开竞争性业务准入，进一步引入市场竞争机制”。这些都体现了交通运输领域治理结构和治理方式正逐渐与市场化进程相适应，由重视事前监管、行政干预，向重视事中事后监管、经济监管过渡。同时，也反映出交通治理领域最大限度减少政府对市场活动的直接干预，强化对企业的监管职能的发展趋势。

三、中国交通运输法治发展中的交通运输法学教育

国家法学教育的水平在很大程度上决定着国家的法治状况。想要梳理中国交通运输法治发展的基本情况，就必须重视交通运输法学教育这一最基础的要素。根据法学教育的对象、内容和方式，可以将法学教育分为大学法学教育、法律职业教育和普法教育三个类型。

大学法学教育是一种涵盖从专科到博士的学历教育，其中专科和本科教育的基本目的是传授法学知识和思想，从而为各行业提供基础性的法律人才，硕士和博士教育则以培养教学和研究方面的高级人才为主。其中，法律硕士主要以为社会提供复合型法律实践人才为目的。我国目前在交通运输法治方面初步形成了一批专业特色类院校，积累了一批专业师资，在科研方面已经有了一定程度的积累。而法律职业教育则是适应法律职业工作而实施的通识知识、法学知识和法律技能的职业继续教育，其主要面向的群体为从事法律相关工作的实践部门的人员。法律职业教育作为继续教育的形式之一，对于法律相关业务人

员法学素养的提升具有重要意义。整体上，我国的法律职业教育，特别是交通法律职业教育还处于起步阶段。

（一）交通运输法学普通高等教育的历史沿革

近代中国的交通运输法学教育起源于清末。1840 年鸦片战争以后，中国沦为半殖民地半封建社会，帝国主义争相掠夺中国资源，并夺取中国的铁路筑路权。中日甲午战争之后，各国开始大规模在中国修建铁路，侵夺中国的铁路筑路权和经营管理权。这也导致 20 世纪初发生了持续数年的爱国保路运动。之后国内出现商办铁路热潮，许多地方修筑铁路，兴办铁路人才学校。在这样的时代背景下，现代交通运输法学教育应运而生。目前，国内以交通运输为主要特色领域的大学的历史源流大致均可上溯至 1896 年成立的南洋公学以及 1909 年清政府邮传部开办的铁路管理传习所。后随世事变迁和国运起落，逐渐流散为北京交通大学、上海交通大学、西安交通大学、西南交通大学与新竹交通大学（位于我国台湾地区）五所重要的交通运输类大学。

早期的交通运输类高等教育的主要内容以实用为目的，1921 年成立的全国性“交通大学”所设课程即有所体现。彼时“交通大学”开设经济部（铁路管理科）、专门部（铁路管理科、无线电科、有线电科、电信特科）、理工部（电气科、土木工科、机械科、造船科）等专业。由于当时实业方面的需求强劲，规范交通事业的需求尚弱，因此法学教育彼时并未受到重视。但是据考证，早在 20 世纪初，南洋公学就已经开设了宪法、国际法等课程。而参与“东京审判”的中国检察官向哲濬先生，在 1925 年自耶鲁大学归国后，也在北京交通大学（前身是交通大学）开设法学相关课程，这是我国交通运输法治教育中较早的一段记录。

改革开放以来，新中国的法学教育经历初创、挫折、重建等阶段，自 20 世纪 90 年代以来，经过持续的努力和发展，目前已经形成了具有一定规模、结构比例合理、整体质量稳步提升的教育体系。[1] 与之相对应的是，我国交通运输法治教育事业也取得了长足的发展，在机构、人员、活动等方面都有显著的提高和进步。

---

[1] 参见张文显主编：《世纪之交的中国法学——法学研究与教育咨询报告（1990—2005）》，高等教育出版社 2005 年版，第 247 页。

需要说明的是，本部分研究在准备过程中面临的最大问题是数据统计。公开出版的统计资料鲜有以交通运输法学相关信息为统计口径的数据，绝大多数涉法学教育统计资料的口径甚至无法精确到“小法学”上，而是统一统计包括法学、马克思主义理论、政治学、社会学、公安学等5个学科所涉及的10余个二级学科。即使有相关统计以“小法学”为口径，精确到交通运输法学的统计也几乎不存在。因此，为了进行本部分分析，我们根据教育部公布的《全国普通高校名单》，以“交通”“公路”“铁路（铁道）”“海事”“航空”“邮电”为关键词，共收集到以交通运输为特色的本专科院校共计146所。在此基础上，对这些高校及其内部二级学院进行逐一检索，对开办法学专业或者设立法学系以及法学院的学校进行精确检索。涉及一级指标体系5个，分别为“学院概况”“学生基本情况”“教师基本情况”“教学科研基本情况”“社会服务基本情况”，并在此基础上设置20余个二级指标体系，以系统收集各校涉交通运输法学教育的相关信息。虽然我们已经尽力搜索、反复斟酌，但是客观来说，这些信息依然存在较多问题：一是各学校、学院有诸多信息并未在互联网上公布，甚至对相关信息自身也并未做过统计；二是统计过程中难免出现错漏等情况。但从整体上讲，此统计资料依然能够一定程度上反映出我国交通运输法学教育的概貌，所获结论基本可靠。

（二）交通运输法学普通高等教育学校的设置

据统计，截至2022年5月，全国以交通运输（包括综合、铁路、海事、航空等）为行业特色型本专科学校共计146所，占2022年全国普通高等学校（2756所）的0.53%。[1] 这些高校构成我国交通运输法学教育的核心阵地，但在设立时间、隶属关系、地域分布等方面存在较大差异。

1. 交通特色型普通高等教育学校的隶属关系

我国现有的高等教育管理体制决定了每一所大学都有一级政府或者政府机关作为主管部门。目前我国交通特色型大学的主管部门有三类：教育部、地方政府和其他部委。如北京交通大学、上海交通大学由教育部主管；北京航空航天大学隶属于工信部，大连海事大学隶属于交通运输部。其他地方高校一般由地方政府主管，如大连交通大学隶属于辽宁省人民政府。还有一些

---

[1] 数据来源：教育部《全国普通高等学校名单》。

高校为各方共建，如石家庄铁道大学由国家国防科工局、河北省人民政府共建。

在我国交通特色型大学中，由地方政府主管的大学数量最多，占比为91.9%。由于行业特色的原因，其他部委直属的数量次之，占比为5.4%。占比最小的是教育部直属的大学，仅有4所，占比为2.7%。见表2。这4所学校虽然以“交通”为名，但已发展为综合性大学。但值得注意的是，地方政府主管的高校在过去一些年蓬勃发展，这种数量上的快速增长虽然拓宽了我国交通特色型大学的多元格局，但也并不完全具有正面效应，我国一流的教育资源依然主要集中在中央直属院校。总的来说，这146所高校构成我国交通运输教育事业的核心阵地，其培育的学生也成为我国交通运输领域的主力军。因此，考察我国交通运输法学教育必须以此为出发点。

表2　交通特色型普通高等教育学校的隶属关系

归属	数量/个	比例/%
教育部	4	2.7
其他部委	8	5.4
地方政府	134	91.9

2. 交通特色型普通高等教育学校的类型、领域和地域分布

对这146所交通特色型高校进行深入研究可以加强对中国交通运输高等教育事业的理解。

首先，在地域分布上，我国交通特色型普通高等教育机构整体上比较均衡。东部地区有59所，占比为40.4%；中部地区有39所，占比为26.7%；西部地区有48所，占比为32.9%。[1] 见表3。之所以并未出现明显的不均衡局面，一个可能的原因在于交通运输领域是在国防战略方面具有重要性的领域，延续改革开放之前建设“大三线”的政策惯性，中西部地区依然设立了相当数量的交

[1] 东部地区指北京（6）、天津（4）、河北（9）、辽宁（9）、上海（5）、江苏（9）、浙江（4）、福建（1）、山东（5）、广东（6）、海南（1）；中部地区指山西（3）、吉林（3）、黑龙江（2）、安徽（2）、江西（6）、河南（7）、湖北（8）、湖南（8）；西部地区指四川（12）、重庆（5）、贵州（4）、云南（3）、陕西（10）、甘肃（4）、青海（1）、宁夏（0）、新疆（2）、西藏（0）、内蒙（2）、广西（5）。

通特色型高校。另一个可能的原因是，改革开放以来，我国基础设施建设出现爆炸性增长，而其中涉及交通运输建设的政策是惠及全国的，因此在全国范围内出现了对交通运输人才的旺盛需求。当然，由于东部地区在铁路、公路、航空、海事方面比中西部地区发展的更为充分，其交通特色型大学的数量也是最多的。

表 3　交通特色型普通高等教育学校的地域分布

地域	数量/个	比例/%
东部	59	40. 4
中部	39	26. 7
西部	48	32. 9

其次，在 146 所交通特色型大学中，以综合交通为特色的高校数量为 51 所，占比最高，为 34. 9% 。其次分别为，以航空为特色的高校数量为 44 所，占比为 30. 1% ；以铁路为特色的高校数量为 27 所，占比为 18. 5% ；以邮电为特色的高校数量为 14 所，占比为 9. 7% ；以海事为特色的高校数量为 10 所，占比为 6. 8% 。见表 4。由于综合交通多以公路、铁路为主，因此这一数据表明，我国目前交通运输领域的高等教育资源主要集中在公路、铁路领域，航空领域次之。需要注意的是，由于我们统计方面的缺漏，我国尚有一些综合性的工科高校开设航空领域的相关专业，这些数据我们未能完全统计。邮电领域的高校数量虽然目前占比较低，但由于与产业结合比较紧密，可以预见未来相关的教育资源会向邮电领域倾斜。需要注意的是，海权以及海洋利益是国家的重要利益，我国也亟需培养海洋法相关的人才。

表 4　交通特色型普通高等教育学校的特色领域

领域	数量/个	比例/%
综合交通	51	34. 9
航空	44	30. 1
铁路	27	18. 5
邮电	14	9. 6
海事	10	6. 8

最后，在146所交通特色型高校中，本科院校的数量为44所，占比为30.1%，而专科院校为102所，占比为69.9%。见表5。这是一个值得我们注意的问题。中国的职业教育目前整体发展比较落后，其是否能够担负起培育交通运输人才的任务仍有相当的疑问。下文也将提及，102所专科类交通特色院校几乎没有开设法学相关的课程，交通运输法治教育基础十分薄弱。

表5　交通特色型普通高等教育学校的基本类型

类型	数量/个	比例/%
本科院校	44	30.1
专科院校	102	69.9

3. 交通特色型普通高等教育学校的法学教育

为更加精细化地了解我国交通运输法治教育的基本情况，我们对这146所交通特色型高校的法学教育情况进行了进一步的分析。在这146所高校中，开设法学院的学校为10所，占比为6.8%；在以人文学院、社会与人口学院、公共管理学院为例的相关学院中设有法律系的院校共4所，占比为2.7%；未设立法学院或者法律系，仅开设法学相关课程的学校为12所，占比为8.2%；完全不开设任何法学课程的学校为120所，占比为82.3%。总体来看，在我国所有交通特色型高校中，开设法学教育的高校仅有26所，占比为17.7%。见表6。其中，相当一部分高校仅设有法学教育，并未开设专门的交通运输类法学课程。我国的交通运输法治教育依然任重道远。

表6　交通特色型普通高等教育学校的法学教育

类型	数量/个	比例/%
开设法学院的	10	6.8
在相关学院中设有法律系的	4	2.7
未设立法学院或法律系，仅开设法学相关课程的	12	8.2
完全不开设任何法学课程的	120	82.3

在26所开设法学教育的高校中，开设涉交通运输类法学课程的高校数量仅为12所，包括北京交通大学、华东交通大学、西南交通大学、北京航空航天大学、南京航空航天大学、南昌航空大学、郑州航空工业管理学院、广州航海学院、广州民航职业技术学院、北京邮电大学、大连海事大学、上海海事大学。

需要说明的是，除了已计入统计的交通特色型大学外，尚有一些综合性大学开设了与交通运输法相关的课程，如海南大学的法学院、中山大学的法学院、厦门大学法学院的海洋法与中国东南海疆研究中心都开设了海洋法的相关课程。

目前，我国高等法学教育中严格意义上的交通运输法学教育就是来自这10余所高校，即便不考察这些课程的质量，仅从数量上来看，我国专业的交通运输法学教育是极为有限的。可以说，交通运输法学相关的专业教育在我国高等法学教育中十分薄弱。这与我国法学的整体发展阶段和水平有关。目前我国法学教育还处于以传统核心课程为主要教学内容的阶段，学科之间存在严重的壁垒，交叉学科以及问题导向的法律研究整体上仍处于初步阶段，法学教育和法律实务之间的距离尚远。因而，具体到交通运输法学这一细分领域上，学校教育的供给严重不足，更多的是由学生毕业后在具体的工作环境中结合实践工作自行学习相关领域的知识。

（三）交通运输法学普通高等教育的人员构成

为了将交通运输法学普通高等教育的人员构成问题刻画得更为精细，我们选取了15所高校作为统计对象。除了上文提及的11所交通特色型本科高校（不含广州民航职业技术学院）开设了专业的交通运输类法学课程外，海南大学、中山大学、厦门大学、北京理工大学也开设了相关课程。因此，为了满足精确统计的需求，我们将数据统计口径限缩至这15所真正开展交通运输法学教育的高校。

1. 学生

2022年，15所开设交通运输类法学课程的普通高校的年招收本科生人数约为1600人，法学硕士人数为438人，法律硕士人数为1025人，法学博士人数为109人，其中交通法学博士培养方向仅在上海海事大学设立，人数不足10人。根据中国法学会的统计，截至2018年3月，全国开设法学本科专业的高校为627所，在校法学本科生为31万余人；全国法学一级学科硕士点为195个，法律硕士点为242个，法学硕士生约1万人，法律硕士生为1万余人；法学一级学科博士点为49个，法学博士生约为1100人。见表7。无论是法学院校的规模，还是法学专业学生人数，我国均已位居世界首位。但实际上，我国的交通运输法学教育无论在学校数量还是在学生数量方面都仍比较薄弱。设立专门交通运输研究生培养方向的高校更是少之又少。因此，学生大多是在通识课、选修课层面接受交通运输法学教育。

表 7　2022 年交通特色型普通高等教育学校年招收学生人数

序号	学校	法学本科生	法学硕士	法律硕士	法学博士
1	北京交通大学	140	20	30	0
2	华东交通大学	70	20	25	0
3	西南交通大学	120	15	40	0
4	北京航空航天大学	80	40	80	17
5	北京理工大学	120	40	60	11
6	南京航空航天大学	40	10（设有航空航天专业）	50（设有航空航天专业）	0
7	南昌航空大学	80	0	0	0
8	郑州航空工业管理学院	80	0	0	0
9	广州航海学院	80	0	0	0
10	大连海事大学	180	60	180	2
11	上海海事大学	150	50	100	10（航运管理与法律专业下设航运政策、港航管理与法律、海洋污染与环境保护、物流管理与法律 4 个研究方向）
12	海南大学	120	60（自由贸易港法学专业）	150（自由贸易港法学专业）	15
13	中山大学	170	45	137	25
14	厦门大学	150	68	156	29
15	北京邮电大学	20	10	17	0
16	合计	1600	438	1025	109

2. 教师

法学教育的关键在于教师，专业的教师团队对于科研、教学都起着关键性的作用。据统计，截至2022年8月初，本研究所涉的15所普通高校开设交通运输法教育的法学院系的师资总人数为730人，其中教授为239人，副教授为254人，讲师为237人；由于各法学机构的主要教育内容为传统法学课程，从这个角度上来讲，各个科研单位具备类综合研究交通运输法学的人才基础。一方面，这也符合目前各科研机构的现状，即以交通运输相关法学为研究方向的学者在遇到综合交通法律问题时，会组织本单位其他法学领域的研究专家共同攻关。另一方面，该数据统计也反映出我国在交通运输相关领域的人才梯队建设也比较完整，老中青的梯队基本建立。在此我们需要将以交通运输法为研究方向的师资人数这一类数据单独抽取出来予以分析，根据我们的统计口径目前这些高校中以交通运输法某一方向为专业研究方向的学者总共为89人，即使考虑到统计缺漏，估计目前我国以交通运输法为研究方向的高校教师不会超过这个数据太多，可以说这是我国交通运输法治教育和科研的最基本的力量。

从被统计的高校来看，高校的交通运输法研究者多是各自为战，或者基于学校教学和压力，或者基于研究兴趣，才最终选择此方向为教学科研的主要方向。绝大多数高校的交通运输法方向的教师人数都为个位数，并未形成有效、专业的研究团体。但是，有两个学校比较特殊，即大连海事大学和上海海事大学，两个学校的法学院都形成了约20人的海事海商法科研团队，而且团队的老中青搭配合理，同时集体承接国家的相关项目，进而形成了研究合力，富有较强的教育研究特色。这两个学校在交通运输法学科搭建方面的经验和模式，值得借鉴。见表8。

表8　截至2022年8月初交通特色型普通高等教育学校的教师

序号	学校	教师	教授	副教授	讲师	交通法方向教师
1	北京交通大学	41	10	14	17	5
2	华东交通大学	74	27	27	20	4
3	西南交通大学	20	2	11	7	2

续表

序号	学校	教师	教授	副教授	讲师	交通法方向教师
4	北京航空航天大学	63	24	25	14	5
5	北京理工大学	60	19	22	19	3
6	南京航空航天大学	34	10	14	10	3
7	南昌航空大学	10	0	3	7	1
8	郑州航空工业管理学院	36	5	12	19	4
9	广州航海学院	4	1	2	1	4
10	大连海事大学	81	25	21	35	20
11	上海海事大学	63	14	19	30	20
12	海南大学	86	39	26	21	6
13	中山大学	61	25	27	9	4
14	厦门大学	78	35	22	21	5
15	北京邮电大学	19	3	9	7	3
16	合计	730	239	254	237	89

注：教师数量为教授、副教授及讲师人数的总和。

（四）交通运输法学普通高等教育的课程开设

本报告统计了15所开设交通运输类法学课程的普通高校。之所以开设专门的交通运输法专业，一个重要的原因就是学校以相关领域为核心特色，倒逼其提供相关的专业法学教育，进而逐渐成为学者的研究方向。我国目前主流法学博士教育都是以培养传统法学方向为主，导致我国几乎没有培养出专业的交通运输法领域的博士（海商法除外）。这种情况进一步导致大部分从事交通运输法学研究的学者都是工作后重新调整了研究方向，“转行”到交通运输法领域中。

各高校开设的课程均围绕该校强势的特色专业展开，如北京交通大学、西南交通大学的交通运输学科在全国排名靠前，法学院相应设置了交通运输法、交通运输法专题、交通运输与铁路法概论、交通运输与铁路法理论与实践等课程；北京航空航天大学、南京航空航天大学的航空航天专业是强势学科，其法学院则开设了航空法、外层空间法、无线电法、航空法基本理论、国际航空法、航空运输法、通用航空法、航空安全保卫法、民用航空法、飞行法规、航天法；大连海事大学和上海海事大学的海洋工程类专业十分强势，两校则开设了船舶物权法、海事法、班轮运输实务与法律、租船运输实务与法律、海上保险法、船员法、国际航运代理实务与法律、航运行政管理法、航运金融业务与法律、海事国际私法、海事诉讼与仲裁等专业课程。而中山大学、厦门大学、海南大学则探索发展出涉交通运输的法学研究方向，并开设相关课程。这与它们的地理位置有关，这几所高校所在省份临海，加之我国近年海洋争议不断，各高校都更为重视海洋领域的科学研究，如厦门大学成立南海研究院，中山大学法学院和南方海洋科学与工程广东省实验室展开全面合作，海南大学法学院成立国际海洋法与争端解决研究中心。见表9。

表9 交通特色型普通高等教育学校的课程开设情况

序号	学校	开设课程
1	北京交通大学	交通运输概论、交通运输法、交通运输法专题
2	华东交通大学	交通运输法、铁路法
3	西南交通大学	交通运输与铁路法、交通运输法、交通运输法专题、交通运输与铁路法概论、交通运输与铁路法理论与实践
4	北京航空航天大学	航空法、外层空间法、无线电法
5	北京理工大学	航空宇航科技与法律、国际空间法专题、航空航天法、航空宇航科技与法律
6	南京航空航天大学	航空法基本理论、国际航空法、航空运输法、通用航空法、航空安全保卫法、民用航空法、飞行法规、航天法
7	南昌航空大学	民用航空法概论
8	郑州航空工业管理学院	民用航空法学、航空法、民用航空法规
9	广州航海学院	海洋与港口船舶防污技术、海上安全公约、国际海上货物运输法、海上保险、海事法

续表

序号	学校	开设课程
10	大连海事大学	船舶物权法、海事法、班轮运输实务与法律、租船运输实务与法律、海上保险法、船员法、国际航运代理实务与法律、航运行政管理法、航运金融业务与法律、海事国际私法、海事诉讼与仲裁、航海概论、轮机概论
11	上海海事大学	班轮运输实务与法规、船舶建造与买卖法、航运行政法、船舶物权法、航运法、海上保险法、海事法、航运金融法律与实务、海事诉讼与仲裁法、船舶概论、航海概论、船队经营与管理、货物学、海事国际私法、日本航运法概论
12	海南大学	海洋法、国际海洋法、自贸港法、国际空间法
13	中山大学	国际海上货物运输实务与法律、租船运输实务与法律、海商法专题、海事法、国际海事立法、国际海事条约理论与实践、防止海洋污染法、英美海商法
14	厦门大学	海洋资源管理法、国际渔业法研究、北冰洋研究、南极研究、海洋能源法、海洋环境保护法研究、中国海洋法、国际海洋法研究
15	北京邮电大学	电信法、网络法

目前，各个高校的交通运输法相关课程几乎涵盖了综合交通、铁路、公路、海事、航空、物流等各个领域，为我国进一步加强交通运输法治研究提供了最基础的教育资源。

四、中国交通运输法治发展中的交通运输法学研究

（一）科研机构情况

法学研究的开展，除了高校这一场域外，还受到各种科研机构的支持。各种法学科研机构可以组织推动广大法学工作者、法律工作者参与立法的起草、论证，参与执法的调查和司法的改革，参与法学教学和法制宣传，开展多学科、多层次、宽领域的法学研究。各种研究会在繁荣法学研究、推进法学理论创新、服务法治实践、加强法治宣传、培养法律人才、拓展对外交流等方面都具有重要的作用。同时，各研究机构通过不同的渠道参与政治协商、科学决策和民主

监督，并对我国改革开放和法治中国建设中的重大理论问题和实践问题进行学术研讨，提出对策和建议，这对于推动我国法治事业的建设具有重要的意义和作用。

我国最主要的法学科研团体包括中国法学会及其下属的各省、市、县法学会，以及各学科研究会。作为党和政府联系和团结广大法学法律工作者的桥梁和纽带，作为党和国家的“三个团体、一个组成部分”（即人民团体、群众团体、学术团体，我国政法战线的重要组成部分），中国法学会自成立以来对我国法治化建设做出了重大的贡献。据中国法学会官网显示，“目前，全国共有3080个地方法学会，其中，省级法学会32个，副省级和大城市法学会15个，地（市）级法学会403个，县（市）级法学会2630个。中国法学会成立的学科、专业、专门研究会有55个，全国省级法学会成立了研究会800多个，基本上涵盖了法学主要学科和法学边缘学科”。[1] 在这些学会中，交通运输法学研究机构虽然整体上数量偏少，但在各个层面上也出现了以交通运输法学为研究对象的科研机构。由于市、县两级法学会的情况资料较少，同时这两级法学会及其下属的研究会普遍存在运作不佳的局面，因此本研究主要针对中国法学会和省级法学会。

目前，在中国法学会层面，涉及交通运输法学的研究机构只有一个，即中国法学会航空法学研究会，该学会主要侧重航空法学方面的研究。在充分梳理各省级法学会的基础上，我们发现目前省级法学会的下属研究会中涉及交通运输各领域的研究机构的主要情况如下。第一，综合性交通运输法律研究机构有北京市法学会交通运输法学研究会、河北省法学会交通法学研究会、山东省法学会交通法学研究会，以及非法学会序列的湖南交通法制研究会。第二，航空领域的科研机构有北京航空法学会、上海市法学会航空法研究会、广东省法学会航运法学研究会、云南省法学会航空安全法学研究会。第三，涉及铁路的科研机构有山西省法学会铁路护路联防法治研究会。第四，涉及公路的科研机构为内蒙古法学会道路交通事故法律实务研究会。见表10。

---

[1] 参见中国法学会官网，https://www.chinalaw.org.cn/portal/page/index/id/9.html，2022年8月5日访问。

表 10　各级交通运输研究会

中央研究会	省级研究会			
航空	综合	航空	铁路	道路
中国法学会航空法学研究会	北京市法学会交通运输法学研究会、河北省法学会交通法学研究会、山东省法学会交通法学研究会、湖南交通法制研究会	北京航空法学会、上海市法学会航空法研究会、广东省法学会航运法学研究会、云南省法学会航空安全法学研究会	山西省法学会铁路护路联防法治研究会	内蒙古法学会道路交通事故法律实务研究会

由于上述市、县两级研究会存在的问题，我们很难完整地统计涉交通运输法学研究机构的相关情况，但值得注意的是，在某项交通运输方式比较发达且法学研究实力也比较强劲的地级市往往会成立相关的研究机构，如山东济南城市公共交通安全研究会、甘肃兰州铁路法学会，这些都是开展活动较多的研究会。

此外，随着我国交通运输事业的快速发展以及交通运输领域依法治理需求的提升，关注交通运输法治相关问题的学术力量正在增强，特别是数字时代对传统交通运输带来的巨大挑战，这本身也刺激着相关法学研究的勃兴。以 2021 年 11 月北京市交通运输法学研究会针对智能网联汽车数据治理与数据安全监管问题举办的学术研究会为例，该会议以线上线下相结合的方式举办，云集了国内诸多交通运输法学研究的知名学者以及深耕于国内头部智能网联汽车制造、自动驾驶系统开发等领域的嘉宾，线上线下共计约 100 人参加了会议。可见随着智能化、数字化时代的到来，交通运输法学研究将会出现新一轮的繁荣局面。

（二）教材和文献的情况

首先，我国交通运输法研究相关的论文处于一个不断增长的阶段，某些领域的研究文章已发表在核心期刊上。

其次，各个细分的交通运输法学相关领域的教材也在持续地出版，如张长青、郑翔主编的《交通运输法研究》（知识产权出版社），曾明生主编的《铁道法治学导论》（中国政法大学出版社），周河祥等主编的《实用交通行政法》

（中国政法大学出版社），李晓明、邵新怀、崔卓兰著的《交通行政法总论》（人民交通出版社），郑国华主编的《交通运输法概论》（中南大学出版社），张晓永等编著的《交通运输法》（北京交通大学出版社），胡继祥主编的《交通行政执法实务》（人民交通出版社），郑中义、李国平编著的《海事行政法》（大连海事大学出版社），董杜骄、顾琳华主编的《航空法教程》（对外经济贸易大学出版社）❶ 等。

最后，我们统计了部分学校交通运输法学专业研究人员过去一些年出版的部分专著，这些专著在研究深度和知识拓展方面发挥了巨大的作用。交通运输相关领域的法学专著兼顾宏观和微观、理论和实践，对于后续研究的开展具有重要意义。见表11。

表11　交通特色型普通高等教育学校的交通运输法学专著（部分）

序号	学校	专著情况
1	北京交通大学	《旅客与货物运输法律指南》（张长青、郑翔编著，中国铁道出版社，2001）、《运输合同法律问题研究》（张长青著，吉林人民出版社，2005）、《运输合同签订与风险控制》（张长青、郑翔编著，人民法院出版社，2007）、《运输合同法》（张长青、郑翔著，北京交通大学出版社，2007）、《铁路法研究》（张长青、郑翔著，北京交通大学出版社，2012）、《交通运输法》（郑翔、张长青著，北京交通大学出版社，2018）
2	华东交通大学	《交通运输概论》（万明主编，人民交通出版社股份有限公司，2021）
3	北京航空航天大学	《欧洲空间政策与法律问题研究》（杨彩霞、高国柱主编，法律出版社，2011）、《无线电法国别研究》（龙卫球、夏春利主编，法律出版社，2014）
4	北京理工大学	《外层空间法专论》（李寿平、赵云著，光明日报出版社，2009）、《21世纪空间活动新发展及其法律规制》（李寿平著，法律出版社，2016）

❶ 因出版时间更新较快，此处不列明出版时间。

续表

序号	学校	专著情况
5	南京航空航天大学	《航空法学基本理论研究》（贺富永著，科学出版社，2014）、《航空运输法研究》（贺富永著，科学出版社，2016）、《通用航空发展路径法治化研究》（高志宏著，法律出版社，2018）、《中国航空立法研究》（贺富永等著，东南大学出版社，2020）、《航空法学——总论与体系研究》（贺富永著，科学出版社，2022）
6	大连海事大学	《海上侵权行为法基本理论研究》（李志文主编，大连海事大学出版社，2006）、《船舶所有权法律制度研究》（李志文著，法律出版社，2008）、《新编海商海事法规精要》（初北平主编，大连海事大学出版社，2009）、《船舶保险条款研究》（初北平著，法律出版社，2009）、《海上保险法补偿原则研究》（朱作贤著，法律出版社，2009）、《船货利益平衡原则研究》（李天生著，法律出版社，2012）、《海上保险实务与法律》（苏同江、高伟主编，大连海事大学出版社，2014）、《物流实务操作与法律（第四版）》（李志文主编，东北财经大学出版社，2017）、《海上保险法》（初北平著，法律出版社，2020）
7	上海海事大学	《船舶油污损害赔偿法律制度研究》（徐国平著，北京大学出版社，2006 年）、《海事国际私法原论》（王国华著，北京大学出版社，2007）、《美国航运政策、法律与管理体制研究》（於世成等著，北京大学出版社，2008）、《中国海商法基本理论专题研究》（司玉琢、李志文主编，北京大学出版社，2009）、《海上保险法》（杨召南、徐国平、李文湘著，法律出版社，2009）、《海事国际私法专题研究》（王国华著，辽宁大学出版社，2012）、《〈鹿特丹规则〉影响与对策研究》（胡正良、於世成、郑丙贵等著，北京大学出版社，2014）
8	海南大学	《国际海洋法的新发展》（高之国、贾宇、张海文主编，海洋出版社，2005）、《中国与邻国海洋划界争端问题》（张良福著，海洋出版社，2006）、《国际海洋法的理论与实践》（高之国、张海文、贾宇主编，海洋出版社，2006）、《海上侵权法律制度研究》（张丽娜主编，吉林大学出版社，2009）、《海南自由贸易港法制建设研究》（张丽娜、王崇敏主编，法律出版社，2021）

续表

序号	学校	专著情况
9	中山大学	《租船实务与法律（第三版）》（郭萍编著，大连海事大学出版社，2014）、《货物多式联运法律制度比较研究》（郭萍著，大连海事大学出版社，2012）、《菲律宾南海仲裁案核心问题法理分析》（黄瑶、黄靖文主编，三联书店（香港）有限公司，2019）
10	厦门大学	《海事赔偿责任限制研究》（何丽新、谢美山著，厦门大学出版社，2008）、《海上执法比例原则研究》（徐鹏著，上海交通大学出版社，2016）、《争议海域既有石油合同的法律问题研究》（董世杰著，武汉大学出版社，2019）
11	北京邮电大学	《信息法研究》（娄耀雄著，人民法院出版社，2004）、《电信法》（娄耀雄主编，对外经济贸易大学出版社，2010）、《电信法学研究》（娄耀雄著，北京邮电大学出版社，2010）

（三）其他科研情况

除教学科研外，学者们还积极地参与各类科研项目与国家课题，本书梳理了各个学校参与的部分代表性科研成果。见表12。

表12　交通特色型普通高等教育学校的代表性科研成果（部分）

序号	学校	代表性科研成果
1	北京交通大学	承担主持了多个国家铁路局课题项目，如2015年的政府信息公开法律风险分析及对策研究，铁路许可条例研究，加入GPA中国铁路出价深化研究等；2016年的《铁路法》修改编写研究；2017年的《铁路法》修订编写（第二期）；2018年的铁路运输条例立法研究，《铁路法》修改论证；2019年的《铁路法》修订分析评估；2020年的《铁路运输条例》立法深入研究之一，《铁路法》修订支撑服务之一；2021年的《铁路运输条例》立法深入研究之二，《铁路法》修订支撑服务之二。 2016年主持北京市法学会的京津冀交通一体化法律问题研究课题。 2020年主持中国工程院的高铁安全监管研究课题

续表

序号	学校	代表性科研成果
2	北京航空航天大学	先后建成8家国家级或省部级重点科研基地或战略智库，如国家空管法规标准研究中心。 长期参与国家空域管理体制改革，参与中国航空航天政策和法律制度制定和修正，包括但不限于《民用航空法》《通用航空飞行管制条例》，以及“航空法”“空域管理条例”“民用飞机产业发展条例”“卫星导航条例”等。 曾主持参与中国空间法学会多个科研项目，如2015年的全球卫星导航服务提供商法律责任研究、卫星轨位及无线电频率国际法律问题研究，2017年的欧洲伽利略系统管理体制及其导航产业法律问题研究、联合国附属空间科技教育中心空间法能力建设等重点项目。曾主持参与工业和信息化部的多个科研项目，如2015年的签署世界无线电通信大会最后文件相关法律问题研究、民用航空无线电管理机制研究，2017年的空间无线电台管理规定研究、无线电管理权力责任清单研究。 主持参与学校项目，如2015年的中国航天产业促进立法问题研究，2019年的全球卫星导航系统应用的法律责任研究
3	北京理工大学	多次作为中国代表团成员、法律顾问及联合国和平利用外层空间委员会的外空长期可持续性工作组专家，参加联合国系列会议及机构间空间碎片协调委员会会议。 代表中国多次参与外空技术合作、外空国际规则谈判和起草工作。 曾主持多个科研项目，如大规模小卫星星座的国际法规制及中国应对（国家社科基金青年项目）
4	南京航空航天大学	曾主持参与多个科研项目，如航空法立法研究、民用飞机产业发展条例研究、WTO与民用飞机立法研究、航空运输中承运人的责任制度研究——从国际到国内、航空运输与政府参与研究等省部级课题。 曾参与国家哲学社会科学基金青年项目，如“人类命运共同体”理论视阈下外空安全国际法保障研究

续表

序号	学校	代表性科研成果
5	广州航海学院	曾参与10余部国内法规的起草和修订工作，如主持了国际海事法制发展跟踪研究等6项交通运输部海事局课题，IMO审核机制强制化和对策研究等3项省部级课题。 曾参与10余项国际公约规则的起草或修订工作，如《国际海难事故安全调查规则》《被认可组织规则》等。 2006—2009年，曾担任中国海事局的审核机制工作组副组长，负责中国应对IMO审核机制的审核准备工作，担任2009年我国接受IMO审核期间的国家联络人
6	大连海事大学	曾受交通运输部委托，作为组长牵头组织《海商法》的修改研究工作。 曾主持参与交通运输部多项课题，如一带一路背景下海商法修订草案研究、《海商法》后评估及修订深化研究、《海商法（修订草案）》审核研究、联合国统一海上货物运输公约研究等课题。 曾主持参与多个国家社会科学基金项目，如中国海权发展模式及海洋法制完善研究（重大项目）、“21世纪海上丝绸之路战略”的电子港航法律制度保障研究、国际货物运输法律统一研究等课题。 曾主持参与辽宁省教育厅多个科研项目，如制定和完善大连东北亚航运中心法律法规体系研究、建造中船舶抵押法律问题研究、国际海上货物运输法热点问题研究等课题。 还曾担任热点案件和民生案件审判智能辅助技术研究（科技部重点研发计划资助项目）的子课题负责人，主持参与海洋基本法立法研究（中国法学会部级重点课题）、中国海商法基本理论问题研究（司法部项目）等课题
7	上海海事大学	该校多名教授是我国《海商法》《港口法》《国际海运条例》等航运法律、法规以及最高人民法院海事司法解释的主要起草人，并长期为交通运输部重大航运法律与政策，以及上海国际航运中心建设提供决策咨询意见；还曾参加过联合国《鹿特丹规则》的制定

续表

序号	学校	代表性科研成果
8	海南大学	紧紧围绕海洋强国、海南中国特色自由贸易港建设、生态文明法治等国家战略，凝练学科方向，打造了9个科研创新团队和2个培育团队，形成了一批国际领先的研究成果，且部分成果转化为国家海洋治理政策、海南自由贸易港立法和海南生态文明立法。 该校法学院现设有中国法学会法治研究基地——海南省南海政策与法律研究中心，该中心被美国国际海事安全中心评价为中国政府在南海的直接利益提供相关政策研究的主要学术机构。 曾主持参与多项国家社会科学基金项目，如2019年的海洋自然资源开发利用和保护的国内外法律规制对比研究（重大专项，作为首席专家参与），2012年的南海油气资源开发的法律困境及对策研究，2018年的中国特色自由贸易港的建设路径及法治保障研究（重大招标项目，子课题负责人），2016年的中国南海岛礁所涉重大现实问题及其对策研究（重大招标项目，子课题负责人）等课题。 曾主持参与教育部的科研项目，如2012年的中国与邻国海洋权益争端问题的国际法理研究（重大公关项目，子课题负责人），2011年的南海资源开发法律问题研究等课题。 曾于2017年主持高分辨率对地观测卫星商业化运营的法律问题研究（中国空间法学会学术研究课题项目）
9	中山大学	曾主持参与多项国家社会科学基金项目，如南海断续线的法理与历史依据研究（重大招标项目）、可持续发展视域下邮轮运输法制保障研究等课题。 曾主持参与《海商法（修订草案）》的审核研究（交通运输部，子课题负责人）、保障我国海上通道安全研究（教育部重大项目，子课题负责人），参与保障通航安全视域下船舶引航制度研究（辽宁省社科基金重点项目）、经济发展中辽宁海域环境保护的现状及法律思考（辽宁省社科基金）。 曾主持《液化天然气船对船过驳作业指南》标准化课题（中海石油气电集团有限责任公司），该研究成果经国家能源局发布，成为中华人民共和国石油天然气行业标准（SY/T 7029—2016）

续表

序号	学校	代表性科研成果
10	厦门大学	曾主持参与多项国家社会科学基金项目，如2012年的《海上钻井平台油污损害赔偿责任机制研究》，2018年的中国与21世纪海上丝绸之路沿线主要国家海上合作研究（重大专项，子课题负责人）、《〈海商法〉修订中重大问题研究》、我国提升国际涉海事务话语权研究（重大专项，子课题负责人），2019年的公海保护区国际规则制定研究（重大专项，子课题负责人）等课题。 曾主持参与多项国家部委、重要科研机构及福建省的科研项目，如无单放货法律问题研究（司法部，2003年）、“一带一路”倡议下中国与东盟海上安全合作机制研究（司法部，2017年）、菲律宾海洋生态系统保护管理的政策和法律体系（自然资源部第三海洋研究所，2019年），美国海岸警卫队海洋行政处罚权研究（福建省社科项目基地重大项目，2019年），国际沉船打捞案例与相关法律问题研究（国家文物局水下文化遗产保护中心，2018年）等课题
11	北京邮电大学	曾先后主持参与国家社科基金项目、国家邮政局、中央网信办、工信部等课题20余项

注：表中关于代表性科研成果的内容，部分源自相关高校的官方网站。

（四）专业期刊

据不完全统计，目前我国交通运输法治领域的期刊主要有以下几种：《交通运输法研究》（北京交通大学）、《中华海洋法学评论》（厦门大学）、《空间法评论》（哈尔滨工业大学）、《南海法学》（海南省法学会）、《中国海商法研究》（大连海事大学）、《交通运输部管理干部学院学报》（交通运输部管理干部学院）、《铁道警察学院学报》（公安部主管，铁道警察学院主办）、《中国水运报》（交通运输部）、《铁道货运》（中国铁路总公司主管，中国铁道科学研究院主办）、《中国海商法年刊》（中国国际贸易促进委员会主管，中国海商法协会主办）、《中国民用航空》（中国民用航空总局）。

可以看出，目前我国学界基本上在交通运输法的综合交通、道路、铁路、海事、航空、空间等领域都有相关学术期刊作为科研支撑的平台。这为交通运输法的科研发展提供了有力的支撑，不仅可以凝聚力量，将更多的专业研究者集中到统一平台上，促进交通运输法相关科研工作者的合作与交流，还能为学科的进一步建设奠定坚实基础。

第二篇

分报告

中国铁路交通运输法治发展研究

黄　琳[*]　吕航弘[**]

“法者，治之端也。”❶ 依法治国是中国共产党领导全国各族人民治理国家的基本方略，法治是中国共产党治国理政的基本方式。铁路运输是我国陆路交通运输中的一项重要交通运输方式，铁路交通运输法治的发展与法治国家、法治政府、法治社会的建设息息相关。

一、中国铁路交通运输法治发展的历史演绎

（一）中国铁路交通运输立法领域的发展脉络

综观我国铁路交通运输立法领域的法治建设，我国铁路运输领域现行有效的法律法规制度主要包含以下内容。第一，法律。1990 年全国人大常委会通过了《铁路法》，这是我国铁路交通运输领域法律法规体系的基本法律。在此之后，我国分别于 2009 年和 2015 年对该法进行了修改和修正。第二，行政法规。如 2011 年国务院修订的《铁路货物运输合同实施细则》（国务院令第 588 号，已失效）、2012 年国务院修订的《铁路交通事故应急救援和调查处理条例》（国务院令第 628 号）、2013 年国务院公布的《铁路安全管理条例》（国务院令第 639 号）等。第三，行政规章。如 2021 年交通运输部公布的《违反〈铁路安全管理条例〉行政处罚实施办法》（交通运输部令 2021 年第 33 号）等。第四，司法解释。如 2012 年最高人民法院公布的《最高人民法院关于铁路运输法院案件管辖范围的若干规定》（法释

---

* 黄琳，北京交通大学法学院讲师。

** 吕航弘，北京交通大学法学院 2021 级硕士研究生。

❶ 《荀子·君道篇第十二》。

〔2012〕10号）等。此外，还有其他地方性法规、自治条例、单行条例等规范性文件。

在我国铁路交通运输法治发展过程中，“大部制”改革无疑起着至关重要的作用。2013年3月14日，十二届全国人大一次会议审议通过《关于国务院机构改革和职能转变方案的决定》，开启了新一轮“大部制”改革。其中，原铁道部纳入“大交通”体制是此次“大部制”改革的重点之一，旨在调整交通运输业务，落实“政企分开”。因此，下文将改革开放以来，特别是2013年作为重要的时间节点，围绕我国铁路交通运输领域的立法发展脉络展开论述。

1. 1978年改革开放以来至2013年的铁路交通运输立法

（1）法律

《铁路法》是我国铁路交通运输领域最重要的立法。《铁路法》于1990年制定，2009年进行了第一次修正。这两版新旧《铁路法》在以下三个方面，存在显著差别。

①铁路建设相关土地工作由“征用”改为“征收”（见表1）。

表1　1990年版和2009年版《铁路法》第36条对比

1990年《铁路法》	2009年《铁路法》
第36条：铁路建设用地，依照有关法律、行政法规的规定办理。 有关地方人民政府应当支持铁路建设，协助铁路运输企业做好铁路建设**征用**土地工作和拆迁安置工作。	第36条：铁路建设用地，依照有关法律、行政法规的规定办理。 有关地方人民政府应当支持铁路建设，协助铁路运输企业做好铁路建设**征收**土地工作和拆迁安置工作。

通过对比可以发现，2009年修正的《铁路法》将第36条中的“征用”改为了“征收”。在铁路交通运输领域，铁路运输企业会占用铁路建设用地以进行铁路建设，该用地被占用后几乎不会再改变用途，除非未来铁路建设发生变化。由此可知，此处用“征收”更为适合，因未来无法返还铁路建设用地，故应按照法定标准对征收人进行相应的补偿。

②针对铁路运输领域犯罪行为追责时的具体规定不同（见表2）。

表 2　1990 年版和 2009 年版《铁路法》相关条文对比

1990 年《铁路法》	2009 年《铁路法》
第 62 条：盗窃铁路线路上行车设施的零件、部件或者铁路线路上的器材，危及行车安全，尚未造成严重后果的，依照刑法第一百零八条破坏交通设施罪的规定追究刑事责任；造成严重后果的，依照刑法第一百一十条破坏交通设施罪的规定追究刑事责任。	第 62 条：盗窃铁路线路上行车设施的零件、部件或者铁路线路上的器材，危及行车安全的，依照刑法有关规定追究刑事责任。
第 63 条：聚众拦截列车不听制止的，对首要分子和骨干分子依照刑法第一百五十九条的规定追究刑事责任。 聚众冲击铁路行车调度机构不听制止的，对首要分子和骨干分子依照刑法第一百五十八条的规定追究刑事责任。	第 63 条：聚众拦截列车、冲击铁路行车调度机构不听制止的，对首要分子和骨干分子依照刑法有关规定追究刑事责任。
第 66 条：倒卖旅客车票数额较大的，依照刑法第一百一十七条的规定追究刑事责任。以倒卖旅客车票为常业的，倒卖数额巨大的或者倒卖集团的首要分子，依照刑法第一百一十八条的规定追究刑事责任。铁路职工倒卖旅客车票或者与其他人员勾结倒卖旅客车票的，依照刑法第一百一十九条的规定追究刑事责任。	第 66 条：倒卖旅客车票，构成犯罪的，依照刑法有关规定追究刑事责任。铁路职工倒卖旅客车票或者与其他人员勾结倒卖旅客车票的，依照刑法有关规定追究刑事责任。
第 67 条：违反本法规定，尚不够刑事处罚，应当给予治安管理处罚的，依照治安管理处罚条例的规定处罚。	第 67 条：违反本法规定，尚不够刑事处罚，应当给予治安管理处罚的，依照治安管理处罚法的规定处罚。
第 70 条：铁路职工利用职务之便走私、投机倒把的，或者与其他人员勾结走私、投机倒把的，依照刑法第一百一十九条的规定追究刑事责任。	第 70 条：铁路职工利用职务之便走私的，或者与其他人员勾结走私的，依照刑法有关规定追究刑事责任。

上述这几个条款都涉及铁路运输领域违法犯罪的追责问题。综合对比这几个条文后，可以看出 1990 年版与 2009 年版《铁路法》之间存在如下区别。第一，关于适用依据的不同。1990 年《铁路法》条文中提到“依照刑法第 ×× 条的规定追究刑事责任”，明确指出在倒卖旅客车票等违反刑法的情况下，追究刑事责任时应当适用的具体条文。但修正后的 2009 年《铁路法》条文将其修改为“依照刑法有关规定追究刑事责任”，并删掉了 1990 年《铁路法》条文中

提到的“造成严重后果的”情况。这样的改动或许是考虑到铁路交通运输领域的违法犯罪行为情节较为复杂，修订后的规定更便于执法机关在适用时结合实际案情自主选择更适合的刑法条文。第二，表述更加简洁准确。在2009年《铁路法》第63条中，将1990年《铁路法》“聚众拦截列车不听制止的”和“聚众冲击铁路行车调度机构不听制止”的两种情形合并在了一款中，更简洁合理。同时，鉴于1997年3月八届全国人大五次会议修订的《刑法》已将投机倒把罪除名，在2009年《铁路法》第70条中也删除了“投机倒把”的相关内容。

（2）行政法规

我国高度重视铁路安全工作。根据宪法和法律，按照法定程序，国务院有权制定有关铁路交通运输的行政法规。例如，原铁道部曾于1986年公布了《铁路货物运输合同实施细则》，为保障铁路运输安全发挥了重要作用，并于2011年对该细则部分条款予以修订，但没有改变其实质内容。[1]

（3）行政规章

行政规章对铁路交通运输起着规范性作用。相较于现实问题的复杂性，既有的法律法规的内容较为简单，亟待规章予以补充。例如，为推进铁路政企分开、加强计划管理、改善宏观调控、实行企业资产经营责任制、落实企业计划自主权、最大限度地发挥投资效益，原铁道部于1999年公布了《铁道部关于加强铁路计划管理改善宏观调控的若干规定》，对于建设项目投资决策及审批权限、建设项目审批程序、铁路固定资产投资计划的管理、投资规模及建设资金管理、严格控制非生产性项目建设、严格管理向路外投资等内容作了较为详细的规定。

（4）司法解释

自1978年至2022年的数年间，在国家法律法规数据库中以“铁路”作为标题和正文的关键字进行搜索，共搜索到9部司法解释。例如，2010年最高人民法院公布了《最高人民法院关于审理铁路运输人身损害赔偿纠纷案件适用法律若干问题的解释》（法释〔2010〕5号），并于2020年、2021年对该解释进行了两次修正，旨在为正确审理铁路运输人身损害赔偿纠纷案件、依法维护各方当事人的合法权益提供详细依据。

---

[1] 《铁路货物运输合同实施细则》于2022年5月1日起废止。

（5）其他规范性文件

除上述法律规范外，1978 年改革开放后至 2013 年，我国铁路交通运输领域也制定发布了诸多规范性文件。例如，原铁道部于 1983 年发布了《铁道部、总参、总后关于发布〈铁路军事专用线修建和维修管理办法〉的补充规定》（〔83〕后交字 539 号）。该规定涵盖了养路工区房舍的修建问题、新建军事专用线养路工区开办费问题、军产专用线增设道口问题、铁路军事专用线管理费计算等内容。

2. 2013 年“大部制”改革深化后的铁路交通运输领域立法

（1）法律

《铁路法》于 2015 年进行再次修正后，不再对国家铁路和地方铁路进行区别规定，铁路的旅客票价率和行李运价率的法定定价主体发生了变化。具体而言，定价权限以中央政府和地方政府的定价目录为依据，将铁路运价的权限由原铁道部移交给铁路运输企业。显然，2015 年《铁路法》比 2009 年《铁路法》在内容上更为简练合理（见表 3）。

表 3　2009 年版与 2015 年版《铁路法》第 25 条对比

2009 年《铁路法》	2015 年《铁路法》
第 25 条：国家铁路的旅客票价率和货物、包裹、行李的运价率由国务院铁路主管部门拟订，报国务院批准。国家铁路的旅客、货物运输杂费的收费项目和收费标准由国务院铁路主管部门规定。国家铁路的特定运营线的运价率、特定货物的运价率和临时运营线的运价率，由国务院铁路主管部门商得国务院物价主管部门同意后规定。 地方铁路的旅客票价率、货物运价率和旅客、货物运输杂费的收费项目和收费标准，由省、自治区、直辖市人民政府物价主管部门会同国务院铁路主管部门授权的机构规定。 兼办公共旅客、货物运输营业的专用铁路的旅客票价率、货物运价率和旅客、货物运输杂费的收费项目和收费标准，以及铁路专用线共用的收费标准，由省、自治区、直辖市人民政府物价主管部门规定。	第 25 条：铁路的旅客票价率和货物、行李的运价率实行政府指导价或者政府定价，竞争性领域实行市场调节价。政府指导价、政府定价的定价权限和具体适用范围以中央政府和地方政府的定价目录为依据。铁路旅客、货物运输杂费的收费项目和收费标准，以及铁路包裹运价率由铁路运输企业自主制定。

另外，《铁路法》虽然进行了两次修改，但是仔细比较两版内容后不难发现，这两次修改并未涉及大范围的实质性改动，主要是根据其他法律的修改，而对《铁路法》的相关条款作相应的调整。

2019 年，国家铁路局发布了《铁路法（修订草案）》（征求意见稿）（以下简称《征求意见稿》），并在该《征求意见稿》中将“强占他人席位且不听劝阻、干扰站车秩序且不听劝阻，或者在车站和旅客列车内寻衅滋事、扰乱公共秩序”等违法行为列入了禁止行为。此外，以下行为也在禁止之列：在禁止吸烟的列车上、其他列车以及铁路车站的禁烟区域内吸烟，或者使用能够产生烟雾的香烟替代品及其他物品；在铁路线路两侧各 500 米范围内，放飞风筝、无人机、气球、孔明灯等低空飞行物或者飘浮物等。❶

综合来看，该《征求意见稿》涉及如下重点内容：

第一，明确新的行业管理制度。当下我国的交通运输法治建设落后于依法治国的要求。在 2013 年之前，铁路还没有实行政企分开的管理体制。2013 年交通运输“大部制”改革深化后，落实政企分开，引起了职能变动。其一，将原铁道部拟定铁路发展规划和政策的行政职责划入交通运输部。其二，组建国家铁路局，由交通运输部管理，并承担原铁道部的其他行政职责，负责拟订铁路技术标准，监督管理铁路安全生产、运输服务质量和铁路工程质量等。其三，组建中国铁路总公司，承担原铁道部的企业职责，负责铁路运输统一调度指挥，经营铁路客货运输服务，负责铁路建设等。❷ 2015 年《铁路法》第 3 条规定：“国务院铁路主管部门主管全国铁路工作，对国家铁路实行高度集中、统一指挥的运输管理体制，对地方铁路、专用铁路和铁路专用线进行指导、协调、监督和帮助。国家铁路运输企业行使法律、行政法规授予的行政管理职能。”《征求意见稿》第 3 条规定：“国务院铁路行业监督管理部门对全国铁路实施监督管理。国务院铁路行业监督管理部门设立的铁路监督管理机构负责辖区内的铁路监督管理工作。国务院铁路行业监督管理部门和铁路监督管理机构统称铁路

---

❶ 参见《重磅解读：〈中华人民共和国铁路法（修订草案）〉征求意见稿》，载微信公众号“e 车网轨道交通资讯”，2019 年 8 月 3 日。

❷ 参见周佑勇等著：《现代城市交通发展的制度平台与法律保障机制研究》，中国社会科学出版社 2017 年版，第 249～250 页。

监管部门。国务院其他有关部门和省、自治区、直辖市人民政府按照法律、行政法规或者国务院的规定，负责铁路管理相关工作。国家授权投资机构负责国家铁路运输统一调度指挥，管理国家铁路建设项目和国家铁路运输经营等相关工作。”相较于2015年《铁路法》，《征求意见稿》将铁路政企分开的新型管理和监管制度予以明确，规定了国务院相关部门、地方人民政府和国家授权机构在行业管理方面的职责分工。

第二，公益性运营的补偿措施。铁路的公益性，是指铁路行业的一些服务可让社会普遍获益，但却让服务的提供者得不到足够的补偿。[1] 目前，我国铁路运输承担的公益性服务包括三大类。一是按照政府要求以低于正常价格的运价为特定的用户提供铁路运输服务，如学生优惠票，其补贴政策是对特定用户的福利政策。[2] 二是由特定的企业按政府要求运营非营利性的铁路线路，其补贴政策主要服务于国家的政治、经济和国防需要，具有推动边疆经济发展、维护边疆安定等重大意义。三是按政府要求以低于成本的运价为社会提供的基本运输服务，如绿皮火车的运营，这种补贴政策具有普惠性。[3] 所谓“铁路公益性运输补贴”，正是公共财政在铁路运输企业发生公益性亏损情况时，为了维持企业的生存和正常经营而给予的经济性补助或补偿。”[4]

《征求意见稿》第6条指出：“铁路运输企业，是指通过铁路线路、使用铁路机车车辆运送人员、物品的企业法人。从事公共运输营业的铁路运输企业，应当取得铁路运输准入许可证，具体办法由国务院铁路行业监督管理部门规定。”第10条指出：“铁路运输企业应当承担公益性运输任务和公益性线路的经营任务，国家和地方人民政府承担公益性铁路建设投资主体责任，并对公益性铁路运营亏损予以补偿。”这两个条文明确了铁路运输企业的公益性，使其运营能更合法合规，使补偿措施能有法可依。

第三，吸引社会资本投资建路。《征求意见稿》第32条指出：“国家鼓励

---

[1] 参见王东、李辉：《对我国公益性铁路投融资及补贴政策的思考》，载《第三届中国交通运输财务与会计学术研讨会文集》2005年版，第259~271页。

[2] 参见吕振宇、倪鹏飞：《铁路公益性：理论与经验》，载《财经问题研究》2005年第10期。

[3] 参见靖琦：《我国〈铁路法〉之反思与重构》，西南交通大学2016年硕士学位论文。

[4] 参见褚珊：《铁路公益性运输服务的有效供给与补贴机制研究》，北京交通大学2014年硕士学位论文。

和支持通过多种融资形式筹集铁路建设资金。列入铁路规划的各类项目，除法律法规另有规定外，均向社会资本开放。国家依法保障各类投资者的合法权益。铁路建设债券为政府支持债券，按照有关规定享有优惠政策。”其实，早在2015年，为了鼓励社会资本投资建路，国家发展和改革委员会就发布了《国家发展改革委关于做好社会资本投资铁路项目示范工作的通知》（发改基础〔2015〕3123号），推出8个社会资本投资铁路示范项目。但其中之一的重庆主城至合川铁路项目进展不顺利，社会投资人最终便退出了渝合线项目。有学者表示，“铁路的公益性较强，很难在短期内实现较好经济效益。这是民营企业不敢投资的原因之一。”❶由此，《征求意见稿》的一个重要意义就在于鼓励和支持社会资本投资建路法律化，保障投资者的合法权益，促进铁路交通运输领域的发展。

第四，增加铁路综合开发用地政策。2015年《铁路法》第36条第1款仅提到“铁路建设用地，依照有关法律、行政法规的规定办理”。《征求意见稿》第34条第1款指出：“铁路建设用地和综合开发用地，依照有关法律、行政法规的规定办理。”由于铁路沿线的土地开发需地方政府和铁路部门配合，涉及复杂的利益博弈，“路地”双方在铁路土地开发的收益归属、开发范围等方面分歧较大，双方很难谈拢。为解决这一问题，2013年8月，国务院发布了《国务院关于改革铁路投融资体制加快推进铁路建设的意见》（国发〔2013〕33号），提出要加大力度盘活铁路用地资源，鼓励土地综合开发利用，支持铁路车站及线路用地综合开发。2014年8月，国务院办公厅发布了《国务院办公厅关于支持铁路建设实施土地综合开发的意见》（国办发〔2014〕37号），在土地供应方式、用地指标等方面，对铁路土地开发提供了政策支持。❷ 现在，《征求意见稿》进一步提供了对铁路综合开发用地的法律政策支持。

第五，新增监管方式。《征求意见稿》在新增的第六章“监督管理”中提出了行政约谈、建立铁路运输服务质量评估制度、记录公开并惩戒违法失

---

❶ 参见王红茹：《〈铁路法〉时隔28年修订 鼓励社会资本投资建路写入〈征求意见稿〉》，载《中国经济周刊》2019年第17期。

❷ 参见《重磅解读：〈中华人民共和国铁路法（修订草案）〉征求意见稿》，载微信公众号“e车网轨道交通资讯”，2019年8月3日。

信行为、铁路建设工程质量安全监督工作、行政许可的监督检查等新型监管方式。把上述新型监管方式法律化，有利于在实践中加强对铁路领域的监管。

第六，紧跟热点，加强制度法律化。《征求意见稿》将缺陷产品召回制度、严禁强登列车、铁路装备相关许可制度、铁路线路安全保护区制度等一些近年来颇受关注的热点内容列入规定。现实中，“扒高铁车门”等事件的发生，严重危害交通秩序，造成了恶劣的社会影响。因此，把热门事件反映出来的不足之处写入法律，加以法律规范，将有利于铁路交通领域法治的发展。

（2）行政法规

2013 年，国务院为了加强铁路安全管理，保障铁路运输安全和畅通，保护人身安全和财产安全，公布了《铁路安全管理条例》（国务院令第639 号）。

（3）行政规章

2013 年至今，交通运输部根据宪法、法律和行政法规等制定和发布了一些规范性文件。例如，2019 年，交通运输部为规范铁路机车车辆驾驶人员资格许可工作，保障铁路运输安全和畅通，公布了《铁路机车车辆驾驶人员资格许可办法》（交通运输部令 2019 年第 43 号）。

（4）司法解释

一直以来，我国铁路交通运输领域较为重要的司法解释即为《最高人民法院关于审理铁路运输人身损害赔偿纠纷案件适用法律若干问题的解释》。该司法解释最早在2010 年公布，并于 2020 年、❶ 2021 年❷先后进行修正。从具体内容上看，2010 年版与 2020 年修正版相差不大，2020 年版仅将 2010 年版提及的原《民法通则》及原《合同法》等内容替换成了《民法典》的相关表述。但是，2021 年修正版较之初始版本有较大的变化。通过列表将 2020 年修正版与 2021 年修正版对比后可以发现，2021 年修正版中主要涉及如下修改要点。

---

❶ 2020 年《最高人民法院关于审理铁路运输人身损害赔偿纠纷案件适用法律若干问题的解释》（法释〔2020〕17 号），以下简称法释〔2020〕17 号。

❷ 2021 年《最高人民法院关于审理铁路运输人身损害赔偿纠纷案件适用法律若干问题的解释》（法释〔2021〕19 号），以下简称法释〔2021〕19 号。

①明确部分旅客人身损害案件不适用本解释（见表4）。

表4 两版司法解释对比一

法释〔2020〕17号	法释〔2021〕19号
第1条：人民法院审理铁路行车事故及其他铁路运营事故造成的铁路运输人身损害赔偿纠纷案件，适用本解释。 与铁路运输企业建立劳动合同关系或者形成劳动关系的铁路职工在执行职务中发生的人身损害，依照有关调整劳动关系的法律规定及其他相关法律规定处理。	第1条：人民法院审理铁路行车事故及其他铁路运营事故造成的铁路运输人身损害赔偿纠纷案件，适用本解释。 铁路运输企业在客运合同履行过程中造成旅客人身损害的赔偿纠纷案件，不适用本解释；与铁路运输企业建立劳动合同关系或者形成劳动关系的铁路职工在执行职务中发生的人身损害，依照有关调整劳动关系的法律规定及其他相关法律规定处理。
第12条：铁路旅客运送期间发生旅客人身损害，赔偿权利人要求铁路运输企业承担违约责任的，人民法院应当依照民法典第八百一十一条、第八百二十二条、第八百二十三条等规定，确定铁路运输企业是否承担责任及责任的大小；赔偿权利人要求铁路运输企业承担侵权赔偿责任的，人民法院应当依照有关侵权责任的法律规定，确定铁路运输企业是否承担赔偿责任及责任的大小。	—
第13条：铁路旅客运送期间因第三人侵权造成旅客人身损害的，由实施侵权行为的第三人承担赔偿责任。铁路运输企业有过错的，应当在能够防止或者制止损害的范围内承担相应的补充赔偿责任。铁路运输企业承担赔偿责任后，有权向第三人追偿。 车外第三人投掷石块等击打列车造成车内旅客人身损害，赔偿权利人要求铁路运输企业先予赔偿的，人民法院应当予以支持。铁路运输企业赔付后，有权向第三人追偿。	—

由表4可知，一方面，法释〔2021〕19号在第1条第2款中增加了“铁路运输企业在客运合同履行过程中造成旅客人身损害的赔偿纠纷案件，不适用本解释”的规定。另一方面，法释〔2021〕19号删除了法释〔2020〕17号中第

12 条关于“铁路旅客运送期间发生旅客人身损害”和第 13 条关于“铁路旅客运送期间因第三人侵权造成旅客人身损害”等内容。这些情况不能适用本司法解释，但可以适用《民法典》的相关规定。

②改变了有权请求赔偿的主体（见表5）。

表 5　两版司法解释对比二

法释〔2020〕17 号	法释〔2021〕19 号
第 2 条：铁路运输人身损害的受害人、依法由受害人承担扶养义务的被扶养人以及死亡受害人的近亲属为赔偿权利人，有权请求赔偿。	第 2 条：铁路运输人身损害的受害人以及死亡受害人的近亲属为赔偿权利人，有权请求赔偿。

鉴于《民法典》第 1179 条关于残疾赔偿金和死亡赔偿金的规定已经对被扶养人的费用作了规定，法释〔2021〕19 号便在本次修正中删除了赔偿请求权主体中的被扶养人。

③管辖法院的变化（见表6）。

表 6　两版司法解释对比三

法释〔2020〕17 号	法释〔2021〕19 号
第 3 条：赔偿权利人要求对方当事人承担侵权责任的，由事故发生地、列车最先到达地或者被告住所地铁路运输法院管辖；赔偿权利人依照民法典第三编要求承运人承担违约责任予以人身损害赔偿的，由运输始发地、目的地或者被告住所地铁路运输法院管辖。	第 3 条：赔偿权利人要求对方当事人承担侵权责任的，由事故发生地、列车最先到达地或者被告住所地铁路运输法院管辖。 前款规定的地区没有铁路运输法院的，由高级人民法院指定的其他人民法院管辖。

④增加了免责情形（见表7）。

表 7　两版司法解释对比四

法释〔2020〕17 号	法释〔2021〕19 号
第 5 条：铁路运输中发生人身损害，铁路运输企业举证证明有下列情形之一的，不承担赔偿责任： （一）不可抗力造成的； （二）受害人故意以卧轨、碰撞等方式造成的。	第 5 条：铁路行车事故及其他铁路运营事故造成人身损害，有下列情形之一的，铁路运输企业不承担赔偿责任：

续表

法释〔2020〕17号	法释〔2021〕19号
	（一）不可抗力造成的； （二）受害人故意以卧轨、碰撞等方式造成的； （三）法律规定铁路运输企业不承担赔偿责任的其他情形造成的。

⑤调整铁路运输企业的赔偿责任比例（见表8）。

表8 两版司法解释对比五

法释〔2020〕17号	法释〔2021〕19号
第6条：因受害人翻越、穿越、损毁、移动铁路线路两侧防护围墙、栅栏或者其他防护设施穿越铁路线路，偷乘货车，攀附行进中的列车，在未设置人行通道的铁路桥梁、隧道内通行，攀爬高架铁路线路，以及其他未经许可进入铁路线路、车站、货场等铁路作业区域的过错行为，造成人身损害的，应当根据受害人的过错程度适当减轻铁路运输企业的赔偿责任，并按照以下情形分别处理： （一）铁路运输企业未充分履行安全防护、警示等义务，受害人有上述过错行为的，铁路运输企业应当在全部损失的百分之八十至百分之二十之间承担赔偿责任； （二）铁路运输企业已充分履行安全防护、警示等义务，受害人仍施以上述过错行为的，铁路运输企业应当在全部损失的百分之二十至百分之十之间承担赔偿责任。	第6条：因受害人的过错行为造成人身损害，依照法律规定应当由铁路运输企业承担赔偿责任的，根据受害人的过错程度可以适当减轻铁路运输企业的赔偿责任，并按照以下情形分别处理： （一）铁路运输企业未充分履行安全防护、警示等义务，铁路运输企业承担事故主要责任的，应当在全部损害的百分之九十至百分之六十之间承担赔偿责任；铁路运输企业承担事故同等责任的，应当在全部损害的百分之六十至百分之五十之间承担赔偿责任；铁路运输企业承担事故次要责任的，应当在全部损害的百分之四十至百分之十之间承担赔偿责任； （二）铁路运输企业已充分履行安全防护、警示等义务，受害人仍施以过错行为的，铁路运输企业应当在全部损害的百分之十以内承担赔偿责任。 铁路运输企业已充分履行安全防护、警示等义务，受害人不听从值守人员劝阻强行通过铁路平交道口、

续表

法释〔2020〕17 号	法释〔2021〕19 号
	人行过道，或者明知危险后果仍然无视警示规定沿铁路线路纵向行走、坐卧故意造成人身损害的，铁路运输企业不承担赔偿责任，但是有证据证明并非受害人故意造成损害的除外。
第 7 条：受害人横向穿越未封闭的铁路线路时存在过错，造成人身损害的，按照前条规定处理。 受害人不听从值守人员劝阻或者无视禁行警示信号、标志硬行通过铁路平交道口、人行过道，或者沿铁路线路纵向行走，或者在铁路线路上坐卧，造成人身损害，铁路运输企业举证证明已充分履行安全防护、警示等义务的，不承担赔偿责任。	—

由表 8 可以看出，法释〔2020〕17 号与法释〔2021〕19 号对于铁路运输企业的赔偿责任比例的规定有较大的差异。一方面，法释〔2020〕17 号中规定，因受害人的过错行为造成人身损害时，实行无过错责任，且“应当”根据受害人的过错程度适当减轻铁路运输企业的赔偿责任。但 2021 年修正时，法释〔2021〕19 号中规定，根据受害人的过错程度“可以”适当减轻铁路运输企业的赔偿责任。另一方面，法释〔2020〕17 号第 6 条和第 7 条分别对铁路运输企业是否充分履行安全防护、警示等义务适用 80%～20%、20%～10% 和不承担责任的三档责任比例。而法释〔2021〕19 号则设置了铁路运输企业的五档责任比例。铁路运输企业因未充分履行安全防护、警示等义务时，需承担事故主要责任的，承担 90%～60% 的赔偿责任；需承担事故同等责任的，承担 60%～50% 的赔偿责任；需承担事故次要责任的，承担 40%～10% 的赔偿责任。若铁路运输企业已充分履行安全防护、警示等义务，但存在受害人过错，此时铁路运输企业承担 10% 以内的赔偿责任；若受害人故意造成人身损害，此时铁路运输企业不承担赔偿责任。

⑥删除了赔偿责任的最低限度（见表9）。

表9 两版司法解释对比六

法释〔2020〕17号	法释〔2021〕19号
第8条：铁路运输造成无民事行为能力人人身损害的，铁路运输企业应当承担赔偿责任；监护人有过错的，按照过错程度减轻铁路运输企业的赔偿责任，但铁路运输企业承担的赔偿责任应当不低于全部损失的百分之五十。 铁路运输造成限制民事行为能力人人身损害的，铁路运输企业应当承担赔偿责任；监护人及受害人自身有过错的，按照过错程度减轻铁路运输企业的赔偿责任，但铁路运输企业承担的赔偿责任应当不低于全部损失的百分之四十。	第7条：铁路运输造成无民事行为能力人人身损害的，铁路运输企业应当承担赔偿责任；监护人有过错的，按照过错程度减轻铁路运输企业的赔偿责任。 铁路运输造成限制民事行为能力人人身损害的，铁路运输企业应当承担赔偿责任；监护人或者受害人自身有过错的，按照过错程度减轻铁路运输企业的赔偿责任。

前已述及，法释〔2021〕19号已对铁路运输企业的赔偿责任比例作出了更为详尽的规定，因此删除了法释〔2020〕17号第8条中关于铁路运输企业承担赔偿责任的最低限度的内容。

⑦责任分担的确定（见表10）。

表10 两版司法解释对比七

法释〔2020〕17号	法释〔2021〕19号
第9条：铁路机车车辆与机动车发生碰撞造成机动车驾驶人员以外的人人身损害的，由铁路运输企业与机动车一方对受害人承担连带赔偿责任。铁路运输企业与机动车一方之间，按照各自的过错分担责任；双方均无过错的，按照公平原则分担责任。对受害人实际承担赔偿责任超出应当承担份额的一方，有权向另一方追偿。 铁路机车车辆与机动车发生碰撞造成机动车驾驶人员人身损害的，按照本解释第四条至第七条的规定处理。	第8条：铁路机车车辆与机动车发生碰撞造成机动车驾驶人员以外的人人身损害的，由铁路运输企业与机动车一方对受害人承担连带赔偿责任。铁路运输企业与机动车一方之间的责任份额根据各自责任大小确定；难以确定责任大小的，平均承担责任。对受害人实际承担赔偿责任超出应当承担份额的一方，有权向另一方追偿。 铁路机车车辆与机动车发生碰撞造成机动车驾驶人员人身损害的，按照本解释第四条至第六条的规定处理。

如表10所示，法释〔2021〕19号将法释〔2020〕17号中的“按照各自的过错分担责任”的规定改为“根据各自责任大小确定”，并增加了“难以确定责任大小的，平均承担责任”的内容。

（5）其他规范性文件

自2013年以来，我国铁路交通运输领域也发布了若干项其他规范性文件，如2015年的《中国铁路总公司关于印发〈铁路进站乘车禁止和限制携带物品的公告〉的通知》（铁总运〔2015〕355号）、《中国铁路总公司关于公布新车票式样的公告》，2017年的《中国铁路总公司关于印发〈铁路防洪工作管理办法〉的通知》（铁总运〔2017〕8号）等。这些规范性文件都与人们的生活需求密切相关。

（二）中国铁路交通运输执法领域的发展脉络

1. 1978年改革开放以来至2013年的铁路交通运输执法实践

（1）铁路行政处罚

我国的《行政处罚法》最早于1996年公布，并在2009年、2017年、2021年先后进行了三次修正或修订。但《行政处罚法》中没有单独规定铁路交通运输部分，目前我国铁路交通运输领域行政处罚的单行立法也付之阙如。根据《行政处罚法》的规定，我国行政处罚的主体包括三种：第一种为具有行政处罚权的行政机关；第二种为法律、法规授权的具有管理公共事务职能的组织；第三种为受委托的符合条件的组织。[1] 2021年《行政处罚法》第18条规定：“国家在城市管理、市场监管、生态环境、文化市场、交通运输、应急管理、农业等领域推行建立综合行政执法制度，相对集中行政处罚权。国务院或者省、自治区、直辖市人民政府可以决定一个行政机关行使有关行政机关的行政处罚权。限制人身自由的行政处罚权只能由公安机关和法律规定的其他机关行使。”

2003年，公安部公布了《公安机关办理行政案件程序规定》（公安部令第68号），并于2006年、2010年、2012年、2014年、2018年、2020年先后进行了六次修正或修订。在2003年《公安机关办理行政案件程序规定》（公安部令第68号）第14条第1款中首次提及了铁路行政处罚的执法主体：“铁路公安机关负责管辖列车上，火车站工作区域内，铁路建设施工工地，铁路系统的机关、

---

[1] 参见《行政处罚法》第三章“行政处罚的实施机关”。

厂、段、所、队等单位内发生的案件，以及在铁路线上放置障碍物或者损毁、移动铁路设施等可能影响铁路运输安全，盗窃铁路设施的案件。”随后，2006年《公安机关办理行政案件程序规定》（公安部令第88号）第12条第1款将上述条款修改为：“铁路公安机关负责调查处理列车上，火车站工作区域内，铁路系统的机关、厂、段、所、队等单位内发生的案件，以及在铁路线上放置障碍物或者损毁、移动铁路设施等可能影响铁路运输安全、盗窃铁路设施的案件。”2012年《公安机关办理行政案件程序规定》（公安部令第125号）第12条第1款则规定：“铁路公安机关管辖列车上，火车站工作区域内，铁路系统的机关、厂、段、所、队等单位内发生的行政案件，以及在铁路线上放置障碍物或者损毁、移动铁路设施等可能影响铁路运输安全、盗窃铁路设施的行政案件。”

尽管条款内容的具体表述不尽相同，但结合上述条款可以看出，我国铁路交通运输领域的行政处罚主体为铁路公安机关。

（2）铁路行政许可

铁路运输行业作为国民经济中重要的组成部门，对于国家的经济发展与人民的生产生活都发挥着巨大的作用，铁路安全问题至关重要。[1]铁路行政许可对铁路交通运输的安全性和稳定性都有影响，但是铁路交通运输领域的行政许可缺少明文规定。

我国《行政许可法》于2003年公布，并于2019年进行修正。该法第2条规定：“本法所称行政许可，是指行政机关根据公民、法人或者其他组织的申请，经依法审查，准予其从事特定活动的行为。”结合《行政许可法》的相关规定可知，[2]许可主体有三种：法定的行政机关、被授权的具有管理公共事务职能的组织、被委托的行政机关。

2004年，原交通部公布了《交通行政许可实施程序规定》（交通部令2004年第10号）。其中，第2条第2款规定：“本规定所称交通行政许可，是指依据法律、法规、国务院决定、省级地方人民政府规章的设定，由本规定第三条规定的实施机关实施的行政许可。”第3条规定：“交通行政许可由下列机关实施：

---

[1] 参见郑健主编：《铁路“十三五”发展规划研究》，中国铁道出版社有限公司2019年版，第21页。

[2] 参见《行政许可法》第22条、第23条、第24条的规定。

(一) 交通部、地方人民政府交通主管部门、地方人民政府港口行政管理部门依据法定职权实施交通行政许可；(二) 海事管理机构、航标管理机关、县级以上道路运输管理机构在法律、法规授权范围内实施交通行政许可；(三) 交通部、地方人民政府交通主管部门、地方人民政府港口行政管理部门在其法定职权范围内，可以依据本规定，委托其他行政机关实施行政许可。”

结合上述条款可知，当前我国铁路交通运输行政许可主体包括法定的交通运输部等行政许可主体、被授权的铁道管理组织、受委托的其他铁路机构。

(3) 铁路行政强制

我国《行政强制法》于2011年公布，但是该法中未涉及对铁路交通运输领域行政强制的具体规定。

《行政强制法》第16条第1款规定：“行政机关履行行政管理职责，依照法律、法规的规定，实施行政强制措施。”第17条规定：“行政强制措施由法律、法规规定的行政机关在法定职权范围内实施。行政强制措施权不得委托。依据《中华人民共和国行政处罚法》的规定行使相对集中行政处罚权的行政机关，可以实施法律、法规规定的与行政处罚权有关的行政强制措施。行政强制措施应当由行政机关具备资格的行政执法人员实施，其他人员不得实施。”依据上述两个条款的内容，同时结合前述《行政处罚法》第18条提及的“交通运输领域的行政机关可以行使相对集中行政处罚权”的规定，可以发现，交通运输领域的行政机关可以作为行政强制措施的主体，可以实施与行政处罚权有关的行政强制措施。

有鉴于此，2012年《人民警察法》第8条规定：“公安机关的人民警察对严重危害社会治安秩序或者威胁公共安全的人员，可以强行带离现场、依法予以拘留或者采取法律规定的其他措施。”由此可知，公安机关的人民警察可以成为行政强制措施主体。

尽管我国铁路交通运输领域暂时没有与行政强制措施主体有关的单独立法，但延续上述思考逻辑可以发现，行使相对集中的行政处罚权的铁路交通运输的行政机关可以作为行政强制措施的主体。

2. 2013年交通“大部制”改革深化后的铁路交通运输执法实践

(1) 铁路行政处罚

由上文可知，根据《行政处罚法》《公安机关办理行政案件程序规定》等相关规定，我国铁路交通运输领域的行政处罚主体一般为铁路公安机关。但在一些特殊情形下，地方公安机关也具有一定的行政处罚权。

一方面，对倒卖、伪造、变造火车票案件，地方公安机关具有管辖权。2013 年以后，公安部在 2018 年、2020 年修正《公安机关办理行政案件程序规定》中都增加了此内容，其第 16 条第 1 款规定："……对倒卖、伪造、变造火车票案件，由最初受理的铁路或者地方公安机关管辖。必要时，可以移送主要违法行为发生地的铁路或者地方公安机关管辖。"另一方面，铁路沿线的治安秩序，地方公安机关起主要维护作用。2015 年《铁路法》第 43 条规定："铁路公安机关和地方公安机关分工负责共同维护铁路治安秩序。车站和列车内的治安秩序，由铁路公安机关负责维护；铁路沿线的治安秩序，由地方公安机关和铁路公安机关共同负责维护，以地方公安机关为主。"

综上所述，目前我国铁路交通运输领域的行政处罚主体不仅有铁路公安机关，还有地方公安机关。但从具体实践情况来看，目前我国铁路行政处罚中一个比较突出的问题是：当遇到同类型案件时，有时会出现"行政处罚主体不同，导致处罚结果不同"的情形。

以行政机关对高铁"霸座"事件的处理为例。高铁投入使用后，曾发生过一些"霸座"等严重危害铁路运输安全的案件，如何处理这类违法行为成为社会公众的关注焦点。在众多"霸座"事件，有三例事件曾引起社会热议。

第一，孙某霸座案。[1] 2018 年 8 月 21 日，乘客孙某在济南开往北京南站的高铁列车上霸占了一位女乘客的靠窗座位，且在列车工作人员劝阻后仍不离开，其"霸座"视频在网上引起了轩然大波。同年 8 月 24 日，济南铁路公安处在取证完结后，根据《治安管理处罚法》第 23 条[2]的规定，对孙某处治安罚款 200

---

[1] 参见《终于！高铁"霸座男"被罚了!》，载搜狐网：https://www.sohu.com/a/249847726_161795，2022 年 4 月 8 日访问。

[2] 《治安管理处罚法》第 23 条规定："有下列行为之一的，处警告或者二百元以下罚款；情节较重的，处五日以上十日以下拘留，可以并处五百元以下罚款：（一）扰乱机关、团体、企业、事业单位秩序，致使工作、生产、营业、医疗、教学、科研不能正常进行，尚未造成严重损失的；（二）扰乱车站、港口、码头、机场、商场、公园、展览馆或者其他公共场所秩序的；（三）扰乱公共汽车、电车、火车、船舶、航空器或者其他公共交通工具上的秩序的；（四）非法拦截或者强登、扒乘机动车、船舶、航空器以及其他交通工具，影响交通工具正常行驶的；（五）破坏依法进行的选举秩序的。聚众实施前款行为的，对首要分子处十日以上十五日以下拘留，可以并处一千元以下罚款。"

元。此外，铁路客运部门依据《国家发展改革委、中央文明办、最高人民法院等关于在一定期限内适当限制特定严重失信人乘坐火车推动社会信用体系建设的意见》（发改财金〔2018〕384号）、《中国铁路总公司关于印发〈关于限制铁路旅客运输领域严重失信人购买车票的管理办法〉的通知》（铁总客〔2018〕59号）的规定，在铁路征信体系中记录该旅客信息，并在一定期限内限制其购票乘坐火车。孙某的“霸座”行为侵害了被占座的女乘客的合法权益，属于违法行为，对其进行行政处罚，完全合法合理。

第二，刘某霸座案。[1] 2018年12月，女旅客刘某从沈阳站上车后没有按票面座位号就座，而是坐在其他旅客的座位上。当该座旅客持车票要求刘某让出座位时，刘某拒不配合，声称“谁先坐就是谁的”。列车员对此劝说无效后，报告了乘警。面对刘某的无理行为，乘警多次告知其行为已扰乱了列车秩序，涉嫌违反《治安管理处罚法》，并对其多次提出警告，要求刘某将座位让出来，但均遭到刘某拒绝，且刘某态度恶劣，辱骂乘警和周围旅客。为了维持列车正常秩序，乘警在对其多次警告无果后，将其强制带离现场，制作相关法律文书交地方派出所处理。刘某到派出所后，对其“霸座”行为供认不讳。大连铁路警方依据《治安管理处罚法》相关规定依法给予其行政拘留处罚。

第三，殷某某霸座案。[2] 2021年2月14日，殷某某在安庆开往上海虹桥的某趟列车上，强占他人座位，不听从列车工作人员劝阻且拒绝让座，与被占座旅客发生争执，其不当言行构成扰乱公共场所秩序的违法行为。合肥铁路公安机关根据《治安管理处罚法》第23条规定，给予殷某某行政拘留5日处罚。

对比分析上述三例高铁“霸座”事件后可以发现，这三例事件中的当事人的违法行为本质相近，都属于强行占用他人座位且不听劝阻的违法行为。但从处罚结果上来看，却大不相同。孙某的“霸座”行为属于近年内引起较多关注的首例高铁“霸座”事件，但是行政机关仅对其作了治安处罚200元的轻微处罚，并附带限制其在一定期限内购票乘坐火车。处罚的惩戒性较弱。而刘某的霸座行为并非首例，但公安机关却首次给予了行政拘留的处罚，显然把本次案件

---

[1] 参见李涛：《铁路“霸座”乘客首次被拘留　网友为警方点赞》，载网易网，https://www.163.com/gov/article/E2DTT6NI00237VT3.html，2022年4月8日访问。

[2] 参见《男子高铁霸座还推搡乘客，乘务员多次劝说仍不让座：我身份更高!》，载百家号，https://baijiahao.baidu.com/s?id=1692002119053941379，2022年4月8日访问。

的情形认定为《治安管理处罚法》所规定的“较为严重”的情况，刘某也成为第一个因“霸座”被行政拘留的铁路乘客。之后，殷某某也受到了类似的处罚。综合来看，尽管这三个案件属于同类型案件，行政机关所依据的处罚规定也较为相似，但由于违法行为发生地不同、行政处罚的主体不同，导致上述三例事件中违法行为人所受的处罚结果不完全一致，处罚程度轻重不一，进而一定程度上影响了公平正义法治理念的实现。这一问题值得我们深思。

（2）铁路行政许可

《行政许可法》施行后，国务院对不符合法律规定的所属各部门的行政审批项目进行了全面清理。2013 年，交通“大部制”改革深化，先后发布了系列文件,[1] 减少和下放行政审批事项，落实政企分开的要求。2019 年，《行政许可法》进行了修正，但是对行政许可的实施主体并没有改变，所以铁路交通运输领域的行政许可主体仍是法定的交通运输部等行政许可主体、被授权的铁道管理组织、受委托的其他铁路机构。

（3）铁路行政强制

2015 年《铁路法》第 53 条规定：“对聚众拦截列车或者聚众冲击铁路行车调度机构的，铁路职工有权制止；不听制止的，公安人员现场负责人有权命令解散；拒不解散的，公安人员现场负责人有权依照国家有关规定决定采取必要手段强行驱散，并对拒不服从的人员强行带离现场或者予以拘留。”据此可知，聚众拦截列车或者聚众冲击铁路行车调度机构的行为会严重危害公共安全，铁路公安人员有权制止这样的违法行为，甚至可以将行为人强行带离现场或者予以拘留。那么，铁路公安机关及其执法人员是否有权对违法行为人实施行政强制呢？

实践中，如前述三例高铁“霸座”事件中，铁路乘警通常仅作口头劝说，很少使用强制措施让霸座人员离开座位，而是选择事后由铁路交通运输领域的行政执法机关进行行政处罚。尽管这一做法也确实实现了对违法行为人的惩处教育，但对受害方而言，其在高铁行驶期间购买该座位的乘客利益并没有得到强有力的保障。即使事后相关部门对违法行为人员进行了行政处罚，但是这对

---

[1] 《国务院关于取消和下放一批行政审批项目等事项的决定》（国发〔2013〕19 号）、《国务院关于取消和下放 50 项行政审批项目等事项的决定》（国发〔2013〕27 号）、《国务院关于取消和下放一批行政审批项目的决定》（国发〔2013〕44 号）等文件。

被霸座乘客在乘车期间受损的权益于事无补。因此，是否有关于铁路交通运输领域的行政强制措施规定，显得尤为重要。易言之，如果乘警可以直接对霸座人员采用如强制带离等强制措施，则可以有效地保护被霸座乘客的合法权益，实现公平公正。

事实上，人民警察的应急性行政强制措施大致分为救助性、控制性以及协助性三类。[1] 铁路公安机关将违法行为人强制带离现场即属于控制性行政措施。在"霸座"等情形中，涉事双方当事人往往情绪激动，围观群众也极易被挑起愤懑情绪。在此情形下，若执法人员在劝阻无效的情况下能够合法快速地将违法行为人强制带离现场，不仅有利于快速解决争端、保障其他乘客的权益，还有利于保障公安机关的威慑力与公信力，起到警示、威慑他人不再犯类似错误的作用。

（三）中国铁路交通运输司法领域的发展脉络

新中国成立前后，铁路在我国国家政权中的地位决定了其发展和管理模式必然具有突出的政治属性和鲜明的军事特质。而在司法层面上，新中国成立初期乃至相当长的时间里，我国的司法体系也呈现出军事化、工具化和行政化的特征。近年来，在市场经济大潮的冲击下，铁路系统虽然也被推向市场，但因为它在国家政治活动中的地位高于或者等同于其在经济活动中的地位，也因为国家对某些经济领域还保留有计划性，所以，铁路建设和铁路运输不可能仅仅是一种单纯的经济行为，而更是保障国防和政治建设需要的政治行为。[2]

新中国成立后，我国建立了三级铁路法院体系。1954—1957 年，铁路沿线专门法院成立并更名为"铁路运输法院"。1957—1980 年，原三级铁路法院撤销，改为了由铁路运输高级法院、铁路运输中级法院、铁路运输法院组成的新三级铁路法院。1980—1987 年，铁路运输高级法院被撤销，改成了由铁路运输中级法院和铁路运输法院组成的两级法院。这种体系，一直持续到 21 世纪初。2012 年 7 月，全国 17 个铁路运输中级法院和 58 个铁路运输法院全部整建制移

---

[1] 参见余凌云：《增设突发事件中警察行政强制措施的立法建议》，载《法商研究》2007 年第 1 期。

[2] 参见吕萍、杨雪：《铁路公安及司法体系形成的历史背景》，载《铁道警察学院学报》2014 年第 2 期。

交地方管理，在人、财、物上与铁路部门脱钩。同时，全国铁路检察机构也全部移交地方管理。[1]

二、中国铁路交通运输法治发展中的主要问题

（一）中国铁路交通运输立法领域的主要问题

《铁路法》于2009年修订时，基本是法律语言和刑事责任表述的调整，不涉及铁路建设、运营和管理等基本问题，于2015年修正时，则是为解决相关信息公开义务与调整后的政府定价目录保持一致。具体而言，现行的2015年《铁路法》基本上仍保持着改革开放初期立法时的框架与条款，一定程度上滞后于我国经济市场化和铁路改革与发展的要求。近年来，铁路分局撤并、高铁快速发展、原铁道部政企分开及鼓励社会资本进入铁路等重大变化均未能在《铁路法》中体现。2019年发布的《征求意见稿》一定程度上回应了前述问题，但我国铁路交通运输立法领域仍存在一些问题。

1. 铁路运输的公益性问题

近年来，铁路行业有所亏损，致使公益性运输问题凸显。有学者指出，中国铁路的公益性现状是铁路建设投资责任划分不清楚，政企分开后，独立自主经营的企业性质与承担普遍服务性质的公益性运输存在着矛盾。铁路运输企业负担了大量应该由政府承担的支出。[2] 公益性运输的优惠性影响了铁路运输企业的效益，补贴机制也不足以让铁路运输企业获得足够的补偿，且公益性和经营性并存时，铁路运输企业的亏损并不能完全明确是公益性运营还是自身经营导致的，政府进行补贴时，也难以有效监管。与此同时，也有学者认为，不应该把铁路运输企业的所有亏损都归结为公益性运输导致的，因为亏损还有可能是由于投资决策失误或经营效率低下所造成。

2. 铁路运输企业主体的问题

2015年《铁路法》第72条规定："本法所称国家铁路运输企业是指铁路局和铁路分局。"实现政企分开、企业重组、引入竞争、加强监管等铁路改革的

---

[1] 参见杨金志、黄安琪：《铁路司法："前世今生"》，载政法网，http://zfw.cupl.edu.cn/info/1020/4097.htm，2022年2月21日访问。

[2] 褚珊：《铁路公益性运输服务的有效供给与补贴机制研究》，北京交通大学2014年硕士学位论文。

方向性目标，都离不开合格的铁路企业主体构建。20 世纪 80 年代以来，铁路交通运输行业在很多国家和地区都出现了分化，我国铁路也早已呈各类铁路运输企业平行存在的局面，《铁路法》无法回避对铁路运输企业的界定和分类规范。在铁路运输中，主体是承运人还是非承运人有很大区别，他们的权利义务也不尽相同，但目前的《铁路法》对铁路运输企业主体尚未进行明确区分。

3. 控烟问题

在《征求意见稿》第五章铁路安全部分，规定了禁止吸烟的内容，填补了 2015 年《铁路法》的立法空白。《征求意见稿》第 58 条规定："禁止实施下列危害铁路运营安全和秩序的行为：……（五）在禁止吸烟的列车上、其他列车以及铁路车站的禁烟区域内吸烟，或者使用能够产生烟雾的香烟替代品及其他物品；……对上述行为，铁路运输企业工作人员有权立即制止，并采取相应措施移交公安机关处理。"考虑到铁路安全运营与空气质量的问题，禁止吸烟的规定有其合理性。但遗憾的是，该规定仍稍显模糊。例如，"在禁止吸烟的列车上，其他列车以及铁路车站的禁烟区域吸烟"，这其中的"禁止吸烟""禁烟区域"的设定依据、设定主体、依据效力等级分别是什么，目前尚未有定论。这些问题的存在也使得《征求意见稿》原本在控烟问题上的亮点略显黯淡。

（二）中国铁路交通运输执法领域的主要问题

2021 年，我国国家铁路局发布了《铁路旅客运输规程（征求意见稿）》，其中第 28 条规定"铁路运输企业发现涂改、伪造车票或者证件乘车，恶意逃票或霸座的，应当及时通知公安机关"。由此可知，在不久的将来，"霸座""占座"等违法行为可能将被正式纳入我国铁路交通运输领域法律规范体系之中。结合上文论及的三例高铁"霸座"事件，可以发现目前我国铁路交通运输执法领域尚存在以下问题。

1. 执法人员的法律意识亟待加强

受当前社会拜金主义思想的影响，加之以前铁路运输企业对公安投入不足，部分铁路公安机关和公安民警在执法活动中把国家赋予的权力作为商品，把执法活动作为个人、单位"创收"的手段，严重影响了法律的严肃性和公正性。[1]

---

[1] 参见刘文华：《当前铁路公安机关执法中存在的问题及对策》，载《铁道警官高等专科学校学报》2004 年第 3 期。

从宏观层面看，在全面依法治国的大环境下，执法人员的职业道德水平会对公众包括执法对象产生明显的示范作用。执法人员的整体素质，执法队伍的专业化程度，既关系到执法质量，也反映出政府依法行政的整体水平，更与国家治理体系的建立、治理能力的提升密切相关。[1] 从微观层面看，执法人员对法律知识理解和运用的程度，会导致对实践案例中行为的定性存在偏差等实体问题。

2. 对同类违法行为的处罚种类和处罚力度不同

2018 年 1 月发生了一例高铁“扒门”事件。由蚌埠南开往广州南站的某趟列车在合肥站经停时，女子罗某因丈夫没有上车，强行扒阻车门。合肥站铁路公安机关认定，罗某的行为涉嫌“非法拦截列车、阻断铁路运输”，扰乱了铁路车站、列车正常秩序，违反了《铁路安全管理条例》第 77 条规定，公安机关责令罗某认错改正，对罗某处以 2000 元罚款。[2] 与“霸座”行为相比，罗某的行为更具社会危害性，可能会造成列车延误，对整趟列车的乘客甚至整个铁路运输秩序造成影响，所以“扒门”案的情形应当受到更严格的惩罚措施。但事实并非如此。在上文提及的孙某、刘某“霸座”事件中，行政机关对孙某适用的是罚款 200 元的行政处罚手段，对刘某适用的是行政拘留处罚决定。但在罗某“扒门”事件中，公安机关仅对其作出了责令改正、罚款 2000 元的处罚。显然，面对这一系列性质较为相似、违法情节严重程度存在差异的案件时，公安机关在作出处罚决定的过程中，自由裁量的空间较大，并未完全做到处罚与行为性质相适应。行政主体对相对人作出行政处罚的行为是具有侵益性的行为，应该多方考量，既要达到警示警戒作用，又要考虑到相对人权益的保护，遵循法定的原则。“比例原则”是行政法的重要原则之一，“过罚相当”也是行政主体进行行政处罚的基本原则，要求行政主体作出的行政处罚决定与相对人的过失相当。[3] 通过实践中执法机关对案件的处理可以发现，各地的执法机关在处罚时没有明确具体的统一标准，处罚种类和力度各不相同。

---

[1] 参见刘瑞全：《铁路安全执法的难点及对策研究》，载《铁道经济研究》2017 年第 3 期。

[2] 参见《合肥高铁女子扒门事件》，载百度百科，https://baike.baidu.com/item/%E5%90%88%E8%82%A5%E9%AB%98%E9%93%81%E5%A5%B3%E5%AD%90%E6%89%92%E9%97%A8%E4%BA%8B%E4%BB%B6/22331293，2022 年 4 月 9 日访问。

[3] 参见刘丽、刘婕妤：《高铁“扒门”“霸座”等系列行政违法案件的法律反思——以铁路公安机关的执法为视角》，载《湖南警察学院学报》2019 年第 4 期。

3. 执法手段不明确

针对行政机关所采取的执法手段，有学者认为，除了在“刘某占座案”中使用了行政强制措施将涉案人员强制带离外，其他的案件都是通过事后的行政处罚来对案件进行处理的，在事件发生当时，执法的乘警并没有对涉案人员采取强制措施。❶ 根据《行政强制法》第 2 条、❷《警察法》第 8 条❸的规定可知，铁路公安机关在此类案件中如果遇到严重危害社会秩序的情形，可以采取强行措施。但是根据现有案件处理结果可以发现，实践中铁路公安机关较少当场使用行政强制措施，更偏向于事后对违法人员进行惩罚。

这类“过于注重行政处罚而忽视行政强制措施”的处理手段无疑存在不少隐患。一方面，行政处罚产生的效果不足以保障当事人的权益。通过实施行政处罚可以实现惩戒、威慑目的，教育他人不再发生类似违法行为。但是事件发生当时，其他乘客受损的利益却无法立即得到保障。相反，行政强制措施的目的在于制止正在发生的违法行为、预防和控制危险。具体而言，如果在“扒门”“霸座”等行为发生当时，执法人员在劝阻无效的情况下便立即采取行政强制措施，将违法行为人强制带离，则更有利于实现维护铁路安全运营的目的，有助于保障该趟列车上被霸座的乘客的权益，以及所有乘客的权益。❹ 另一方面，在围观群众或者网友看来，可能会认为当时情况下不采取措施的行政执法人员不作为，却不一定会知道事后的处罚情况，这便不利于对公众起到威慑力。被“霸座”乘客当时的合法权益也没有受到保护，这不利于公众对守法的信赖。因此，执法机关应当采取适当的措施，及时制止“霸座”等违法行为，维护乘客的合法利益。

（三）中国铁路交通运输司法领域的主要问题

近年来，铁路政法机关严厉打击在铁路交通运输领域发生的刑事案件，如

---

❶ 参见刘丽、刘婕妤：《高铁“扒门”“霸座”等系列行政违法案件的法律反思——以铁路公安机关的执法为视角》，载《湖南警察学院学报》2019 年第 4 期。

❷ 《行政强制法》第 2 条第 1 款和第 2 款规定：“本法所称行政强制，包括行政强制措施和行政强制执行。行政强制措施，是指行政机关在行政管理过程中，为制止违法行为、防止证据损毁、避免危害发生、控制危险扩大等情形，依法对公民的人身自由实施暂时性限制，或者对公民、法人或者其他组织的财物实施暂时性控制的行为。”

❸ 《警察法》第 8 条规定：“公安机关的人民警察对严重危害社会治安秩序或者威胁公共安全的人员，可以强行带离现场、依法予以拘留或者采取法律规定的其他措施。”

❹ 同注❶。

盗窃、抢劫等，犯罪案件数量有所减少。加之铁路交通运输领域司法体制进行了改革，铁路刑事检察部门力量较为薄弱。如刑事办案骨干力量持续削弱，不能及时调整和补充；部分干警的自身素质和执法理念还处于较为陈旧落后的状态，需要尽快更新；工作中对铁路公安机关开展的各类专项行动的有效跟进还不够等。[1] 另外，法治队伍的专业程度不一致，可能产生同案不同判的情况。在具体案件中，判定一个行为的严重程度，如何给出正当的判决结果，有时需要依靠司法人员的自由裁量和主观判断。如果司法人员的自由裁量的空间过大，很容易造成不公平的现象。

三、中国铁路交通运输法治发展的应对策略

（一）立法完善

1. 明确公益性运输与非公益性运输

目前我国对公益性运输会进行适当补偿。铁路运输企业在区分公益性运输和经营性运输的界限不清时，可能会将部分亏损归因于公益性运输，从而申报国家补贴，以这样的方式获取利益。因此，《铁路法》在以后的修正中，应当对公益性运输进行专门的规范，明确区别公益性运输和非公益性运输，并做好监督，保障补贴制度的公平合理。

2. 分类管理铁路运输企业主体

2015 年《铁路法》第 72 条规定：“本法所称国家铁路运输企业是指铁路局和铁路分局。”这样的规定显然过于简单，无法应对复杂的现实需求。为解决这一难题，有学者建议对该条款作如下修改：“本法所称铁路企业是指向社会提供铁路设施和/或利用铁路设施提供公共客货运输服务的企业法人。铁路运输企业分为以下四类并实行分类管理：（1）自身既拥有铁路设施也从事铁路运输活动的铁路运输企业；（2）利用他人拥有的铁路设施从事铁路运输活动的铁路运输企业；（3）只拥有铁路设施但自己不从事铁路运输活动，而是让别人在自己的设施上从事铁路运输活动的铁路企业；（4）为前述铁路承运人从事财务管理、铁路设施设备维修、租赁、车站服务等外包业务的企业。”笔者认为这一建

---

[1] 参见徐向春：《做好新形势下铁路领域刑事检察工作的几个问题》，载《人民检察》2014 年第 4 期。

议比较合理，这样明确区分了承运人的不同种类，分为了在自身铁路设施上提供运输服务的铁路运输企业、在他人的铁路设施上提供运输服务的铁路运输企业、非承运人铁路运输企业、为前述铁路运输企业提供外包业务的企业等四种类型，更具有针对性，便于加强对铁路运输企业的分类管理。

3. 完善禁烟的立法建议

如前所述，《征求意见稿》中关于禁烟的规定颇受业内关注，在赞扬之余，理论界与实务界都表达了对于该条款过于简略的担忧。例如，有学者指出，应将该条款修改为："铁路车站候车室和所有列车内部场所全面禁止吸烟（电子烟）。"其理由包括：立法的必要性、烟草烟雾伤及无辜、车站候车室和所有列车内部场所均为公共场所、《公共场所卫生管理条例实施细则》明确了室内公共场所禁止吸烟、允许普通列车设置吸烟区违反了相关法律规定、地方立法已为全国立法提供了成功经验。[1] 与此同时，也有全国政协委员表示，将提交《关于取消铁路普通列车吸烟区　列车全面禁烟》的提案，呼吁在普通旅客列车上施行全面禁烟。[2] 此外，也有学者建议应在铁路公共场所增设关于禁止吸烟的标识和标语的规定，不应该人为区分高铁、动车和普通列车，同时强化铁路监管部门的执法，压实主体责任，增强法律条文的社会实效和威慑力。[3]

（二）执法完善

1. 加强执法人员的法律意识

一方面，我国应当加强铁路执法人员对法律知识的学习，提高执法人员在处理实际案件时对行为的判定或自由裁量的水平。另一方面，积极引进专业人才，采取多种形式加大对在职执法人员的培训力度，通过集中授课、外出交流、典型案例研讨、编制执法手册、到铁路运输企业安监部门挂职锻炼等形式，培养执法人员在工作中学习，在学习中提高，要求执法人员在掌握法律知识的同时了解铁路运输行业的安全管理工作实际，进一步提升执法人员的履职能力和

---

[1] 参见李金奎：《对〈铁路法（修订草案）〉的一点建议及八个理由》，载微信公众号"中国绿发会"，2022 年 1 月 6 日。

[2] 参见《全国政协委员：建议普通列车取消吸烟区　全面禁烟》，载网易新闻，https://www.163.com/news/article/DCGF0C4V0001875N.html，2022 年 4 月 9 日访问。

[3] 参见刘炫麟：《以卫生健康为基础的〈铁路法〉修改建议》，载微信公众号"中国绿发会"，2022 年 1 月 7 日。

办案质量。❶ 此外，还应加强对执法人员队伍的规范化管理，定期检查和考核执法队伍的执法情况，督促执法队伍合法化和合理化执法。

2. 细化执法程序

应利用行政程序制约行政机关在执法过程中的裁量权。一方面，良好的行政程序可以监督行政主体依法合理地行使职权，如前文所述的“扒门”“霸座”事件中所涉及的铁路公安机关，如果其内部具备良性运转的决策产生程序，即必须经过充分讨论才能最后作出处理决定，则最后的处理结果，相对而言，会更具有合理性。另一方面，赋予或强化行政相对人的陈述理由、听证、回避等程序性权利，也是对行政主体裁量权的一种制约。❷

3. 明确铁路行政强制和铁路行政处罚的使用

在前述“霸座”事件中，铁路公安机关单纯使用行政处罚手段不能有效地保护被霸座乘客的权益，但是如果单独使用行政强制手段，执法人员在执法时又可能有所顾虑。一方面，违法人员没有意识到自己的行为违法，如果执法人员直接采取行政强制措施，那么违法人员必然会反抗，两者之间很容易产生肢体冲突。另一方面，随着新媒体的快速发展，围观群众录制短视频并将其发布至社交平台，进而引起轩然大波的现象时有发生。有时为了避免引起争议，执法人员在处理这类情况时往往不会采取较为激烈的强制措施。前已述及，这类选择性执法行为非但无益于解决争议，还容易助长违法行为人的气焰，不利于维护其他乘客的合法利益。因此，应当明确细化铁路行政强制措施和铁路行政处罚的法律规范，让执法人员有法可依，便于正确处理这类违法情形。

有学者提出建议，认为把扰乱铁路交通运输公共秩序，实施“霸座”“扒门”行为的乘客强制带离现场的措施，应认定为一种针对紧急情况的应急性行政强制措施，抑或称其为即时强制措施。相较于一般的强制措施，其由于要保障铁路交通运输秩序与安全，在采取时具有较强的紧迫性，因而不必过分拘泥于一般行政强制措施的事先批准程序。❸ 但是，应注意采取强制措施时，要考虑行政相对人的权利是否会受到损害，要权衡好公权利和私权利之间的关系，

---

❶ 参见刘瑞全：《铁路安全执法的难点及对策研究》，载《铁道经济研究》2017 年第 3 期。

❷ 参见刘丽、刘婕妤：《高铁“扒门”“霸座”等系列行政违法案件的法律反思——以铁路公安机关的执法为视角》，载《湖南警察学院学报》2019 年第 4 期。

❸ 同注❷。

不能盲目采取强制措施而不顾相对人的权利。需要紧急采取行政强制措施时，应该同时使用事后控制手段进行规范，以防止损害行政相对人权益。有学者提出，事后控制应当包含：①事后报告、补办手续；②亮明身份、说明理由；③监督救济。采取事后控制的手段，不仅有利于保护行政相对人的权益，还能完善执法程序，减轻执法人员的担忧。

（三）司法完善

2013 年交通“大部制”改革后，铁路刑事检察部门要在最高人民检察院的指导和省级检察院的领导下，充分履行侦查监督、公诉和监所检察等职能，加强与铁路公安、法院的联系沟通，积极探索最高人民检察院主导全国铁检业务、相关省级检察院协同筹划区域性铁检业务和铁检分院领导基层检察院检察业务的新型工作模式，积极推动“大部制”条件下交通运输领域刑事检察执法办案模式的尝试和探索；[1]提高刑事检察队伍的业务水平，完善管理和监督模式，重视培养优秀人才。此外，还应完善司法解释，多发布一些指导性案例，办案人员可以参照进行处罚，指导性案例对减少“同案不同判”的现象具有实际意义。

---

[1] 参见徐向春：《做好新形势下铁路领域刑事检察工作的几个问题》，载《人民检察》2014 年第 4 期。

中国公路交通运输法治发展研究

裴洪辉*

现代交通运输业对世界经济以及各国的社会发展具有重要意义，是各国国民经济的重要组成部分。其中，公路交通运输是重中之重，在整个交通运输业中占据主导地位。随着我国现代化进程的不断加快，以及人民整体生活水平的不断提高，人们的公路出行频率日益增加，对出行的质量和速度也提出了更高的要求。为进一步推动公路交通运输业的有序良性发展，将其纳入法治轨道势在必行。我国的公路交通运输业虽然发展时间较短，但在近几年却取得了前所未有的发展成果，整体运输质量和运输能力都得到了大幅度的提升，有效改善了各地区之间的运输联系，有利于我国的社会经济朝着更加有序、健康的方向发展。

一、中国公路交通运输法治发展概述

（一）公路交通运输的概念与特点

公路交通运输是在公路上运送旅客和货物的运输方式，是交通运输系统的重要组成部分之一。它是国民经济得以顺利发展的前提条件和重要保证，任何一个国家或者地区，经济想要得到顺利的发展，就需要建立起完善、高效、安全的公路交通运输系统。这不仅能够加强城市之间的联系，还能使区位因素发生极大的变化，提高原本的区位优势，保证区域得到更好的发展。公路交通运

* 裴洪辉，北京交通大学法学院副教授。
感谢北京交通大学法学院2021级硕士研究生高歌、2019级本科生宗砚芳和代婉婷三位同学协助查阅、收集与整理相关材料。

输法则是指人们利用机动车辆作为交通工具，在从事客货运输活动中形成的调整各种社会关系的法律规范的总称，以及有关公路交通运输的法律、法规和规章。[1]

相较于其他运输方式，公路交通运输有着以下特点。首先，公路交通运输灵活性较强。与水路、铁路等运输方式相比，公路运输有着更大的密度和更广的分布范围。因此，公路交通运输车辆可以被称作“无处不到、无时不有”。从运输的时间来看，公路交通运输存在着极大的机动性，车辆可以随时被调配，各个环节所需要的衔接时间也可以得到有效缩短。对于货运、客运量的多少，公路交通运输更是具备更强的适应性，而这一点在应急运输、抢险救灾等方面有着不可忽视的意义。其次，公路交通运输有着较快的运输速度。在一些中途或者短途运输中，公路交通运输能够确保采用点对点直达运输方式，中途不需要任何的转折就可以将货物、乘客等送达目的地。由此可见，与其他运输方式对比，公路运输在中短途的道路运输中，有着用时较短、速度较快的优势。再次，投资较少，资金周转率较高。与航运、水运、铁路等运输方式相比，公路运输所采用的固定设施较为简单，并且购置车辆所耗费的费用少，所以投资比较容易回本，资金回收期也较短。最后，公路运输的操作方式较为简单。与航空、铁路、水路运输等方式相比，公路运输的准入制度更加宽松，对于投资者来说，进入该行业相对容易。[2]

（二）中国公路交通运输法治发展历程

1. 1978—1992 年改革开放初期

1978 年改革开放以来，我国在公路交通运输方面有了新的进展，高速公路实现了“零”的突破。20 世纪 80 年代初，各级交通运输部门，特别是沿海开放地区的交通运输部门，逐渐以多种方式开始了对高速公路建设的探索。1984 年 4 月，国务院接受了天津市提出的加快修建京津塘高速公路的意见。京津塘高速公路是首条采用菲迪克条款进行国际招标建设的高速公路，自此，高速公路建设正式得到中央认可。1988 年 10 月，沪嘉高速公路正式通车，中国大陆

---

[1] 参见郑国华主编：《交通运输法教程》（第二版），中国铁道出版社 2006 年版。

[2] 郭学梅：《公路运输对经济发展的影响及策略分析》，载《运输经理世界》2022 年第 16 期。

地区高速公路建设实现了“零”的突破。同年10月，沈大高速公路部分路段通车后，激活了运输市场，带动了经济发展，高速公路安全、便捷、高效的特点逐渐被社会认可和接受。1989年7月，在沈阳市召开的“高等级公路建设经验交流现场会”统一了认识，确立了发展高速公路的大方向。随着京津塘高速公路在1991年12月通车，我国高速公路建设进入了健康发展的轨道。总体来说，改革开放初期，我国公路建设基本处于起步发展阶段，对相关法律法规及政策制定仍在探索。❶

2. 1992—2002年快速发展时期

1992年，邓小平南方谈话掀起了新一轮思想解放运动，党的十四大作出了建立社会主义市场经济体制改革的决定。1992年7月，原交通部发布《关于深化改革、扩大开放、加快交通发展的若干意见》（交办发〔1992〕596号），提出交通运输行业进一步深化改革、加大对外开放力度。1993年6月，“全国公路建设工作会议”在山东省济南市召开，全国掀起了高速公路建设新高潮，我国高速公路建设进入了新阶段。❷ 之后，1998年6月，原交通部在福建省福州市召开了全国加快公路建设工作会议，明确1998年公路建设投资规模由原计划的1200亿元调增至1600亿元人民币，银行贷款也开始大规模进入公路建设领域，会后，我国高速公路建设走上了快速发展的轨道。1998—2000年，我国公路建设里程增加1. 15万公里。至2002年年底，我国建成高速公路总里程突破2万公里。在该阶段，公路交通运输领域不断完善交通立法，加强法治建设。1997年公布的《公路法》（主席令〔第八十六号〕）是我国在公路建设和管理方面的第一部法律。2000年，原交通部发布《交通部关于印发〈公路、水路交通法规体系框架和实施意见〉的通知》（交体法发〔2000〕20号），明确要求建立九个法规子系统，在这个框架指导下，公路交通法制工作步入规范化、法制化的轨道，确立了公路行业法规体系的基本框架，主要围绕基础设施建设、运输管理、市场准入等领域制定了一系列法规办法，包括《公路建设四项制度实施办法》（已失效）、《公路建设市场准入规定》（已失效）、《公路建设监督

❶ 参见中华人民共和国交通运输部《中国交通运输改革开放40年》丛书编委会编：《中国交通运输改革开放40年（综合卷）》，人民交通出版社2018年版。

❷ 同注❶。

管理办法》（2021 修正）、《公路工程施工招标投标管理办法》（已失效）、《超限运输车辆行驶公路管理规定》（2021 修正）、《道路旅客运输企业经营资质管理规定（试行）》等。[1]

3. 2002—2012 年科学发展时期

2002 年党的十六大以来，中国公路交通运输围绕全面建设小康社会的战略部署，积极探索实践交通科学发展之路。为应对金融危机，2008 年 11 月，国家提出了“四万亿”经济刺激计划。公路交通运输行业抓住积极财政政策下的发展机遇，顺应中国加入世界贸易组织的形势变化，以科学发展观为指导，转变发展理念，更加重视公路交通建设、养护和管理的协调发展，努力促进公路交通运输由传统产业向现代服务业转型，推进资源节约、环境友好型公路交通运输行业建设。这一时期，公路交通运输行业制定了《国家高速公路网规划》《农村公路建设规划》《国家公路运输枢纽布局规划》等国家级规划，形成了较为完整的长远发展规划体系，有效地指导了全国公路交通运输的快速发展。同时，区域规划《加快西部地区公路交通发展规划纲要》之后，交通运输部又先后制定了《长江三角洲地区现代化公路水路交通规划纲要》《振兴东北老工业基地公路水路交通发展规划纲要》《促进中部地区崛起公路水路交通发展规划纲要》《泛珠三角公路水路交通基础设施发展规划纲要》《海峡西岸公路水路交通基础设施发展规划指导意见》《环渤海地区现代化公路水路交通基础设施规划纲要》等，进一步充实了公路水路交通发展的中长期规划体系。这个阶段，公路领域围绕基础设施建设、道路运输和交通可持续发展等方面出台了一系列法规制度，包括《收费公路管理条例》、《公路安全保护条例》、《公路建设市场管理办法》（2015 修正）、《公路工程质量监督规定》（已失效）、《公路工程设计变更管理办法》、《道路货物运输及站场管理规定》（2022 修正）等。2004 年公布的《道路运输条例》，是我国道路运输领域的第一部行政法规，此条例已于 2022 年修订。之后，除修订已有法规、部门规章外，相关部门还根据实际需求，发布了一批规范性文件，如 2005 年《国务院办公厅关于保障铁路公路等交通运输设施安全的通知》（国办发明电〔2005〕15 号）、2011 年《国务院办公

---

[1] 参见中华人民共和国交通运输部《中国交通运输改革开放 40 年》丛书编委会编：《中国交通运输改革开放 40 年（综合卷）》，人民交通出版社 2018 年版。

厅转发发展改革委、财政部、交通运输部关于进一步完善投融资政策促进普通公路持续发展若干意见的通知》（国办发〔2011〕22 号）等。

4. 2012 年至今新时代发展时期

党的十八大以来，以习近平同志为核心的党中央带领全国人民砥砺奋进，继续深化改革，以经济体制改革为重点，健全市场资源配置决定性作用，更好发挥政府作用的制度体系。习近平总书记高度重视交通运输工作，多次作出重要指示批示，全面系统地阐述了对交通运输的治理思想，提出了“七个重点、四项要求”。2013 年 6 月，国务院发布《国家公路网规划（2013—2030 年）》（以下简称《规划》），根据《规划》，国家公路网由普通国道和国家高速公路两个路网层次构成，总规模约 40 万公里。计划到 2030 年，中国将建成布局合理、功能完善、覆盖广泛、安全可靠的国家干线公路网络，实现首都辐射省会、省际多路连通、地市高速通达、县国道覆盖。在法治建设方面，交通运输部门提出“法治政府部门”建设工程，并于 2015 年发布《交通运输部关于全面深化交通运输法治政府部门建设的意见》（交法发〔2015〕126 号），绘制了交通运输法治政府部门建设的总蓝图。在这一阶段内，交通运输法规制度体系持续完善，完成了《收费公路管理条例》等法规修订公开征求意见的工作，同时国家治理能力不断提升，交通运输综合行政执法改革积极推进，组织起草交通运输综合行政执法改革指导意见，整体谋划交通运输综合行政执法体制机制，明确改革方向和路径，建立适应经济社会发展的交通运输行政执法体制。[1]

二、中国公路交通运输法治的立法情况

（一）重要法律

1. 《公路法》

为加强公路的规划、建设和管理工作，促进公路事业可持续发展，适应社会主义现代化建设事业和人民生活的需要，我国于 1997 年 7 月 3 日公布《公路法》，并于 1998 年 1 月 1 日起正式施行。至今，《公路法》已经过五次修正，现行版本是 2017 年修正版，共 9 章 87 条，主要包括公路规划、公路建设、公路

---

[1] 中华人民共和国交通运输部《中国交通运输改革开放 40 年》丛书编委会编：《中国交通运输改革开放 40 年（综合卷）》，人民交通出版社 2018 年版。

养护、路政管理、收费公路、监督检查、法律责任等内容。

其中，《公路法》第1条明确了三个立法目的：一是加强公路建设，将有关公路建设的基本政策和基本做法固定化、法律化；二是加强公路管理，保持公路处于良好的技术状态，防止公路及附属设施受到人为破坏和损坏，保障安全畅通；三是促进公路事业发展，适应社会主义现代化建设和人民生活的需要，这是最终目的，贯穿于《公路法》全篇，体现于《公路法》各条具体规定之中。《公路法》第2条明确了适用范围，即与公路事业有关的各项活动，包括公路规划、建设、养护、经营、使用和管理等。此外，《公路法》还就公路的两种分类方法、公路主管机关、公路规划的编制和审批、公路建设、养护与保护相关规定等内容作出了说明。

2.《道路交通安全法》

《道路交通安全法》于2003年10月28日公布，并于2004年5月1日起正式施行，之后经历过2007年、2011年、2021年三次修正。《道路交通安全法》的公布，给道路交通管理注入了新的生机与活力，体现了鲜明的时代特点，也给交通管理工作提供了坚实的法治基础，是我国道路交通法制建设历程中的一座里程碑，是我国道路交通事业全面走向法治时代的崭新开端。2021年修正的《道路交通安全法》具有如下亮点。一是提升治理效能，打造现代化道路交通治理格局。增加“坚持以人为本、安全发展”“绿色发展”“协同共治”的基本原则；明确政府领导责任；完善相关部门交通管理职责和各单位道路交通安全主体责任。二是坚持安全第一，大力加强车辆和驾驶人源头监管。增加机动车生产、进口许可制度；完善机动车登记制度；增加重点车辆动态管理规定；增加非机动车应当符合国家安全技术标准的规定。三是坚持以人民为中心，进一步改善便民服务措施。推动相关证明凭证电子化；缩短机动车登记证书、号牌、行驶证审查、发放时间。四是保障道路安全有序畅通，进一步完善道路通行条件和通行规定。五是坚持公平正义，进一步完善交通事故处理规定。完善交通事故抢救和报警义务性规定，并明确划定警戒区域的安全要求。六是科学配置法律责任，着力突出教育引导功能。坚持教育为主、体现行政处罚“轻轻重重”的原则。[1]

---

[1] 参见公安部：《关于起草〈道路交通安全法（修订建议稿）〉的说明》，2021年3月24日发布。

（二）主要行政法规

1.《公路安全保护条例》

2011年3月7日，国务院公布《公路安全保护条例》（国务院令第593号，以下简称《安全条例》），并于2011年7月1日起施行。《安全条例》的公布施行，在我国公路安全发展史上具有里程碑意义，标志着我国公路安全保护工作迈上规范化、制度化、法制化的新台阶。《安全条例》的制定有如下亮点。一是立足全面保护。从保护主体看，它不仅明确了交通运输主管部门和公路管理机构的保护职责，而且还动员各级政府、各相关职能部门以及社会公众等各方力量广泛参与公路安全保护工作。二是重点强化治超。违法超限运输危害极大，是最为严重的公路“杀手”。为此，《安全条例》将建立超限治理长效机制作为重中之重，从管理手段上强化超限治理措施，在管理环节和管理力量上突出综合治理，从车辆的生产、改装、注册登记、货运装载、站点检测、责任追究等环节入手，对超限治理作了详细规定。三是坚持依法行政。坚持依法行政是依法治国的必然要求，是建设法治政府的核心所在。《安全条例》严格遵循国务院关于全面推进依法行政实施纲要确定的基本原则和要求，不仅明确了公路管理机构的执法主体资格，赋予其必要的执法手段，还规定了其应当承担的法律责任，实现公路执法的权责统一，有利于建立“层次清晰、事权明确、权责一致、运转高效”的地方公路管理体制，进一步促进公路管理机构的职能转变。四是突出服务便民。《安全条例》始终坚持以执政为民、服务群众为指导思想，不断强化公共服务职能，充分体现了以人为本的思想和宗旨。如明确了公路管理机构和有关部门对公路养护工程的及时公告和保畅义务，防止施工区域路段堵塞；建立了跨省大件运输联合审批机制，提高行政许可效率；加强路网运行监测，通过多种形式向社会发布公路出行信息等。[1]

2.《收费公路管理条例》

现行《收费公路管理条例》（国务院令第417号，以下简称《收费条例》），发布于2004年9月13日，并于2004年11月1日起施行。为保证《收费条例》贯彻落实，规范和加强收费公路管理，原交通部于2006年11月发布《交通部

---

[1] 参见《交通运输部公路局李华局长解读〈公路安全保护条例〉》，载交通运输部官网，https://www.mot.gov.cn/zhengcejiedu/gongluanquanbhlt/，2022年11月15日访问。

关于进一步规范收费公路管理工作的通知》（交公路发〔2006〕254号）。但随着社会经济快速发展，这些规定有些部分已经很难适应当今社会实践中的需求。2018年12月，交通运输部法制司发布《收费公路管理条例（修订草案)》征求意见稿，并作出修订说明。《关于〈收费公路管理条例（修订草案)〉的起草说明》中表示，现行制度设计已不适应保障公路可持续发展的需要，亟须全面修订，征求意见稿是对现行《收费条例》的继承与发展，主要变化体现在以下九方面。一是提高收费公路设置门槛，建立收费公路发展刚性控制机制。现行《收费条例》规定的收费公路门槛是高速公路，一、二级路以及达到一定规模的独立桥梁、隧道，修订草案明确新建收费公路只能是高速公路，停止新建收费一、二级公路和独立桥梁、隧道。并且现行《收费条例》没有关于收费公路规模的刚性控制机制，因此修订草案要求省级人民政府应当科学合理地确定收费公路的建设规模，向社会公开相关信息，公路项目的审批或核准部门要按照收费公路规模进行立项审批或核准，同时，明确车辆通行费收入无法满足债务利息和养护管理支出需求的省份不得新建收费公路。二是明确政府收费高速公路偿债期限应当按照覆盖债务还本付息需求的原则合理设置；经营性公路项目经营期限按照收回投资并有合理回报的原则确定，一般不得超过30年，对于投资规模大、回报周期长的收费公路，可以超过30年。三是完善政府收费公路“统借统还”制度，加快政府债务偿还。四是建立养护管理收费制度，保障高速公路可持续发展的资金需求。五是明确车辆通行费收费标准确定因素，建立差异化收费、收费标准动态评估调整机制。六是取消省界收费站设置，取消收费站设置审批。七是规范收费公路转让行为，为经营性公路和政府收费公路分类管理。八是保障和提高收费公路服务质量，强化服务职能。九是强化对收费公路的监管，建立收费公路信息公开制度。[1]

（三）主要部门规章

1.《公路水运工程质量监督管理规定》

2017年9月4日，交通运输部公布《公路水运工程质量监督管理规定》（交通运输部令2017年第28号，以下简称《质量规定》），自2017年12月1日

---

[1] 参见交通运输部：《交通运输部关于〈收费公路管理条例（修订草案)〉公开征求意见的通知》，2018年12月10日发布。

起施行。《质量规定》共 5 章 49 条，分别为总则、质量管理责任和义务、监督管理、法律责任、附则。主要内容包括以下四方面。一是明确了交通运输部与长航局及各级交通运输主管部门在公路水运工程质量监督管理上的职责分工，在部级层面与地方层面分别作出规定。二是明确了各从业单位在质量管理方面的责任和义务，切实做到参建单位质量管理责任明确，责任可落实、可追究。《质量规定》在要求从业单位建立健全工程质量保证体系，制定质量管理制度，强化工程质量管理措施，完善工程质量目标保障机制的基础上，设专章逐条规定了各单位质量管理责任。三是细化了公路水运工程质量监督管理的具体环节和内容。《质量规定》明确了公路水运工程实行质量监督管理制度及监管期限，即质量监管部门应当自建设单位办理完成施工许可或者开工备案手续之日起，至工程竣工验收完成之日止，依法开展公路水运工程建设的质量监督管理工作。四是强化了对违法人员的信用管理，充分发挥信用管理在加强公路水运工程质量监督管理中的作用。《质量规定》要求质量监管部门应当完善公路水运工程质量信用档案，健全质量信用评价体系，加强对公路水运工程质量的信用评价管理，并按规定将有关信用信息纳入交通运输和相关统一信用信息共享平台。

2. 《农村公路建设管理办法》

为加强农村管理，促进农村健康持续发展，适应建设社会主义新农村需要，原交通部于 2006 年 1 月公布《农村公路建设管理办法》（交通部令第 3 号，已失效）。之后，为更好服务于乡村振兴战略，完善“四好农村路”制度体系，破解农村公路建设发展瓶颈，交通运输部于 2018 年 4 月 8 日公布新《农村公路建设管理办法》（交通运输部令 2018 年第 4 号）。此次新办法聚焦突出问题，认真吸收地方经验，注重发挥地方、基层和农民的积极性，着力解决地方主体责任不落实、资金难筹措等堵点，为深入推进“四好农村路”的建设提供了实施路径和政策举措，就农村公路建设管理主体、农村公路建设规划、农村公路建设项目管理、农村公路建设资金、农村公路技术标准、农村公路质量安全、农村公路建设监督管理等重要方面作出了规定。[1]

---

[1] 参见吴德金：《为全面推进“四好农村路”建设做好制度保障——解读〈农村公路建设管理办法〉》，载交通运输部官网，https://www.mot.gov.cn/zhengcejiedu/nongcungljsglbf/，2022 年 11 月 15 日访问。

3.《公路建设监督管理办法》

《公路建设监督管理办法》由原交通部于2006年6月公布，并于2021年8月11日由交通运输部发布《关于修改〈公路建设监督管理办法〉的决定》（交通运输部令2021年第11号），对《公路建设监督管理办法》中部分条文予以修改。该办法旨在促进公路事业持续、快速、健康发展，加强公路建设监督管理，维护公路建设市场秩序，并就适用范围、管理方法、监督部门的职责与权限、建设程序的监督管理、建设市场的监督管理、质量与安全的监督管理、建设资金的监督管理以及社会监督等方面系统全面地作出规定，为我国公路建设事业提供了监督指南。

三、我国公路交通运输法治的司法情况

（一）法院设置

1987年11月24日，最高人民法院发布《最高人民法院关于最高人民法院交通运输审判庭的职责范围和启用印章的通知》（法（交）函〔1987〕102号），明确指出最高人民法院交通运输审判庭已于1987年3月31日正式成立，并规定由交通运输审判庭审理在全国范围内有重大影响的和各高级人民法院移送的重大、疑难的海事、海商、铁路运输等交通运输方面的案件。1997年11月12日，最高人民法院发布《关于公路运输和航空运输案件受理问题的通知》（法发〔1997〕26号），规定公路运输案件的审判工作将由最高人民法院经济审判庭划归交通运输审判庭管理。但之后随着交通运输审判庭撤销，两文件均已失效，也不存在专门受理公路运输纠纷的法庭。而且由于公路运输纠纷案件涉及领域繁多，包括民事、刑事、行政等多方面，因此现在有关公路运输纠纷案件由各级人民法院管辖。

（二）主要司法解释

1.《最高人民法院关于审理道路交通事故损害赔偿案件适用法律若干问题的解释》

该解释最早于2012年公布，并于2020年12月29日修正。该解释旨在正确审理道路交通事故损害赔偿案件，具体规定了机动车发生交通事故后的主体责任的认定、赔偿范围的认定、责任承担的认定、诉讼程序、适用范围等内容。

2.《最高人民法院关于审理交通肇事刑事案件具体应用法律若干问题的解释》

2000年11月15日，最高人民法院针对刑事领域的交通肇事问题发布该解释。该解释在使用时应依据《刑法》中有关交通肇事罪的规定，旨在规范和依法惩处交通肇事犯罪活动。根据该解释第1条规定，从事交通运输人员或者非交通运输人员，违反交通运输管理法规发生重大交通事故，在分清事故责任的基础上，对于构成犯罪的，依照《刑法》第133条的规定定罪处罚。

3. 其他司法解释

如2000年《最高人民法院关于购买人使用分期付款购买的车辆从事运输因交通事故造成他人财产损失保留车辆所有权的出卖方不应承担民事责任的批复》；2018年《最高人民法院办公厅、公安部办公厅、司法部办公厅、中国银行保险监督管理委员会办公厅关于印发〈道路交通事故损害赔偿纠纷“网上数据一体化处理”工作规范（试行）〉的通知》。

（三）典型案例

我国当前涉及公路运输的司法裁判实践主要涉及民事领域、刑事领域，以及行政领域。在司法裁判中，法院主要引用《民法典》《刑法》《行政法》《行政诉讼法》《公路法》《公路安全保护条例》等法律法规，处理关于行人及机动车驾驶安全、公路运输安全、公路运营许可等纠纷。公路运输司法旨在加强公路的建设和管理，促进公路事业的发展，适应社会主义现代化建设和人民生活的需要。

在民事领域，诉讼争议主要为货物运输合同纠纷及机动车交通事故侵权责任纠纷，其他还包括建筑物和物件损害侵权责任纠纷等。在刑事领域，公路运输涉诉争议包括危害公共安全罪（如交通肇事罪和危险驾驶罪），盗窃罪，行贿罪，走私、贩卖、运输、制造毒品罪等各类罪行。在行政领域，诉讼争议包括针对具体行政行为（如行政许可、行政强制、行政处罚）及其他行政行为，如土地侵占纠纷等。以下将选取指导案例、公报案例、典型案例进行简要阐述。

1. 民事领域

（1）公路货物运输合同纠纷

案例1 宁夏瑞生油井技术服务有限公司与王某明、刘某杰公路货物运输合同纠纷上诉案[1]

【裁判要点】原《合同法》第 311 条[2]规定了货物运输合同的赔偿免责事由，即货物的毁损、灭失是因不可抗力、货物本身的自然性质或者合理损耗以及托运人、收货人的过错造成的。关于赔偿范围，根据原《合同法》第 113 条[3]之规定，损失赔偿额应当相当于因违约所造成的损失，包括合同履行后可以获得的利益，但不得超过违反合同一方订立合同时预见到或者应当预见到的因违反合同可能造成的损失。因此，货物运输合同的承运人在运输过程中因过错造成货物损坏，不属于免责事由。除赔偿货物损失外，托运人在有事实证据的情况下，可以向承运人主张除货物损失外的其他赔偿。

（2）机动车交通事故侵权责任纠纷

案例2 陈某红诉栾某攀、郑州交通运输集团有限责任公司等在高速公路上违法下客致损侵权赔偿纠纷案[4]

【裁判要点】在客运合同中，缔约双方应全面履行合同义务，承运人有义务将旅客运抵约定安全地点。如果对合同履行地点约定不明确的，承运人也应按照有利于合同目的实现的方式履行。作为从事客运业务的人员应该知道在高速公路上违法下客的危险性，不应仅为了方便自身而将乘客置于危险的境地。乘客对高速公路的危险性也应该有所认知，未能及时离开高速公路，存在一定的过错，但根源仍是驾驶员违反规定在高速公路上下客。因此，在上述情况下，驾驶员与乘客应按照过错大小承担责任，如机动车驾驶员是履行职务行为，法律后果应由其单位承担。

案例3 赵某明等诉烟台市福山区汽车运输公司卫某平等机动车交通事故责任纠纷案[5]

【裁判要点】机动车所有人或管理人将机动车号牌出借他人套牌使用，或

---

[1] 参见甘肃省庆阳市中级人民法院（2014）庆中民终字第 454 号民事判决书。

[2] 现为《民法典》第 832 条规定相关内容。

[3] 现为《民法典》第 584 条规定相关内容。

[4] 参见江苏省宿迁市中级人民法院（2013）宿中民终字第 0971 号民事判决书。

[5] 参见上海市第二中级人民法院（2010）沪二中民一（民）终字第 1353 号民事判决书。

者明知他人套牌使用其机动车号牌而不予制止，且为其提供方便，纵容套牌机动车在公路上行驶的行为属于出借机动车号牌给他人使用的情形，违反了《道路交通安全法》等有关机动车管理的法律规定，增加了道路交通的危险性，危及公共安全。套牌机动车发生交通事故造成第三人损害后，作为号牌出借人的机动车所有人同样存在过错，对于肇事的套牌车一方应负的赔偿责任，号牌出借人应当承担连带责任。

（3）道路堆放物损害侵权责任纠纷

案例4　祁某栋因与再审被申请人西部环宇建设集团有限公司、庆阳市交通运输局、庆阳市公路局、甘肃省庆阳公路路政执法管理处公共道路妨碍通行损害责任纠纷案[1]

【裁判要点】原《侵权责任法》第89条[2]规定，在公共道路上堆放、倾倒、遗撒妨碍通行的物品造成他人损害的，有关单位或者个人应当承担侵权责任。当被侵权人对损害的发生也有过错时，可以减轻侵权人的责任。该案中，主要由西部环宇建设集团有限公司承担路面整修致使再审申请人祁某栋受到人身损害的侵权赔偿责任。由于再审申请人祁某栋忽视自身安全，夜间驾驶摩托车未降低行驶速度行驶，违反了《道路交通安全法》的有关规定，其过失行为也是导致本起事故发生的原因，故其对自身损害结果也应承担一定的过错责任。另外，庆阳市公路局是涉案道路的管理维护义务主体，负责公路建设的计划、养护、管理等职能，是交通局在公路方面职能的具体化和实际操作者。庆阳市公路局未能全面履行职责，对堆放在道路上的土堆未及时采取相应措施清除路障，消除安全隐患，从而导致事故发生，管理上存在瑕疵，应承担疏于管理的责任，故其应对申请再审人的身体伤害承担赔偿责任。庆阳市交通运输局作为庆阳市公路局的上级主管部门，与甘肃省庆阳公路路政执法管理处，均系行政主管部门，依法行使行政管理职权，其不能作为赔偿义务的主体，故再审申请人祁某栋要求庆阳市交通运输局、甘肃省庆阳公路路政执法管理处一并承担赔偿责任的诉讼请求不能成立。

---

[1] 参见甘肃省庆阳市西峰区人民法院（2017）甘1002民再3号民事判决书。

[2] 现为《民法典》第1256条规定相关内容。第1256条规定："在公共道路上堆放、倾倒、遗撒妨碍通行的物品造成他人损害的，由行为人承担侵犯责任。公共道路管理人不能证明已经尽到清理、防护、警示等义务的，应当承担相应的责任。"

2. 刑事领域

（1）危害公共安全罪

①交通肇事罪

案例1　陈某为逃避检查在高速公路上驾车逃逸致使警车车毁人亡案[1]

【裁判要点】被告人陈某无驾驶执照，所驾车辆无行车证、无牌照，在不许摩托车通行的高速公路上行驶，遇执勤民警检查时又不服从管理，逆向行驶、闯关，在紧急停靠带上高速行驶且曲线行驶等，这些行为均违反了交通管理法规。被告人陈某主观上过于自信，轻信可以避免发生严重后果，但其违章行为最终造成了人员伤亡、财产损失的后果。故被告人的行为构成交通肇事罪，应依法惩处。

②危险驾驶罪

案例2　张某某、金某危险驾驶案[2]

【裁判要点】追逐竞驶，一般指行为人出于竞技、追求刺激、斗气或者其他动机，二人或二人以上分别驾驶机动车，违反道路交通安全规定，在道路上快速追赶行驶的行为。我国《刑法》第133条第1款规定，在道路上驾驶机动车追逐竞驶，情节恶劣的，构成危险驾驶罪。行为人为追求刺激、炫耀车技，驾驶超标大功率的改装车辆，在公共道路上多次随意变换车道，且严重超速驾驶的行为，说明其不仅在主观上有追逐竞驶的故意心态，而且在客观上也存在严重违反道路交通安全的行为，故其行为应被认定为追逐竞驶。另外，由于行为人的上述行为已给公共交通安全造成一定危险，且足以威胁他人生命、财产安全，所以其行为属于危险驾驶罪中"情节恶劣"的情形，对于行为人的上述行为应当以危险驾驶罪论处。

（2）盗窃罪

案例3　怀某发盗窃、掩饰、隐瞒犯罪所得案[3]

【裁判要点】2005年6月，被告人怀某发伙同张某、刘某兵、刘某兵（均

---

[1] 参见陈某为逃避检查在高速公路上驾车逃逸致使警车车毁人亡案，《人民法院案例选》2003年第2辑。

[2] 参见张某某、金某危险驾驶案，《最高人民法院关于发布第八批指导性案例的通知》（法〔2014〕327号）。

[3] 参见浙江省宁波市中级人民法院（2011）浙甬刑一初字第118号刑事判决书。

已判决）共同预谋窃取他人承运的集装箱卡车内的废紫铜，并由被告人怀某发冒名“吴某”向位于宁波市江东区百宁街某号的宁波市某化工物资储运有限公司租赁了仓库，用于装卸、存放赃物。6 月 15 日晚，刘某兵将宁波市科技园区梅墟某集装箱运输车队所属的集装箱卡车驾驶员方某诱骗到宁波市镇海区蛟川宾馆打牌赌博，使方某离开该卡车。后被告人怀某发伙同张某、刘某兵将方某停在宁波港镇海港区大门外装有 47.6 吨进口废紫铜（货物价值 152.32 万元人民币）的该卡车开至他们事先租用的仓库，又雇用叉车司机董某某卸货。至次日凌晨 3 时许，刘某兵打电话将其与方某打牌结束的情况告知张某等人，被告人怀某发与张某等人遂将车内已卸下的 31.1 吨废紫铜藏匿于仓库内，将集装箱卡车连同尚未卸下的废紫铜丢弃于宁波市鄞州区邱隘五都王停车场。6 月 17 日晚，被告人怀某发和张某、刘某兵又雇用司机段某某驾驶货车将窃得的 31.1 吨废紫铜运至江苏省宜兴市湖㳇镇，张某以 83.5 万元人民币将废紫铜销售给周某春（已判决）。

被告人怀某发伙同他人，盗窃被害人运输的集装箱卡车内的废紫铜，并对盗窃物进行销售，获得赃款共计 54 万元。被告人以非法占有为目的，秘密窃取他人财物，数额特别巨大，其行为构成盗窃罪。

（3）行贿罪

案例 4　周某某行贿、挪用公款、脱逃、盗窃案[1]

【裁判要点】该案中，被告人周某某为某某汽车租赁有限公司申请建立“某某客运停车场”一事，多次行贿胡某某，要求胡某某给某省交通厅、某市交通局领导打招呼，最终某市交通局公路运输管理处被迫违规批准设立“某某客运停车场”。此外，被告人周某某为“某某客运停车场”增办营运车辆“禁行道路通行证”一事，再次行贿胡某某。胡某某给某市政府、某市公安局、某市公安交警支队有关人员打招呼，要求给予办理。某市公安局交警支队给“某某客运停车场”营运的车辆办理了通行证。后某某汽车租赁有限公司为了建设“某某客运停车场”，未经申报审批，擅自拆围墙搭建门楼。对此，某市城市建设管理监察支队对其下达了《责令停止违法（章）通知书》，责令其停止违法建设。为此被告人周某某又一次行贿胡某某，令其给某市政府有关部门领导打

[1] 参见周某某行贿、挪用公款、脱逃、盗窃案，《最高人民检察院公报》2002 年第 5 期。

电话，要求同意拆除围墙建门楼，致使某奥特停车场未经审批违法拆除了围墙，搭建了门楼。周某某通过行贿为自己谋取不当私益的行为，严重影响了公共交通运输秩序。

（4）走私、贩卖、运输、制造毒品罪

案例5　赵某华贩卖、运输毒品案[1]

【裁判要点】被告人以贩卖为目的，伙同他人非法购买并运输甲基苯丙胺，其行为已构成贩卖、运输毒品罪。被告人伙同他人跨省贩卖、运输甲基苯丙胺10余千克，毒品数量巨大，罪行极其严重，且其曾两次因犯贩卖毒品罪被判处有期徒刑等刑罚，在刑罚执行完毕后不足一年又犯贩卖、运输毒品罪，系累犯和毒品犯罪的再犯，主观恶性深，人身危险性大，应依法从重处罚。据此，依法对被告人判处并核准死刑，剥夺政治权利终身，并处没收个人全部财产。

部分犯罪分子选择跨省购买毒品后运回当地进行贩卖，这已成为我国毒品犯罪的一个重要特点。我国公安机关加大了执法查缉力度，一些案件得以在运输途中被破获。本案就是一起典型的犯罪分子驾车跨省购买毒品，在携毒返程途中被查获的案件。

3. 行政领域

（1）行政许可

案例1　汕尾市真诚公共汽车运输有限公司诉汕尾市人民政府排除、限制竞争案[2]

【裁判要点】汕尾市人民政府发布招投标公告之前，已经事先通过会议纪要的方式将汕尾市辖区范围内的公共交通特许经营权直接授予汕尾粤运公司独家经营。交通行政部门亦根据该纪要决定提前收回汕尾市真诚公共汽车运输有限公司的相关公交运营指标。汕尾市人民政府提前指定独家特许经营者，违反了《基础设施和公用事业特许经营管理办法》关于应由市场竞争机制来确定经营者的相关规定，属于滥用行政权力排除市场原有同业竞争者的行为，应当认定该特许经营许可行为违法。但考虑到本案涉及公共利益，若撤销该许可将会

---

[1] 参见赵某华贩卖、运输毒品案，《最高人民法院2019年十大毒品（涉毒）犯罪典型案例》，2019年6月26日发布。

[2] 参见汕尾市真诚公共汽车运输有限公司诉汕尾市人民政府排除、限制竞争案，《最高人民法院发布9起产权保护行政诉讼典型案例》，2020年7月27日发布。

给汕尾市的公共交通秩序造成损害，给人民群众的出行带来不便，遂改判为撤销一审判决，确认汕尾市人民政府实施涉案特许经营权许可行为违法，但保留其法律效力。

（2）行政处罚

案例2　擅自改装道路运输车辆行政处罚案[1]

【裁判要点】法律适用方面，当事人王某将辽B×××××号牌的自有车辆原有栏板加高50厘米这一行为违反了《道路运输管理条例》《道路危险货物运输管理规定》《交通部关于进一步加强道路运输车辆改装管理工作的通知》（已失效）等规定，但根据适用规则，执法机构选用了法律效力等级较高的《道路运输管理条例》，并最终认定王某将辽B×××××车辆原有栏板加高50厘米属于“擅自改变车辆外廓尺寸或者承载限值”行为，且事实清楚、证据确凿。故参照《辽宁省道路运输行政处罚自由裁量权指导标准》第14项规定，决定对当事人王某处以8000元罚款的行政处罚，并责令其5日内将车辆恢复原状。

（3）行政强制

案例3　李某宽诉庆城县交警大队道路行政强制上诉案[2]

【裁判要点】行政机关做出具体行政行为应当符合法律规定。交警大队为及时疏通道路，实现公共管理目的，履行道路交通管理，未能当场向行政相对人出具扣车凭证，是应急行为，是法律允许的。但是，在事后合理时间内仍未送达扣车凭证，也未在法律规定的期限内返还行政相对人的被扣车辆，亦未能提供充分的证据证明其已明确告知了行政相对人领车时间、地点及逾期领车的法律后果的，应认定该交警大队的扣车行为违法。

（4）其他行政行为

案例4　南雄市希普思五金机械有限公司诉南雄市交通运输局、南雄市地方公路管理站侵占土地行政纠纷案[3]

【裁判要点】行政机关占用企业土地修建道路等公共设施，应当依法先行

---

[1] 参见擅自改装道路运输车辆行政处罚案，《辽宁省人民政府法制办公室关于印发〈辽宁省2012年行政执法指导案例〉的通知》，2013年2月26日发布。

[2] 参见甘肃省庆阳市中级人民法院（2013）庆中行终字第3号民事判决书。

[3] 参见南雄市希普思五金机械有限公司诉南雄市交通运输局、南雄市地方公路管理站侵占土地行政纠纷，《广东高院发布2018年度行政诉讼十大典型案例》，2019年9月18日发布。

收回国有土地使用权，履行补偿职责。在相关前置行政行为尚未实施的情况下，当地交通运输局仅考虑自身道路建设任务的需要，忽略了相关法定条件，从而导致企业依法享有使用权的地块被道路横穿而过，不仅违反了法律规定，还损害了企业的合法财产权益，属于典型的违法侵占行为。基于社会公共利益的考虑，人民法院可以在判决确认该行政行为违法的同时，责令行政机关采取补救措施，及时完善用地手续，依法弥补违法行政行为给企业造成的经济损失。

四、中国公路交通运输法治的行政执法情况

（一）中国公路交通运输执法的概况

公路交通运输法治化需要有大量的立法和行业标准作为治理前提，同时也需要相关的规范标准得到严格执行和普遍遵守，只有这样才能使得“纸面上的法”变为“行动中的法”。如前文所述，在立法方面，我国公路交通运输领域已经有了坚实的基础，继而严格执法就成为推进公路交通运输法治化实现的一个关键环节。改革开放以来，我国在公路运输交通领域逐步实现了执法体制和执法程序的法治化。

1. 道路交通综合执法体制逐步建立

为维护道路运输市场秩序，保障道路运输安全，保护道路运输有关各方当事人的合法权益，我国于 2004 年 4 月公布《道路运输条例》，并历经 2012 年、2016 年、2019 年、2022 年四次修订。根据现行《道路运输条例》规定，道路运输行政执法的职能范围主要包括对经营性道路客、货运，经营性道路客、货运站场，机动车维修经营，机动车驾驶员培训业务等几个方面。为了推动交通行政执法的法治化进程，2012 年 7 月国务院发布《“十二五”综合交通运输体系规划》，提出深化管理体制改革，加快建立综合交通运输管理体制，加强法制建设，转变政府职能，强化公共服务职能等内容。2014 年 10 月，十八届四中全会通过《中共中央关于全面推进依法治国若干重大问题的决定》，明确提出：“推进综合执法，大幅减少市县两级政府执法队伍种类，重点在食品药品安全、工商质检、公共卫生、安全生产、文化旅游、资源环境、农林水利、交通运输、城乡建设、海洋渔业等领域内推行综合执法，有条件的领域可以推行跨部门综合执法。”2019 年 9 月，中共中央、国务院出台的《交通强国建设纲要》标志着交通领域现代化、法治化建设被提上重要日程。随着社会发展，交

通行政执法体制中执法机构林立、多头执法、职责交叉等问题逐步得到解决。

2009 年“大部制”改革以来，我国交通运输领域各部门的定位、职能、关系得到了进一步理顺，这为进一步推进公路交通运输法治化建设进程创造了有利的条件。在此基础上，各地在综合交通执法体制改革方面进行了有益的探索，逐步建立起一套行之有效的道路交通执法机制。一方面，克服了多头管辖导致的各部门消极不作为等现象；另一方面，对于相对人合法权益的保护以及提升执法效能具有积极的作用。以辽宁省为例，2019 年 4 月辽宁省发布《关于深化交通运输综合行政执法改革的实施意见》，对辽宁省交通运输综合行政执法改革作出安排，全面梳理、规范和精简执法监督事项，整合执法职责和队伍，组建交通运输综合行政执法队伍，以交通运输部门名义实行统一执法。

首先，理顺主体责任，辽宁省交通运输厅政策法规处承担法律法规规章明确要求由省级承担的交通运输行政执法职责，其主要负责监督指导、重大案件查处和跨区域执法的组织协调工作。市交通运输综合行政执法队主要负责本市区域内高速公路路政、普通国省干线公路路政、市以上重点交通工程质量监督、港口行政、航道行政、水路运政，市辖区道路运政等执法工作。其次，严格执法队伍管理，锁定编制底数，有序整合交通运输行政执法队伍。将省属高速公路路政、普通国省干线公路路政执法机构和人员成建制转化所在市交通运输综合行政执法机构。最后，规范执法行为，健全协作机制，强化作风建设，加强党建工作。经过此次改革，辽宁省交通行政执法水平和执法效率都得到了显著的提高。

此外，为进一步深化交通运输综合行政执法改革，加快建设交通运输综合行政执法队伍，2021 年 4 月交通运输部发布《交通运输执法领域突出问题专项整治行动方案》，提出在全国交通运输行政执法队伍集中开展交通运输执法领域突出问题专项整治行动，聚焦人民群众反映强烈的热点、制约规范公正文明执法的堵点，全面摸排、清理、纠正交通运输行政执法队伍中存在的各类问题，切实维护交通运输市场主体和人民群众的合法权益。第一，宗旨不牢的问题。重点整治“执法为民”根本宗旨树立不牢，群众观念淡薄，对待群众冷硬横推，不保障群众合法权益的问题；乱罚款、滥收费、粗暴执法的问题；以执法者自居，讲方便管理多、讲方便群众少，扣罚训多、提供服务少，硬性管理多、疏导服务少的问题。第二，作风不优的问题。重点整治精神状态懈怠、自由散漫、纪律涣散，接受任务讲条件、执行任务打折扣的问题；纪律意识淡漠，底线思维缺乏，形式主义、官僚主义等盛行的问题；执法风纪不严整，执法语言不文明，执法出勤不出力，在岗不在状态的问题。第三，本领不强的问题。重点整治法治观念淡薄，执法不知法、不懂法、不守法的问题；不注重学习积累，综合业务能力不高，执法基本功不扎实，办案质量不高的问题；随意拦车、扣车，不亮明执法身份任性检查，滥用行政强制措施和证据登记保存措施的问题；证据收集不充分，不查实案件事实就随意作出行政处罚决定的问题；滥用自由裁量权，简单式执法、运动式执法、执法"一刀切"的问题。第四，担当不力的问题。重点整治以罚代管、一罚了之，重处罚、轻教育，重罚款、轻纠错的问题；受理投诉不及时、超时限办理案件，随意简化案件内部审核流程的问题；办事拖沓，面对工作任务被动应付、面对矛盾问题相互推诿扯皮的问题。第五，执法不廉的问题。下达或者变相下达罚没款指标，不严格执行罚缴分离制度，趋利执法的问题；滥用职权、以权谋私、权钱交易、徇私枉法，隐匿、截留、挪用、私分罚没财物，索要或者收受当事人财物的问题；选择性执法，办人情案、关系案、金钱案，充当黑恶势力保护伞的问题。

2. 道路交通执法的程序正当性稳步提升

近些年，随着交通依法行政的深入和执法队伍执法水平的提高，我国的交通行政执法程序不断规范，"重实体，轻程序"以及以罚代管现象虽仍然存在，但是随着2019年《交通运输行政执法程序规定》（交通运输部令2019年第9号）的发布，相关问题已经得到了有效遏制。之后，2021年6月交通运输部对其进行修正，旨在规范交通运输行政执法行为，促进严格规范公正文明执法和保护公民、法人和其他组织的合法权益。由于行政执法以行政处罚为核心，行政强制措施往往伴随着行政处罚活动过程，行政强制执行又大多是执行行政处罚决定，因此该法律对行政处罚、行政强制及行政检查程序都进行了规范。在规范对道路交通监控设置的程序上，强调厘清相关部门和岗位的职权，明确权力的界限和行使方式。同时，也对执法程序进行科学配置，在为权力留下适度自由裁量空间的基础上和权责一致的原则下，优化并简化程序，遵循"规范程序、简明清晰、提高效率"的原则，形成行政裁量的规范性权力运行机制。

首先，针对交通行政执法中的程序性问题作出了全方位的规定。执法部门应当全面推行行政执法公示制度、执法全过程记录制度、重大执法决定法制审核制度，加强执法信息化建设，推进执法信息共享，提高执法效率和规范化水平。具体而言，《交通运输行政执法程序规定》（2021 修正）在全面推行执法公示制度方面，第 23 条规定执法人员实施行政检查应当持证上岗、亮证执法；第 79 条第 1 款规定执法部门应当依法公开行政处罚决定信息，但法律、法规另有规定的除外。在全面执法全过程记录制度方面，第 22 条规定执法人员应当依据规定着制式服装，携带执法记录仪、摄像机、照相机等执法装备，以及在附件中统一执法文书样式，从而通过文字、音像等记录形式，对行政执法中检查、调查取证、审核决定、送达执行等全部过程进行记录，做到执法全过程留痕和可回溯管理。在重大执法决定法制审核方面，第 71 条规定，拟作出重大行政处罚决定的，办案机构应当在行政处罚决定作出前将案件调查报告送本单位负责行政处罚决定法制审核的人员进行重大执法决定法制审核。第 72 条规定，法制审核人员主要从七个方面对拟作出重大处罚决定的案件进行合法性审核，并提出书面审核意见：一是行政执法主体是否合法，行政执法人员是否具备执法资格；二是行政执法程序是否合法；三是案件事实是否清楚，证据是否合法充分；四是适用法律、法规、规章是否准确，裁量基准运用是否适当；五是执法是否超越执法部门的法定权限；六是行政执法文书是否完备、规范；七是违法行为是否涉嫌犯罪、需要移送司法机关。

其次，注重加强对行政相对人合法权益的保护。《交通运输行政执法程序规定》（2021 修正）第 20 条第 1 款规定，执法部门应当建立随机抽取被检查对象、随机选派检查人员的抽查机制，健全随机抽查对象和执法检查人员名录库，合理确定抽查比例和抽查频次。随机抽查情况及查处结果除涉及国家秘密、商业秘密、个人隐私的，应当及时向社会公布。该规定注重保障行政相对人陈述、申辩和听证等法定权利，对听证程序进行了细化规范。同时，专设一章“涉案财物的管理”，严格规范涉案财物的管理，并明确无主物的处理，即第 129 条规定，当事人下落不明或者无法确定涉案物品所有人的，执法部门按照本规定第 18 条第 5 项规定的公告送达方式告知领取。公告期满仍无人领取的，经执法部门负责人批准，将涉案物品上缴国库或者依法拍卖后将所得款项上缴国库。

（二）中国公路交通运输执法的问题

1. 执法效果与执法目的不匹配

《道路交通安全法》（2021 修正）第 3 条规定：“道路交通安全工作，应当遵循依法管理、方便群众的原则，保障道路交通有序、安全、畅通。”可见道路交通管理工作的目的是为保障道路交通有序、安全、畅通而服务。《行政处罚法》（2021 修订）第 6 条规定：“实施行政处罚，纠正违法行为，应当坚持处罚与教育相结合，教育公民、法人或者其他组织自觉守法。”结合这两条规定分析，我国道路交通安全管理主要以道路交通违法行政处罚的方式实现，辅以道路交通安全教育的方式，且后者应当与前者充分统一，实现处罚与教育相结合。换言之，道路交通安全执法的目的应由处罚、威慑和教育三部分构成：处罚违法行为的实施者、威慑大众以防止违法行为的发生、教育大众以防治违法行为的发生。虽然随着改革的逐步进行，这些问题已经得到部分遏制，但依然存在。

（1）处罚失衡

全国人大代表韩德云在 2021 年两会期间指出：“各地普遍滥设电子警察装置，一些根本没有任何危害和后果的违章行为，也接受了高额罚款。”[1] 在实践中，许多案例印证了此问题。例如，沈海高速 3374 公里处（茂名电白服务区）的抓拍机动车压实线违章行为的摄像头在 2017 年创下 125 294 单抓拍罚单的记录，罚款金额超过 2500 万元。由于历史原因，茂名电白服务区建成时规模偏小，两侧区内停车位仅有 70 个，难以应对日渐增多的机动车数量，大量需要进入服务区的机动车占道拥堵在服务区入口，进而导致该路段极易形成长距离、大规模堵车现象。为解决这一问题，该地市政府在扩建服务区的同时，于 2015 年 11 月 5 日设置长达 2 公里的实线，并启用该处摄像头专门抓拍违章压实线变道进入茂名电白服务区的车辆，违者处以罚款 200 元、扣 3 分的处罚。该路段产生庞大数量罚单的根本原因在于高速公路的配套服务区承载力不足，直接原因是当地政府为暂时解决道路拥堵问题而实行的以罚代管方案，在车流量大、变道需求多的路段设置超长实线。以回避机动车进入服务区加油休息的客观需求的方式解决问题，导致了超量罚单罚款的不合理执法现象的发生。在 2017 年该处路段摄像头问题被曝光后，当地将 2 公里实线调整为 1.5 公里，但仍然未

---

[1] 参见《8 项两会货运提案，你最关心哪一个》，载腾讯网，https://view.inews.qq.com/k/20210311A020Z300? web_channel = wap&openA，2022 年 11 月 15 日访问。

能解决此处路段违章抓拍过多的问题，后于2018年9月，才正式撤销此处摄像头。[1]

处罚失衡指向行政处罚与行为人的行为并不匹配，在公路执法大量依靠道路交通监控设备进行交警非现场执法的背景下，许多行政处罚的对象或没有实施违法行为而被误判，或其行为因客观需求而存在违法阻却性，不应当被处以行政处罚。在道路交通活动中，行为人实施行为是在受到道路交通安全管理的需求和实际道路行驶需求两方面共同作用下产生的。违反道路交通管理需求导致了行为的违法性，但行为存在违法性因违法阻却事由的存在而不直接等同于违法行为。许多被判以行政处罚的行为往往同上述沈海高速事例类似，实际道路行驶需要而存在违法阻却，一方面或是没有造成必须加以处罚的行为后果，另一方面或是违法行为的实施不可避免。因而，并非所有道路交通违法行为都应受到行政处罚，行政处罚的执法手段也不能取代有效管理，否则会引起行政处罚的滥用和失衡。

（2）威慑失衡

行政执法的重心逐步由处罚向威慑转移，执法的成功实现是通过对道路使用者产生一种有意义的威慑作用，依其对象可分为一般威慑和特殊威慑。[2] 特殊威慑是对违法者实施处罚以防止其再犯，目前不论是现场执法还是依靠道路监控设备执法，更多承担的是一般威慑的作用，即在公众中形成危险知觉而使行为人放弃实施违法行为。威慑理论本质上是惩罚理论的延伸和进步，二者在其逻辑本质上具有相似性。仍以沈海高速为例，行为人明确感知到了处罚危险的存在，即道路监控设备的存在，但仍然继续实施了压线变道这一违法行为。在此情形中，若行为人不采取违法行为，可能无法及时进入休息区，又因进入下一休息区仍有较远距离，不及时休息可能造成疲劳驾驶而酿成更大危险，故如此导致行为人在此路段承担违法责任的能力远高于道路监控设备所形成的一般威慑效果。当行政执法已无法实现其威慑功能，其公信力必然由此受损。

（3）教育失衡

行政执法应当做到处罚与教育相结合，但实践中受制于警力不足的现实，

---

[1] 参见《沈海高速电白服务区电子抓拍已撤销！曾年罚款2500万，全省第一！》，载搜狐网，https://www.sohu.com/a/290726918_641885，2022年11月15日访问。

[2] 刘书鹏、马骏：《基于威慑理论的交通现场执法方式研究》，载《道路交通管理》2016年第8期。

以道路监控设备为首要手段的非现场执法模式被广泛运用。在警员现场执法的模式下，许多情节轻微的违法行为往往被予以口头教育后放行；但在道路监控设备执法的模式下，行为人一旦被抓拍到违法行为，便被处以罚款、扣分等行政处罚，教育功能被处罚带来的特殊威慑所代替，形成教育失衡。良性的道路交通治理应当使交通参与者自觉遵守道路规范，积极维护道路交通的有序、畅通，必须通过教育的方式使其形成正向的自觉。特殊威慑虽然在结果上可以实现相同的目的，但其作用方式是利用人的恐惧心理形成消极自觉。行为人接受处罚后，一方面，可能存在教育无效，不惧怕违法危险，存在再犯可能性；另一方面，因恐惧建立的守法自觉十分脆弱，容易受侥幸心理影响，形成教育效果微弱的现象，无法实现以人为本的良性治理效果。

2. 非现场执法设备滥设滥用

执法的处罚失衡、威慑失衡和教育失衡之特性同当下道路交通治理中广设监控、泛用监控进行执法的情况形成了明显的矛盾。以河南省郑州市为例，其监控设备覆盖率在四成左右，部分违法行为的抓拍仅集中于少数路段。2021 年 1—3 月，聚源路至通泰路共计 600 米的路程内设置了 3 个摄像头，仅抓拍违反禁令标志指示行为就达到 8386 起，[1] 道路监控设备的设置过于密集，执法成本过高，产生了不必要的财政支出。虽然此类监控设备的执法效果从罚单数量及罚款数额上看或许效益得当，但对于道路交通的治理收效甚微。在失去人工执法现场批评教育之功能的监控设备执法模式下，违法者的再犯可能性更高，监控设备的广泛设置并没有对道路交通状况产生有效改善，而是造成监控设备的滥设。此外，部分路段由于车流量、道路状况等客观原因，道路交通参与者的违法可能性较低，或者其违法行为并不造成必须加以处罚的后果，亦不应当在此类路段上广泛设立道路监控设备。截至 2020 年年底，郑州市机动车保有量突破 460 万辆，市区机动车保有量 290 余万辆，每日外地来到郑州的机动车将近 20 万辆；与此相比，郑州全市能够提供的车位不足 150 万个。[2] 解决机动车保

[1] 参见《郑州市公安局交警支队：道路交通监控不以罚款为目的，是有温度的》，载潇湘晨报网，https://k.sina.com.cn/article_3177450665_bd640ca90200129g8.html，2022 年 11 月 10 日访问。

[2] 参见李恒：《如何解决停车难问题？郑州市 7 部门座谈探讨，快来看看停车难到底“难”在哪》，载河南商报，https://new.qq.com/omn/20210421/20210421A0CYGY00.html，2022 年 11 月 10 日访问。

有量与泊车位数量之间的矛盾，正确的切入点应当是通过城市建设规划或共享车位等方式来增加机动车享有的泊车位数量，或者通过价格机制调节现有泊车位资源，若盲目以监控设备抓拍形式惩处违法停车行为，以处罚形式代替其他道路交通管理方式，并不能起到有效的道路交通治理效果。设立和使用道路监控设备作为道路交通治理的执法手段之一，在部分路段形成的威慑失衡，因实际路况存在不合理而不能遏制交通违法行为的发生，或因路段并无威慑需要，形成资源浪费，导致了监控设备的滥设。而交通管理部门片面追求“以罚代管”，盲目使用监控设备进行执法，反而带来监控设备的滥用问题。

3. 处罚不当与申诉困难

执法作为一种负担行政行为，会对相对人的权益产生不利影响。当前，将违章信息录入互联网供公众查询的告知方式代替了传统的当面或者邮寄罚单等告知方式，然而，这种替代性的告知方式与传统告知方式并不具备功能上的等价性。其实质是将行政机关主动告知义务擅自转换成相对人主动上网检索义务，变相加重了相对人的程序负担。

在自动化行政方式出现之前，交通违章处罚主要由人力完成，执法成本高且查处效率低。交通技术监控系统的使用带来了违章处罚效率的提高，也导致了处罚程度的失衡，产生了实质性处罚不当问题。广泛运用道路监控设备进行非现场执法的模式下，违法行为一经监控设备抓拍即形成行政处罚，同时法律责任的内容被限定为了法律规定的最高限额，违背了《道路交通安全法》（2021 修正）第 87 条规定，即“公安机关交通管理部门及其交通警察对道路交通安全违法行为，应当及时纠正。公安机关交通管理部门及其交通警察应当依据事实和本法的有关规定对道路交通安全违法行为予以处罚。对于情节轻微，未影响道路通行的，指出违法行为，给予口头警告后放行”。部分违法行为情节轻微，并不具有足以进行处罚的危害结果，在监控设备执法的情况下，仍被机械化地处以罚款和扣分等处罚。另外，客观上存在部分监控设备误拍、误判的情形，虽然《道路交通安全法》赋予了人们检举、控告的权利，但是其耗费的时间成本和经济成本往往超过了违章处罚本身，大多数车主都选择不了了之。当下非现场执法可以让当事人寻求救济不堪其烦、得不偿失，却很难让执法机关对其执法错误及由此对执法对象造成的困扰、麻烦、损失和不当法律后果担责。[1]

（三）中国公路交通运输执法的完善

1. 行政裁量权规范的细化

由于道路交通行政执法涉及诸多具体琐碎问题，必然需要执法人员具有相当程度的自由裁量权，因此难以通过统一的法律规定彻底规范执法行为。从法学视角出发，行政裁量权是法律法规赋予行政机关在实施行政行为的过程中，依据法律所确定的原则、目的、幅度等具有抽象性质因素，基于客观事实，结合主观判断，自行决定行为条件、选择行为方式和作出行政裁定的权力，是在行政执法活动中客观存在的，由法律法规授予的灵活度较高的职权。这使得在过去很多年，伴随着公路交通运输的快速发展，我国在道路交通行政执法方面产生了诸多问题，如执法权威性不足、执法程序不合理等，同时多头执法、重复执法等激化了执法对象与执法机构之间的矛盾，既损害了民众的合法权益，又延阻了我国公路交通运输法治化的进程。

道路交通综合执法体制的建立已经对以上问题进行了有效的缓解和遏制，但依旧存在改进空间。例如，新修订并施行于2020年5月1日的《道路交通安全违法行为处理程序规定》（公安部令第105号）中，仅有第16条规定了道路“交通技术监控设备的设置应当遵循科学、规范、合理的原则，设置的地点应当有明确规范相应交通行为的交通信号”。这导致非现场执法出现很多问题，如道路交通技术监控设备的滥设滥用，原因之一就在于决定设置过程中相关部门自由裁量的空间过大。规范道路交通技术监控的使用，其中一个关键就是制定合理科学、有细化性质的规范，缩裁相关部门自由裁量的空间。在我国，地方规定的不一致使得设置道路交通技术监控的位置产生混乱，安装部门行政自主权力过大，具有随意性，且仅有部分省份的公共交通管理部门出台了针对道路交通技术监控设备设置使用的地方规范性文件，但具体规定不一。例如，《福建省道路交通技术监控工作规范》[2]《海南省道路交通技术监控设备使用管

---

[1] 参见茅铭晨：《从自定走向法定——我国〈行政处罚法〉修改背景下的非现场执法程序立法研究》，载《政治与法律》2020年第6期。

[2] 《福建省道路交通技术监控工作规范》第5条第2项规定：“除公路危险路段、交通事故多发路段外，凡限时速60公里（含）以下的道路原则上不进行超速监控。”

理规定》❶《湖南省道路交通技术监控工作规范》❷ 等规定对道路交通测速监控设备之设置密度予以了标准化规定，要求在其规定的距离范围内不得重复设置该种监控设备。

行政机关在作出行政行为时，只能行使法律赋予的权力，且必须程序正当，于法有据。然而，要符合上述原则，须先明确其所述“法律法规的规定”之内容，使行政机关“有法可依”，方能满足国家加快法治政府建设，深入依法行政推进之目标。规范自由裁量行为一般是通过“规则细化”的方式，建立基础的行政裁量体系，在一定程度上削减自由裁量的空间，可以确保行政行为是以合理、合法、公正的方式作出，而非以主观意愿和感情进行自由裁量。

2. 信息公开的规制路径

对于道路交通技术监控设置的信息公开，现行阶段我国公路交通面临最大的问题并非在于法规和技术，而是相关信息公开不足导致对信息公开所构建的价值体系的消解，即这一现象所导致的问题是削弱了信息公开充足对此领域的价值。近年来，作为一项衍生自知情权的基本制度，政府信息公开制度已经取得了一定的成效。然而，当下我国主要采用的政府信息公开制度在公开质量、规范化程度等方面还不够完善，进而引起人们对执法正当性的怀疑。

对此，交通管理部门一方面可以通过细化信息平台的内容分类，将执法信息合理归入相关专栏，并在官方网站、地方媒体、报纸等媒介平台及时发布和更新设置信息，保证信息公开的时效性。另一方面，结合当前大数据时代“互联网+”的社会背景，加强对网络技术的投入，能够方便民众获取相应信息，在科学充分地考虑信息的实用性、有效性和权威性基础上，打造精干便捷的信息资源网站，提供网站搜索导航功能，以便帮助民众快速查找网站信息。

3. 告知和申辩程序的构建

对于交警执法判定的交通行政违法处罚，应当构建完善的配套程序，体现

---

❶ 《海南省道路交通技术监控设备使用管理规定》，对高速公路、城市快速路、城市普通道路和普通公路的要求不同，且要求高速公路匝道及施工道路等均不得设置测速监控。在同向固定测速监控点的设置间距上，海南省要求高速公路同一方向同一路段固定测速监控点之间间距大于10公里，国道和省道大于5公里。

❷ 《湖南省道路交通技术监控工作规范》第11条第3项规定：“普通公路同一限速路段内30公里内不得重复设置测速监控设备，高速公路同向同一限速路段60公里内不得重复设置测速监控设备。”

程序正当原则，以“功能等价”为判定标准，综合考量送达成本、送达便利性和有效性、相对人信息化程度等多种因素。在完善告知制度方面，相比于交警现场执法，使用道路交通技术监控进行非现场执法的行政处罚在告知上确实存在一定困难。《道路交通安全违法行为处理程序规定》（2020修正）第20条规定：“交通技术监控设备记录的违法行为信息录入道路交通违法信息管理系统后三日内，公安机关交通管理部门应当向社会提供查询；并可以通过邮寄、发送手机短信、电子邮件等方式通知机动车所有人或管理人。”其对行政机关的告知义务作了相应规定，其中的“提供查询”“可以通过”消除了之前2008年版规定为执法部门留下的混淆权利义务关系的空间，明确了行政机关的强制性告知义务和方式，且确定告知的时间期限，以保证告知的及时性。但此外，还应明确在何种情况下因机动车驾驶者的原因使得交管部门告知未达，由机动车驾驶者承担法律后果，若因交通管理部门未履行及时告知义务，则当由交通管理部门承担相应责任。

另外，还要建立行政相对人的申辩渠道，在一定时限内保留行政相对人的异议权，以待生效的行政处罚决定，来保障行政相对人的陈述权和申辩权，同时通过在交通违法处理部门建立专门受理道路交通技术监控异议复议的一站式服务窗口。除了线下的设置，亦可以通过互联网技术设置网上申辩窗口，将其置于相关程序中，将违法证据、待生效的处罚决定等信息一并告知行政相对人，或者建立当事人可自行上网查看视频和核对事实的网上核对制度。线下和线上申辩窗口负责对处罚有异议记录的受理、核查、复议等工作，并依据《行政复议法》的规定，分别作维持、变更和撤销的复议决定。在制定此专门制度之中，应当始终秉持“高效与便民相统一”原则，完善线上线下执法程序体系，提升程序制度运行的便民性，落实国务院在《2018年政府工作报告》中提出的“只进一扇门，最多跑一次”的要求。

五、中国公路交通运输法治的理论研究

（一）学界理论研究概况

1. 立法概况

首先，公路交通运输立法主要研究内容为公路收费问题。张福刚从加强公物立法工作，将高速公路纳入公物法的调整范畴，积极构建政府、高速公路管理者和经营者、高速公路使用者之间良好的互动机制，确保高速公路通行费合

理性的角度进行讨论。[1] 王立军、刘云升认为，应当健全高速公路产权制度、完善依法行政体系、完备监督法则和重构协作机制等措施，构建高速公路权益保护制度，保障高速公路安全、高效地运行。[2] 肖萍、张涛建议，《公路法》的“空白授权”对收费标准和收费期限等核心问题均应明确规定，《收费公路管理条例》在修订过程中也应进一步完善补偿的方式、标准和程序，为高速公路收费制度存在提供了公法正当性。[3] 顾大松则就公路收费制度的确立进行探讨，主张收费公路的性质、收费期限、收费形式等重要公路收费制度依《立法法》第 8 条的立法保留要求，需要通过修改《公路法》的方式进行，而不宜由修改行政法规的形式确立。[4]

其次，随着综合交通运输法的改革进程，也有学者对此进行立法价值探析。胡正良、曹译文主张综合运输法规体的形式价值表现为秩序、安全、绿色、自由和开放，注重立法的统一性和完备性；目的价值表现为公平、效率，侧重立法的公平与效率的平衡。有效整合综合交通运输法规体系的两种价值，应当对公平与效率整合，安全、秩序、开放，自由的协同、绿色生态三方面作深度分析，发挥综合交通运输法规体系价值的实践意义。[5] 陈婉玲、陈学辉则注重区域交通运输一体化的利益协调，建议制定规范性文件以法律手段协调地方政府利益冲突，改革财政税收分权制度、完善财政转移支付制度、建立地方政府合作制度体系和建立交通运输统一监管执法机制，并将这些利益协调机制纳入区域一体化立法中，以有效促进区域经济一体化进程的推进。[6]

最后，为了响应节能减排和低碳经济的实施，2011 年有学者就交通运输业节能减排和低碳经济政策法律定位的调整和提升展开研究。周珂、梁文婷、李姗姗建议注重政策法律体系的建立和完善，以可再生交通燃料义务作为切入点统领低碳交通运输业，立法上整合相关产业和经济活动，在相关领域政策和法

---

[1] 张福刚：《公物法视野下高速公路通行收费及其法治化》，载《行政与法》2019 年第 1 期。

[2] 王立军、刘云升：《构建高速公路权益保护制度的思考》，载《河北法学》2017 年第 12 期。

[3] 肖萍、张涛：《我国高速公路依法收费的公法检视》，载《江西社会科学》2016 年第 02 期。

[4] 顾大松：《公路收费制度不宜由行政法规确立》，载《法学》2015 年第 10 期。

[5] 胡正良、曹译文：《我国“综合交通运输法”立法宗旨的价值探析》，载《学术交流》2019 年第 2 期。

[6] 陈婉玲、陈学辉：《区域交通运输一体化中地方政府利益协调的法律路径》，载《法学论坛》2017 年第 04 期。

律的支持与配合下，在法律修订中适时引入低碳交通运输的要素。[1] 2011 年《公路水路交通运输节能减排“十二五”规划》明确交通运输行业构建节能型交通基础设施网络体系、节能环保型交通运输装备体系、节能高效运输组织体系。时至今日，关于节能减排和低碳经济在交通运输业的立法探讨尚需要与时俱进。

2. 司法概况

道路交通技术监控设备设置的本意在于维护道路交通安全，防治道路交通违法行为，是以技术为核心锁定违章行为的社会风险管理措施。然而，作为占据行政处罚“半壁江山”的非现场行政处罚越来越受到重视，行政相对人的司法保护也有学者进行研究。周文清认为，作为被规训一方的行政相对人并未真正享受到“科技+行政”的发展红利，其根源在于信息技术赋权不均衡导致交通执法“便行不便民”，使得“电子警察”饱受诟病。面对非现场执法这一新生事物，司法裁判应跳出传统现场执法的固有逻辑，运用行政过程论对非现场执法行为进行全流程、动态审查，对非现场执法的不同行为阶段采取不同的司法审查方法和审查强度，兼顾行政执法方式革新与行政相对人权益保障的需求，实现工具理性和价值理性的有效融合。[2]

3. 执法概况

首先，为满足国家加快法治政府建设，深入依法行政推进之目标，行政机关在作出行政行为时，只能行使法律赋予的权力，并且必须程序正当，于法有据。基于公共管理职能的特殊性，行政权成为公私权力交叉所讨论之重点。当过于自由的裁量权掌握在行政机关手中，社会公众的利益保护就成为必须关注的内容。作为顺应行政国家发展的产物，行政裁量问题已成为现代行政法讨论之核心精髓。而在行政执法领域，也有学者就裁量基准进行研究。邓小兵、孙祯锋主张，交通运输行政执法裁量基准存在明显差异会带来交通运输执法的地域不平等、执法效应不理想、不利于对行政裁量进行有效规制等负面影响。应借鉴行政协同治理、统一公法学理论以及从国家战略层面推进行政裁量权基准制定程序的统一化并吸收区域行政协议的研究成果以论证行政裁量区域协同的

---

[1] 周珂、梁文婷、李姗姗：《论构建我国低碳交通运输法律体系》，载《法治研究》2011 年第2 期。

[2] 周文清：《过程论视野下自动化行政行为的司法审查——以道路交通非现场执法时空情境分析为视角》，载《行政法学研究》2022 年第 1 期。

可能性，来消除执法裁量地域差异的消极影响，以期达成有效规制行政裁量权、促进执法平等和区域经济协同发展的目标。[1]

其次，也有学者就因行政裁量权自由过于广泛而引起的执法问题进行研究。黄锫认为，以罚代管中的复式法律行为结构是责令改正不作为与行政罚款作为之间的榫卯，作为一种执法的博弈均衡状态，其中形成的权利（权力）义务结构与成文法律规范明定的权利（权力）义务结构发生错位。[2]

最后，在广泛运用道路交通技术监控设备进行交警非现场执法的模式下，行政处罚自动化地依靠现代信息技术实现，道路交通技术监控设备的设置取代了部分交警现场管理。《行政处罚法》未对非现场执法模式中的行政处罚问题予以程序性规定，而基于执法人员现场进行行政处罚的程序规定又无法完全适用于非现场执法，使得该执法程序存在漏洞。因此，非现场执法问题的理论研究在逐步增加。余凌云认为，对于暂时无法通过技术更新解决的问题，有必要引入或明确更多的制度规范予以回应，并通过道路交通安全法的修改，进一步丰富和完善交警非现场执法规范体系。[3] 茅铭晨主张，专门设定非现场执法基本程序，可以提升非现场执法程序规则的法律地位，有利于从源头上铲除非现场执法程序偏离正当性的根源。[4]

（二）学界理论研究评析

1. 综合评析

改革开放以来，我国公路交通领域无论在立法工作、司法工作、执法工作的理论研究和法治宣传方面都取得了相当喜人的成绩。基本上实现了有法可依，执法必严，而且民众在公路交通出行方面的法治意识也逐渐增强。

2. 问题分析

整体上，我国目前公路交通执法领域依然面临着诸多问题，各部门的权责不清，多头执法等问题依然十分严重。除了在立法方面继续加大对交通行政权

---

[1] 邓小兵、孙祯锋：《论交通运输执法裁量基准的区域协同——以甘、宁两地为例》，载《西部法学评论》2017 年第 1 期。

[2] 黄锫：《“以罚代管”行政执法方式生成的制度机理研究——以公路货运“治超”执法领域为基点的社科法学分析》，载《政治与法律》2016 年第 5 期。

[3] 余凌云：《交警非现场执法的规范构建》，载《法学研究》2021 年第 03 期。

[4] 茅铭晨：《从自定走向法定——我国〈行政处罚法〉修改背景下的非现场执法程序立法研究》，载《政治与法律》2020 年第 6 期。

的控制力度以外，我们需要积极建立道路交通综合执法机制。在此基础上全面梳理并优化公路交通执法部门的权力。既要厘清综合执法机构的权力、责任清单和相关黑名单，也要厘清综合执法机构组成机关的权力、责任清单和相关黑名单。道路交通执法权力的治理应当秉持“规范主义控权模式为主、功能主义建构模式为辅”的治理模式，主要从立法调控、执法治理、司法技术三个向度展开制度设计。

智能交通技术的运用带来了诸多新的问题。道路智能交通在道路交通管理智能化，信息智能化，收费智能化，公共交通调度、信息和售票的智能化，停车管理智能化等方方面面发挥重要的作用。特别在交通信息监控、交通控制、事故预测与预警、救援、定位、信息查询等方面能够极大地提升工作效能，保障居民出行安全，提高居民出行效率，减少出行的时间、财力成本。但是道路智能交通技术的研发、使用、运营、管理等方面不断涌现新的问题，而这些新的问题与传统道路交通管理中的问题区别较大，这对交通管理部门提出了新的更高的挑战和要求。

3. 对未来的展望

可以预见的是，伴随现代化进程的加快，我国的公路里程总量会不断地提升，人员和货物流动将在未来相当长的一个时期内不断增强。特别是随着我国居民消费水平的提高，机动车特别是小汽车的数量仍会持续增长，这些都为公路交通运输的法治化管理带来不断增长的压力。随着我国经济与公路交通运输的蓬勃发展以及人工智能时代的到来，时代为公路交通运输法治化提出了诸多新的问题。未来公路交通运输领域法治化发展尚面临着新的挑战。

在全面依法治国的时代背景下，公路交通运输是法治不可或缺的疆域，随着科技的发展，公路交通运输会不断面临新的问题，然而法治注定是解决公路交通运输问题、维护交通运输秩序、保障公民基本出行权利的利器。

中国水路交通运输法治发展研究

黄赤橙[*]　刘佳欣[**]

一、中国水路交通运输法治的基本情况

（一）中国水路交通运输的概念与特点

1. 水路运输的概念

水路运输是以船舶为主要运输工具，以港口或港站为运输基地，以水域为运输活动范围的一种运输方式。我国对于不同水域的划分和界定，散见于一些法律规范中。如《海商法》第2条、[1]《海上交通安全法》第50条、[2]《内河交通安全管理条例》第91条[3]分别对海上、沿海和内河水域作了界定。[4]

学术界对“水路运输”所具体涵盖水域的范围的认识并不统一，本篇所称的水路运输，主要指国内水路运输，包括沿海运输和内河运输。具体含义上，《国内水路运输管理条例》（国务院令第676号，2017修订）第2条第2款规定：“本条例所称国内水路运输（以下简称水路运输），是指始发港、挂靠港和目的港均在中华人民共和国管辖的通航水域内的经营性旅客运输和货

---

* 黄赤橙，北京交通大学法学院讲师。

** 刘佳欣，北京交通大学法学院2021级硕士研究生。

[1] 《海商法》第2条第1款规定：“本法所称海上运输，是指海上货物运输和海上旅客运输，包括海江之间、江海之间的直达运输。”

[2] 《海上交通安全法》（2016修正）第50条第1项规定：“‘沿海水域’是指中华人民共和国沿海的港口、内水和领海以及国家管辖的一切其他海域。”2021年修订后，由于适用范围从“沿海水域”扩大到“管辖海域”，故关于“沿海水域”的用语含义在附则中被对应删除。

[3] 《内河交通安全管理条例》（2019修订）第91条第1项：“内河通航水域，是指由海事管理机构认定的可供船舶航行的江、河、湖泊、水库、运河等水域。”

[4] 参见黎艳明：《我国水上货物运输法律体系的完善》，大连海事大学2017年硕士学位论文。

物运输。”其对国内水路运输作了“通航水域内”和“经营性”两个要求，即被认定为非通航水域或非经营性的运输，不属于现有水路交通运输管理的范畴。

2. 水路运输的特点

水路运输至今仍是我国乃至世界许多其他国家和地区最重要的运输方式之一，它是经济社会发展的基础性、先导性产业和服务性行业，是综合交通运输体系的重要组成部分。❶ 与其他运输方式相比，水路运输有优势，也有其限制。在众多运输方式中，水路运输的载重量较大，运输成本偏低，占用土地资源少，运输过程中对周边环境影响较小，开发利用涉及面宽广。但水路运输易受自然条件限制，海洋与河流的地理分布及其地质、地貌与气象等条件和因素都会制约与影响水路运输，水运航线也取决于人类如何规划和修建，而且不能在陆地上任意延伸。❷ 所以，水路运输通常要与铁路运输、公路运输和管道运输相互配合。

3. 水路交通与海上交通的关系

在学界研究中，不同学者对“海上”的定义范围并不相同。有的仅指远洋运输（国际海上运输）；有的指远洋运输加沿海运输；还有学者将“海”字的含义延伸为一切与海相通的水域，将内河运输也包含在海上交通运输范畴内进行研究。不同的法律规定对“海上”所指代和适用的范围也不一样。《海商法》第 2 条规定其“海上运输”包括国际海上运输及沿海运输；《海上交通安全法》的适用范围原先只针对“沿海水域”，2021 年修订后改为“管辖海域”，包括内河水域，实际上对“海上”的含义进行了扩大。如前文所述，本篇所指的“水路交通”“国内水路运输”包括了沿海运输与内河运输两部分，因此从广义概念看，海上交通与国内水路交通的范围在学界研究与法律规定中实际存在一定重合，没有进行严格区分。国际运输、沿海运输、内河运输在管理机构与法院管辖上也存在联系，都受到海事局的管理，海事法院同样承担审理部分国内水路运输诉讼纠纷的工作（见图 1）。

---

❶ 参见福建省航海学会：《福建省水路运输学科发展研究报告》，载《海峡科学》2018 年第 10 期。

❷ 参见刘小龙：《新经济形势下水路运输面临的机遇和挑战》，载《中国水运》2019 年第 7 期。

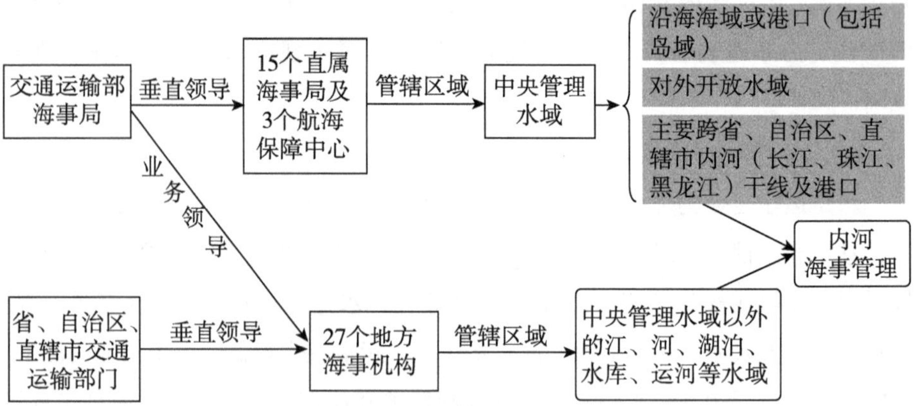

图1　我国海事管理机构关系

4. 我国水路交通运输的市场现状

水路运输是我国综合运输体系的重要组成部分，我国有大小河流 5800 多条，河流总长 40 多万公里，不仅是海运大国，同时也是河运大国，有着长江、珠江和黑龙江三大内河航运水系。“长江经济带”战略和“一带一路”倡议的实施，令沿海、内河货物运输量持续攀升，国内水路货物运输呈现蓬勃发展态势。❶

2022 年 5 月 25 日，交通运输部发布《2021 年交通运输行业发展统计公报》（以下简称《公报》）。据《公报》显示，在水运基础设施方面，2021 年末全国内河航道通航里程 12.76 万公里，全国拥有水上运输船舶 12.59 万艘，全国港口生产用码头泊位 20 867 个（沿海港口生产用码头泊位 5419 个，内河港口生产用码头泊位 15 448 个）。在客运货运方面，全年完成营业性客运量 1.63 亿人，比年增长 9.0%；完成旅客周转量 33.11 亿人公里，比上年增长 0.4%。全年完成营业性货运量 82.40 亿吨，比上年增长 8.2%；完成货物周转量 115 577.51 亿吨公里，比上年增长 9.2%。❷ 由此可知，2021 年度营业性客运量和货运量都有所增长，表明我国国内水运市场仍然比较巨大，水路运输在我国物流运输环节中起着极为重要的作用。

❶ 参见邓代婷：《〈海商法〉修改背景下国内水路货物运输立法模式探析》，载《武汉交通职业学院学报》2021 年第 3 期。

❷ 参见交通运输部：《2021 年交通运输行业发展统计公报》，载交通运输部官网，https://xxgk.mot.gov.cn/2020/jigou/zhghs/202205/t20220524_3656659.html，2022 年 11 月 1 日访问。

（二）中国水路交通运输的法律发展脉络

改革开放以来，我国水路交通运输的法治建设大致经历了三个阶段。第一阶段是1978—1991年，即立法恢复发展时期，主要是解决港口基础设施建设和水路运输等问题；第二阶段是1992—2005年，即水路交通运输立法快速发展时期，法律制度建设得到同步加强，现行有效的水路交通运输法规，大多数是在这一阶段公布的；第三阶段是2006年至今，即水路交通运输立法质量提升时期，我国水路交通运输立法的工作重点已从原来主要解决有无、填补空白，逐步转变到进一步提高立法质量，提升立法层次上来。

1. 1978—1991年阶段

为了填补交通法律空白，1983年公布了中华人民共和国成立后交通运输领域的第一部法律《海上交通安全法》。期间，围绕水路建设、运输、安全和管理等方面，陆续公布了《船舶装载危险货物监督管理规则》《港口建设费征收办法》《水路货物运输合同实施细则》《内河交通安全管理条例》《水路运输管理条例》《航道管理条例》《水运工程施工招标投标管理办法》《海员证管理办法》《交通部运输船舶在北方沿海定线分道航行办法》等一系列规范性文件，对促进水路运输快速发展提供了有力的保障。[1] 在此阶段，很多水路运输民事纠纷还是只能依据《民法通则》（已失效）解决，并没有很多特别法来调整水运市场。但由于中国经济当时还处于计划经济的末期，改革开放的大潮还没有袭来，水运市场基本稳定。[2]

2. 1992—2005年阶段

1992年公布的《海商法》是我国第一部有关调整海上运输关系和船舶关系的法律，对维护当事人各方的合法权益，促进水路运输和经济贸易发展提供了法律保障。此外，还出台了一系列规范水路运输管理、水路运输工程建设、水路运输服务等方面的法规及规章，包括《水路旅客运输规则》《国内水路货物运输规则》《水路危险货物运输规则（第一部分）水路包装危险货物运输规则》《港口工程竣工验收办法》《水路运输服务业管理规定》等。其中，1992—1994

---

[1] 参见中华人民共和国交通运输部《中国交通运输改革开放40年》丛书编委会编：《中国交通运输改革开放40年》（综合卷），人民交通出版社2018年版。本部分内容主要参考该书归纳整理。

[2] 参见周明达主编：《水路运输法教程》，人民交通出版社2017年版。

年，国务院公布《船舶和海上设施检验条例》《船舶登记条例》，这两部条例奠定了我国防治船舶污染海域、规范船舶检验管理和船舶监督管理的法治基础。1995年，公布了《航标条例》，这是国家为加强航标管理和保护的第一部法令。2002年公布新制定的《内河交通安全管理条例》，主要规范内河交通安全和应急保障涉及的问题。2003年《港口法》出台，这是中华人民共和国成立以来第一部全面、系统规范的港口法律，标志我国港口事业步入法制轨道。

3. 2006年至今

2006—2010年，水路交通运输领域围绕规范港口、水路运输、航道管理等，出台了系列行政法规和部门规章，包括《船员条例》《港口规划管理规定》《港口建设管理规定》《港口经营管理规定》《航道建设管理规定》《船舶签证管理规则》《内河交通事故调查处理规定》《公路、水路交通实施〈中华人民共和国节约能源法〉办法》等。2012年10月，公布新制定的《国内水路运输管理条例》，为了配合其施行，交通运输部于2013年12月30日通过《国内水路运输管理规定》和《国内水路运输辅助业管理规定》。2014年公布的《航道法》，规范和加强了航道的规划、建设、养护、保护，有利于保障航道畅通和安全，促进水路运输的发展。2015年，交通运输部发布《海事行政许可条件规定》《海上海事行政处罚规定》《内河海事行政处罚规定》，对水路交通运输行政事项进行进一步规制。此阶段，我国水路交通运输立法的工作重点已经逐步转变到进一步提高立法质量上来，不仅对《海上交通安全法》《港口法》《内河交通安全管理条例》等法律法规进行了修正，还废止了一些与上位法规定不一致，不适应交通运输改革形势发展需要，不符合简政放权和政府职能转变要求或超越部门规章权限的规章，如《国内水路货物运输规则》《港口货物作业规则》等。[1]

二、中国水路交通运输法治的立法情况

（一）水路交通运输领域代表性法律法规

1. 法律

（1）《海上交通安全法》

1983年，《海上交通安全法》首次公布，这是我国出台最早的水路交通运

[1] 参见《交通运输部关于废止20件交通运输规章的决定》（交通运输部令2016年第57号）。

输方面的法律之一。它是我国海运领域的基础性法律，为规范海上交通秩序、保护人民生命财产安全、维护国家海洋权益提供基本制度保障。❶ 1983年《海上交通安全法》共12章53条，对船舶检验和登记，船舶、设施上的人员，航行、停泊和作业，安全保障，危险货物运输，海难救助，打捞清除，交通事故的调查处理，法律责任等方面作了规定。对于其适用范围，第2条规定“本法适用于在中华人民共和国沿海水域航行、停泊和作业的一切船舶、设施和人员以及船舶、设施的所有人、经营人”，并在第50条中对“沿海水域”的含义进一步作出解释，即“沿海水域”是指中华人民共和国沿海的港口、内水和领海以及国家管辖的一切其他海域。

2016年，全国人大常委会对《海上交通安全法》进行了部分修正。其中，将第12条中“本国籍国内航行船舶进出港口，必须办理进出港签证”修正为“本国籍国内航行船舶进出港口，必须向主管机关报告船舶的航次计划、适航状态、船员配备和载货载客等情况”。

随着海上交通运输事业的发展，海上交通安全环境发生了很大变化，需要对现行法进行适时的修订。其实，《海上交通安全法》的修订工作从2002年就已经开始进行，交通运输主管部门曾于2004年、2014年两次将修订稿上报国务院，但直至2016年才对《海上交通安全法》进行了首次修正，之后于2020年修订稿才首次进入全国人大审议阶段。❷ 2021年4月，修订稿正式通过。修订后的《海上交通安全法》在章节上减少为10章，内容上却增加了一倍，共计122条。此次修订，从完善事前制度规范、加强事中事后监管、强化应急处置等方面优化制度设计，全方位落实安全管理要求。一方面，制度设计上更加细化，可操作性更强，并主要规定了四方面内容。优化海上交通条件，提高安全保障水平；强化船舶、船员管理，规范海上交通行为；严控行政许可事项，规范行政执法行为；完善海上搜救机制，健全事故调查处理制度。❸ 另一方面，具体适用范围上有所扩大，将原来的“本法适用于在中华人民共和国沿海水域

---

❶ 参见《交通运输部关于学习贯彻〈中华人民共和国海上交通安全法〉的通知》（交法函〔2021〕215号）。

❷ 参见陈鹏：《〈海上交通安全法（修订草案）〉评析》，载《世界海运》2021年第2期。

❸ 参见李小鹏：《关于〈中华人民共和国海上交通安全法（修订草案）〉的说明》，2020年12月22日在十三届全国人大二十四次会议上。

航行、停泊和作业的一切船舶、设施和人员以及船舶、设施的所有人、经营人”，修改为“在中华人民共和国管辖海域内从事航行、停泊、作业以及其他与海上交通安全相关的活动，适用本法”。

（2）《海商法》

1992 年公布的《海商法》是调整海上运输当事人、船舶当事人之间横向财产、经济关系的一部重要的特别民事法律。作为调整海上运输关系的基本法，《海商法》对船舶、船员、海上货物运输、海上旅客运输、船舶租用、海上拖航、船舶碰撞、海难救助、共同海损、海事赔偿、海上保险等内容作了规定，共计 15 章 278 条。

《海商法》的制定历经很长时间。中华人民共和国成立初期，原中央人民政府法制委员会就着手研究并推动有关部门组织起草海商法。自 1952 年起，原交通部为起草海商法做了大量工作，1963 年完成了海商法草案第九稿。此后，起草工作中断了近 20 年。1982 年，由原交通部牵头，有关部门、院校参加，组成了海商法起草委员会，恢复起草工作，并于 1985 年 1 月将草案上报国务院。经过海商法审查研究小组三年多来对原草案的反复研究、修改，形成了审议稿，[1] 最终于 1992 年 11 月 7 日正式通过。

在具体适用上，《海商法》第 2 条第 1 款将“海上运输”界定为“海上货物运输和海上旅客运输，包括海江之间、江海之间的直达运输”，排除了内河货物运输纠纷的适用。并且起草时，考虑到当时国际海上货物运输与沿海货物运输在承运人责任的归责原则、赔偿责任限制、运输单证等主要内容上存在很大差异，[2] 规定“本法第四章海上货物运输合同的规定，不适用于中华人民共和国港口之间的海上货物运输”，即将国内水路货物运输排除在《海商法》核心内容——第四章的适用范围之外。

随着新兴发展形态的出现，现行《海商法》的内容在深度、广度及条款细化等方面，出现了一些不太适应我国对外经济贸易和航运发展的现象，修改《海商法》的呼声日益强烈，并在我国学术界、司法界和实务界达成广泛共识。原交通部曾于 2000 年、2013 年两次开展《海商法》修订专项研究，2017 年交

---

[1] 参见国务院法制办公室（含国务院法制局）关于《中华人民共和国海商法（草案）》的说明，1992 年 6 月 23 日在七届全国人大二十六次会议上。

[2] 参见胡正良：《论〈海商法〉修改的必要性》，载《当代法学》2003 年第 12 期。

通运输部第三次启动《海商法》修改课题研究工作。2018 年 11 月，《海商法（修订征求意见稿）》在全国范围内广泛征求意见，并明确要重点关注内河运输、船舶污染损害赔偿、港口经营人、航次租船合同等四个焦点问题。2019 年 12 月，《海商法（修改送审稿）》审议通过。在此基础上，司法部于 2020 年 5 月再次向国内部分高校、法院、律师事务所、航运企业、海事主管部门等征求意见。至此，《海商法》也从修改研究工作向立法层面的实质修改迈进了一大步。❶

（3）《港口法》

2003 年，《港口法》首次公布，这是中华人民共和国成立以来第一部对港口业进行全面、系统规范的法律，结束了我国港口行业长期以来无法可依的历史，填补了港口立法的空白。❷《港口法》是我国水路运输法律体系中的一部“龙头法”，主要对港口的规划与建设、港口经营、港口安全与监督管理及其相关活动进行了全面的规范，共计 6 章 61 条。它的出台是我国交通运输领域的一件大事，对加强港口管理、维护港口的安全与经营秩序、保护当事人的合法权益、促进港口的建设与发展，❸ 起到了很好的促进与保障作用。

具体调整内容上，港口规划和建设部分是从港口作为水路运输活动的基础设施的角度对港口活动进行的规定；港口经营部分则是从港口经营人的经营活动以及主管机关对该活动的管理和引导的角度进行的规定，不包括港口经营人作为平等主体所发生的港口经营活动；而港口安全和管理部分则对港口水域和设施的安全和船舶进出港以及港口生产作业的安全进行管理。《港口法》划定了自身的界线，即只调整纵向的港口的基础设施、港口经营和港口安全，而不涉及同样作为水路交通基础设施的航道建设和养护、港口经营人的横向船舶关系和运输关系，不调整沿海和内河水域中的水上交通安全等问题。❹

之后，《港口法》于 2015 年、2017 年、2018 年进行了三次修正（见表 1）。

---

❶ 参见郭萍、黎理：《史径望海，借鉴反思：中国海商法回顾与展望》，载《中山大学学报》2021 年第 2 期。

❷ 参见叶红军：《〈中华人民共和国港口法〉述评》，载《中国海商法年刊》2003 年第 1 期。

❸ 参见 2003 年《港口法》第 1 条。

❹ 参见魏东：《水路交通立法研究》，大连海事大学 2009 年硕士学位论文。

表1 《港口法》相关重要内容的修正情况

修正时间	修正前	修正后
2015 年	2003 年版第 37 条第 2 款：不得在港口进行可能危及港口安全的采掘、爆破等活动……依照有关水上交通安全的法律、行政法规的规定须经海事管理机构批准的，还应当报经海事管理机构批准。	2015 年修正版第 37 条第 2 款：不得在港口进行可能危及港口安全的采掘、爆破等活动……港口行政管理部门应当将审批情况及时通报海事管理机构，海事管理机构不再依照有关水上交通安全的法律、行政法规的规定进行审批。
2017 年	2015 年修正版第 17 条：港口的危险货物作业场所、实施卫生除害处理的专用场所……经依法办理有关手续，并经港口行政管理部门批准后，方可建设。	2017 年修正版第 17 条：港口的危险货物作业场所、实施卫生除害处理的专用场所……经依法办理有关手续后，方可建设。
	2015 年修正版第 56 条第 1 项：……有下列行为之一的，对直接负责的主管人员和其他直接责任人员依法给予行政处分……（一）违法批准建设港口设施使用港口岸线、违法批准建设港口危险货物作业场所或者实施卫生除害处理的专用场所，或者违法批准船舶载运危险货物进出港口……	2017 年修正版第 56 条第 1 项：……有下列行为之一的，对直接负责的主管人员和其他直接责任人员依法给予行政处分……（一）违法批准建设港口设施使用港口岸线，或者违法批准船舶载运危险货物进出港口…… （删除部分规定）
2018 年	2017 年修正版第 25 条第 1 款：经营港口理货业务，应当按照规定取得许可。	2018 年修正版第 25 条第 1 款：国务院交通主管部门应当制定港口理货服务标准和规范。（新增） 2018 年修正版第 25 条第 2 款：经营港口理货业务，应当按照规定报港口行政管理部门备案。
	—	2018 年修正版第 45 条：港口经营人、港口理货业务经营人有本法规定的违法行为的，依照有关法律、行政法规的规定纳入信用记录，并予以公示。 （新增条款）

续表

修正时间	修正前	修正后
2018 年	2017 年修正版第 48 条：有下列行为之一的，由港口行政管理部门责令停止违法经营，没收违法所得……（一）未依法取得港口经营许可证，从事港口经营的；（二）未经依法许可，经营港口理货业务的；（三）港口理货业务经营人兼营货物装卸经营业务、仓储经营业务的。有前款第（三）项行为，情节严重的，由有关主管部门吊销港口理货业务经营许可证。	2018 年修正版第 49 条：未依法取得港口经营许可证从事港口经营，或者港口理货业务经营人兼营货物装卸经营业务、仓储经营业务的，由港口行政管理部门责令停止违法经营，没收违法所得…… （删除部分规定）

（4）《航道法》

《航道法》于 2014 年公布，从航道的规划、建设、养护、保护四方面进行了规范和加强，共 7 章 48 条。《航道法》弥补了我国水路运输法治发展的短板，有利于保障航道畅通和通航安全，促进水路运输发展。

《航道法》施行之前，我国航道管理的依据是国务院于 1987 年制定的《航道管理条例》（2008 修订）。随着水运事业和水资源开发管理体制发生重大变化，《航道管理条例》中的许多规定已不再适应新形势的要求。[1] 而且由于《航道管理条例》的效力层级偏低，所以在法律缺位的情况下，我国航道管理中存在诸多问题，《航道法》成为交通运输系统一直热盼的一部法律。

早在 1995 年，原交通部就已开始着手起草《航道法》。2011 年发布的《国务院关于加快长江等内河水运发展的意见》（国发〔2011〕2 号）中，提出要“加快出台航道法”。而后，《航道法》被列入《十二届全国人大常委会立法规划》和《全国人大常委会 2014 年立法工作计划》。历经全国人大常委会两次审议，《航道法》于 2014 年年底终于出台。[2]《航道法》公布之后，内河航运发展的诸多问题，如统筹考虑各涉水管理领域法律之间的关系，航道建设和养护的

[1] 参见何平：《从管理到共治：航道法的理念跃升与制度完善》，载《武汉理工大学学报》（社会科学版）2018 年第 1 期。

[2] 参见胡正良、孙思琪：《2014—2015 年中国海商法发展综述》，载《中国海商法研究》2016 年第 1 期。

资金来源等，都有了法律的保障和依据。[1] 它的实施，使我国的综合运输体系得到了很大完善。

2016 年，全国人大常委会对《航道法》作了局部修正，其中在第 28 条第 3 款增加了“政府投资项目未进行航道通航条件影响评价或者经审核部门审核认为建设项目不符合本法规定的，负责建设项目审批的部门不予批准”的规定。

2. 行政法规

（1）《国内水路运输管理条例》

2012 年，国务院公布了《国内水路运输管理条例》（国务院令第 625 号），目的是规范国内水路运输经营行为，维护国内水路运输市场秩序，保障国内水路运输安全，促进国内水路运输业健康发展。《国内水路运输管理条例》主要从水路运输经营者、经营活动和辅助业务三个方面进行规范，共计 6 章 46 条，对于促进水运行业管理转型，推动水运行业科学与安全发展，具有十分重要的积极作用。

在《国内水路运输管理条例》施行以前，公布于 1987 年的《水路运输管理条例》（已失效），带有浓厚的计划经济向市场经济过渡时期的特点，并随着经济社会发展和法治建设推进，经历了 1997 年和 2008 年两次局部修正，[2] 对推动国内水路运输市场的发展发挥了重要作用，但也逐渐存在不能适应经济社会发展和法治建设新要求的问题。因此，为了顺应社会主义经济社会发展的新要求，国务院于 2012 年公布了《国内水路运输管理条例》，重新定位法律关系的调整范围，删除了计划经济时期的规定，对于促进水运行业管理转型，推动水运行业科学发展、安全发展，起到关键作用。[3]

2016—2017 年，国务院对《国内水路运输管理条例》又进行了两次修订。其中，2016 年修订仅是措辞上的修改，如将“具备企业法人条件”改为了“取得企业法人资格”。2017 年修订中，对条款内容进行了调整，如对第 14 条第 3 款的内容进行了部分修改，将“海事管理机构办理船舶进出港签证，应当检查船舶的营运证件。对不能提供有效的船舶营运证件的，不得为其办理签证，并应当同时通知港口所在地人民政府负责水路运输管理的部门”修改为“海事管

[1] 参见胡素青：《20 年，一部〈航道法〉的辗转迟来》，载《珠江水运》2015 年第 2 期。

[2] 参见刘海青：《实施国内水路运输管理新条例的思考》，载《中国港口》2013 年第 1 期。

[3] 参见宋德星：《谈〈国内水路运输管理条例〉的十项制度》，载《中国海事》2012 年第 12 期。

理机构在现场监督检查时，发现从事水路运输的船舶不能提供有效的船舶营运证件的，应当通知有关主管部门依法处理”，并删除了“港口所在地人民政府负责水路运输管理的部门收到上述通知后，应当在24小时内作出处理并将处理情况书面通知有关海事管理机构”的规定。

（2）《内河交通安全管理条例》

《内河交通安全管理条例》（国务院令第355号）于2002年公布，主要是为了加强和规范内河交通安全管理和应急保障。其从船舶、浮动设施和船员，航行、停泊和作业，危险货物监管，渡口管理，通航保障，救助，事故调查处理，监督检查等几个方面作了详细规定，共计11章95条。

该条例是在1986年《内河交通安全管理条例》（已失效）基础上全面修改而来。进入21世纪，内河交通运输事业快速发展，但内河航运安全却逐渐被忽视，水上交通安全事故频发。在此背景下，国务院于2002年公布《内河交通安全管理条例》，条文数量比原来多了将近一倍，进一步促使各级政府落实安全生产责任制，促进船舶改善技术状况、提高船员素质，对维护内河交通安全管理秩序，保障内河交通安全发挥了重要的作用。[1]

《内河交通安全管理条例》公布后，于2011年、2017年、2019年进行了三次修订。2011年修订与配套法律的变化相呼应，如将“《中华人民共和国治安管理处罚条例》”修改为了“《中华人民共和国治安管理处罚法》”。2017年修订中，对部分条款作了调整，如将第18条的船舶进出内河港口，“应当向海事管理机构办理船舶进出港签证手续”改为“应当向海事管理机构报告船舶的航次计划、适航状态、船员配备和载货载客等情况”，将第68条中的违法情节“未向海事管理机构办理船舶进出港签证手续”拓展为“未按照规定向海事管理机构报告船舶的航次计划、适航状态、船员配备和载货载客等情况”。2019年修订也是局部修改，如将由国务院渔业行政主管部门依据本条例另行规定之一的“渔船的检验、登记以及进出渔港签证”改为“渔船的登记以及进出渔港报告”，并增加了“渔业船舶的检验及相关监督管理，由国务院交通运输主管部门按照相关渔业船舶检验的行政法规执行”的规定。

---

[1] 参见孙涌新：《实施〈内河交通安全管理条例〉若干问题探讨》，载《中国航海学会2003年度学术交流会论文集专刊》，第116~117页。

（3）《水路货物运输合同实施细则》

1986年，经国务院批准，《水路货物运输合同实施细则》正式公布，目的是规范水路货物运输合同，弥补国内水运市场法律空白的缺憾。该细则是迄今为止调整国内水路货物运输合同的最高位阶特别法，主要从货物运输合同的签订、履行、变更和解除，违反货物运输合同的责任等方面进行规定，共计7章35条。《水路货物运输合同实施细则》是当时施行的《经济合同法》（已失效）的配套法规，具有计划经济的色彩。

2011年，《水路货物运输合同实施细则》进行修订，删去了法规中一些有关计划经济的内容，如第1条法律依据、第3条的指令性计划产品和指导性计划产品的相关规定。

由于其颁布时间比较久远，其规定在某些程度上已不能完全满足现代法律规定和时代环境的需要，根据《国务院关于修改和废止部分行政法规的决定（2022）》（国务院令第752号），该细则于2022年5月1日起废止。

3. 部门规章

（1）《国内水路运输管理规定》

2014年，交通运输部依据《国内水路运输管理条例》制定了《国内水路运输管理规定》（交通运输部令2014年第2号），目的是进一步规范国内水路运输市场管理，维护水路运输经营活动各方当事人的合法权益，促进水路运输事业健康发展。其主要从水路运输经营者、水路运输经营行为、外商投资企业和外国籍船舶的特别规定、监督检查等方面进行规范，共计7章56条。

该规定是在交通运输部公布的《国内水路运输经营资质管理规定》（已失效）、《水路运输管理条例实施细则》（已失效）、《水路运输违章处罚规定》（已失效）等规范性文件的基础上整合、修改、优化而来，有利于加强国内水路运输事项的行政管理。《国内水路运输管理条例》出台后，前述规范性文件同时废止。

《国内水路运输管理规定》经2015年、2016年、2020年进行三次修正。2015年修正，将可以准许外商投资企业经营国内水路运输的部门由“交通运输部”修改为“具有许可权限的部门”，并增加了《水路运输经营者自有船舶运力最低限额表》及《海务、机务管理人员最低配额表（人）》两个附件。2016年修正，删除了交通运输部对“国务院国有资产监督管理机构履行出资人职责的水路运输企业及其控股公司的经营许可”。2020 年修正较多，主要包括四方面内容：一是着力为水路运输企业提供规范、便利、高效的政务服务；二是减轻企业负担，优化水路运输行政审批层级，下放部分客运许可权限；三是增加水路货物运输实名制管理和安全检查有关要求；四是补充了水路旅客运输管理的相关要求。[1]

（2）《国内水路货物运输规则》

2000 年，原交通部公布《国内水路货物运输规则》（交通部令 2000 年第 9 号），作为调整我国沿海、内河以及其他通航水域货物运输的专门性法律文件。[2]《国内水路货物运输规则》是我国国内水路运输双方当事人权利义务归责的主要依据，对国内水路货物运输合同的订立以及国内水路货物运输合同当事人的权利和义务作了明确具体的规定，[3] 成为法院处理国内水路货物运输合同纠纷案件的重要参照。

《国内水路货物运输规则》在我国实际已经走过 40 多年的历史。1979 年，原交通部公布了第一部《水路货物运输规则》（已失效），对计划经济时代的水运市场起到了规范作用。改革开放后，原交通部于 1987 年公布了《交通部水路货物运输规则》（〔87〕交河字 325 号）。随后，1995 年重新修正为《水路货物运输规则》（交通部交水发〔1995〕221 号）。2000 年，参考《海商法》的立法体例，再次进行修改，《水路货物运输规则》也更名为《国内水路货物运输规则》（交通部令 2000 年第 9 号），用于规范国内水路货物运输。2000 年的这次修改不仅对立法体系进行了改变，将调整港口货物作业合同的《港口货物作业规则》（交通部令 2000 年第 10 号）单独制定，还对法律规范进行增删，增加运输单证和实际承运人等相关规范。[4]《国内水路货物运输规则》就此成为国内水路货物运输承托双方及其他主体的行为准则，并在司法实践中广泛适用。之后，根据交通运输部发布的《交通运输部关于废止 20 件交通运输规章的决定》

---

[1] 参见《交通运输部：〈国内水路运输管理规定〉修订解读》，载交通运输部官网，http://xxgk.mot.gov.cn/2020/jigou/fgs/202006/t20200623_3308280.html，2022 年 11 月 1 日访问。

[2] 参见黎艳明：《我国水上货物运输法律体系的完善》，大连海事大学 2017 年硕士学位论文。

[3] 参见刘洋：《〈货规〉被废止对国内水路运输合同法律适用影响的分析》，大连海事大学 2017 年硕士学位论文。

[4] 参见金鑫哲：《〈国内水路货物运输规则〉废止后的法律适用问题研究》，大连海事大学 2017 年硕士学位论文。

（交通运输部令 2016 年第 57 号），《国内水路货物运输规则》于 2016 年 5 月 30 日起正式被废止。

该规则被废止的主要原因在于不符合《立法法》关于部门规章权限范围的规定。《立法法》（2015 修正）第 8 条第 8 项规定民事基本制度只能由法律规定，部门规章在缺乏法律依据的情况下，不得自行设定减损权利、增加义务的规则。原交通部制定的《国内水路货物运输规则》涉及了平等主体之间的民事法律关系，不属于执行法律或者国务院的行政法规、决定、命令的事项，缺乏严格的上位法依据，违背了《立法法》的原则和规定，因此这实际是一部逾越了法定程序和法律规定的规章。[1]

（二）水路交通运输法律体系

1. 现有的水路交通运输法律体系

水路交通运输领域，目前主要有 4 部法律（《港口法》《海上交通安全法》《海商法》《航道法》）和一些行政法规及部门规章。整体法律框架上，2004 年原交通部聚焦公路、水路交通运输发展大趋势，修订了“公路、水路交通法规体系框架和实施方案”，从法律和行政法规层面，对水路交通运输拟定了 15 年法规体系框架。[2] 根据该实施方案的思路，结合已经公布的重要的部门规章，现行有效的法律体系框架下，主要有以下文件。

（1）水运基础设施方面

①港口：《港口法》（2018 修正）、《港口经营管理规定》（2020 修正）、《交通部航行国际航线船舶及外贸进出口货物港口收费规则》。

②航道：《航道法》（2016 修正）、《航道管理条例》（2008 修订）、《航标条例》（2011 修订）。

（2）水路运输方面

《海商法》、《国际海运条例》（2019 修订）、《国内水路运输管理条例》（2017 修订）、《港口间海上旅客运输赔偿责任限额规定》、《国内水路运输管理规定》（2020 修正）、《国内水路运输辅助业管理规定》。

---

[1] 参见李春：《内河货物运输法律适用问题研究》，华东政法大学 2019 年硕士学位论文。

[2] 参见陈煜儒：《交通部拟定 15 年公路水路交通法规体系框架》，载中国法院网，https://www.chinacourt.org/article/detail/2005/06/id/165898.shtml，2022 年 11 月 1 日访问。

（3）水路交通安全和防污染方面

①水路交通安全：《海上交通安全法》（2021 修订）、《内河交通安全管理条例》（2019 修订）、《海上交通事故调查处理条例》、《内河交通事故调查处理规定》（2012 修正）。

②船舶：《船舶和海上设施检验条例》（2019 修订）、《船舶登记条例》（2014 修订）、《船舶载运危险货物安全监督管理规定》（2018）等。

③船员：《船员条例》（2020 修订）、《海船海员适任考试和发证规则》（2022 修正）、《内河船舶海员适任考试和发证规则》（2020 修正）、《船舶最低安全配员规则》（2018 修正）。

④防污染：《防治船舶污染海洋环境管理条例》（2018 修订）。

（4）其他方面

①司法：《海事诉讼特别程序法》。

②执法：《海事行政许可条件规定》（2021 修正）、《海上海事行政处罚规定》（2021）、《内河海事行政处罚规定》（2021 修正）。

2. 水路交通运输法规体系的未来规划

为进一步完善综合交通法规体系，保障和促进加快建设交通强国，交通运输部于 2020 年发布《交通运输部关于完善综合交通法规体系的意见》（交法发〔2020〕109 号），其中规定水路法规系统由水运基础设施法规子系统、水路运输法规子系统、水上交通安全和防污染法规子系统三个子系统构成（见表 2）。

表 2　2020 年我国水路交通运输法律体系规划

子系统	法律	行政法规
水运基础设施法规子系统	《港口法》 《航道法》	《港口管理条例》（待制定） 《航道管理条例》 《航标条例》 《通航建筑物管理条例》（待制定）
水路运输法规子系统	《海商法》 《航运法》（待制定）	《国内水路运输管理条例》 《国际海运条例》

续表

子系统	法律	行政法规
水上交通安全和防污染法规子系统	《海上交通安全法》 《船员法》（待制定）	《内河交通安全管理条例》 《船舶和海上设施检验条例》 《船舶登记条例》 《水上交通事故调查处理条例》（待制定） 《沉船打捞清除管理条例》（待制定） 《防治船舶污染海洋环境管理条例》 《防治船舶污染内河环境管理条例》（待制定） 《潜水条例》（待制定） 《水上人命搜寻救助条例》（待制定）

注：法律法规待制定时间统计截至 2022 年 11 月。

（三）立法评析

1. 综合评析

改革开放后，我国的水路交通运输立法进入了快速发展时期，先后出台了多部法律，制定了大量相配套的行政法规和规章，水路交通运输法规体系建设取得了显著成绩。作为综合交通运输法律体系的重要一环，水路交通运输法律体系日益完善，尤其在水路交通基础设施建设、水上交通管理、水路客货运输等方面，取得不少立法成果。[1] 但是，我国目前的水路交通运输法律法规基础依然薄弱，立法仍存在问题，法律完整性、系统性也有待加强。

2. 现存问题

（1）水路交通运输立法较为滞后、缓慢、缺乏系统性

①从相关文件的制定时间来看，水路交通运输立法大多集中在 20 世纪八九十年代，因此水路交通运输方面的立法也有着修正、完善的历史任务。[2] 2010 年以来，我国对水路交通运输领域的不少法律、法规、规章都进行了多次修正或修订，但仍有部分法律规定比较滞后，甚至在某些程度上已不能完全满足现代法律规定和时代环境的需要。因此，需要加快此方面的立法步伐，促进水路

---

[1] 参见何山石：《我国交通运输立法发展之回顾》，载《交通企业管理》2007 年第 3 期。
[2] 同注[1]。

交通运输的法律治理。

②受立法程序的限制，水路交通运输立法缓慢所带来的法律层次上的缺位，会造成下位法依据不足，从而影响水路交通运输法规体系的建立和完善。[1] 如2016年原交通部废止了一批部门规章，主要原因便是缺乏立法依据，这导致内河货物运输方面最重要的《国内水路货物运输规则》被废止。这种状况难以适应我国交通改革发展和建设社会主义法治国家的需要。

③立法分散，缺乏系统性。应当指出，国内水路交通运输方面迄今为止仍没有一部统一的法律，只有一些具体的行政法规和部门规章，它们分别调整国内水路交通运输中涉及的不同关系。其中，有的法律规定还分散在其他部门法律之中。随着社会经济的不断发展以及我国综合运输体系格局的不断完善，国内水路交通运输由于其大运量、低成本、少污染的运输优势，使其正成为可持续发展型交通运输体系中不可或缺的重要组成部分，因而需要形成系统性的用于调整水路交通运输中的各种社会关系的法律。

（2）水路交通运输法律适用问题——国内水路货物运输的法律呼唤

根据《海商法》第2条第1款，其调整范围是“包括海江之间、江海之间的直达运输”，即只包括国际海上运输和沿海运输，不包括内河货物运输。第2条第2款规定，“本法第四章海上货物运输合同的规定，不适用于中华人民共和国港口之间的海上货物运输”，将沿海货物运输也排除在第四章调整范围之外。因此，从严格意义上来讲，我国不仅在海上货物运输领域存在法律“双轨制”，在国际海上、国内沿海和内陆水域更是存在法律制度的“三轨制”，在水路货运司法领域有三分天下的态势。[2] 国际海上货运由《海商法》和《国际海运条例》等调整；内河货运由《国内水路运输管理条例》等法律法规调整；而沿海货运则分两条线，在合同与主体的法律适用方面，与内河运输适用相同的法律法规，但在合同以外的其他领域，表面上与国际运输适用相同的《海商法》，而事实上却并非如此。例如，当时立法忽略了沿海运输合同承运人的严格责任制，所以在司法实践中很难适用《海商法》中规定的共同海损制度。[3]

相较于成体系的海上货物运输规定，国内水路货物运输法治建设还一直处

---

[1] 参见魏东：《水路交通立法研究》，大连海事大学2009年硕士学位论文。

[2] 参见倪学伟：《沿海、内河货物运输合同关系新探》，载《中国海事》2011年第5期。

[3] 参见周明达、王沐昕：《内河运输呼唤法律》，载《航运交易公报》2018年第50期。

于相对滞后状态，无法有效调整水路运输中的各种民事法律关系。在仅有的法律法规无法涵盖国内水路货物运输可能涉及的所有问题时，《水路货物运输合同实施细则》又被学界和司法实践忽视，且其本身并不完善。[1] 在此背景下，《合同法》和《国内水路货物运输规则》的废止，使国内水路货物运输的法律依据更加缺乏。

《海商法》的修订为国内水路货物运输法律的填补提供了契机。2018 年，交通运输部发布关于《海商法（修订征求意见稿）》公开征求意见的通知，在附件《〈海商法〉修订说明》中写道，基于国内水路货物运输的重要性、《国内水路货物运输规则》废止后带来的法律调整缺失，将国内水路货物运输纳入海商法的调整范围，将“海上运输”的范围扩展为“海上或者与海相通的可航水域的货物运输和旅客运输”，并相应将船舶范围由“海船和其他海上移动式装置”扩大为“海上或者与海相通可航水域的移动式装置”。同时，新增“国内水路货物运输合同”一章（专章形式），对水路货物运输合同中当事人的权利义务作出规定。之后，交通运输部于 2020 年 1 月形成《海商法（修改送审稿）》，将国内水路货物运输合同作为第四章第七节“国内水路货物运输合同”（专节形式），采用“最小双轨制”，参照已废止的《合同法》和《国内水路货物运输规则》的规定，并订立援引条款，即具体规定本章第一节至第六节有关国际海上货物运输合同的规定中哪些可以适用于国内水路货物运输合同。对此，期冀可以早日正式完成《海商法》修订，尽快弥补我国国内水路货物运输领域法律调整的缺失。

3. 展望未来

随着长江经济带的发展和“一带一路”的推进，国内水路货物运输愈发重要，用以规制和保障其发展的法律制度需要更加完备。相关立法部门应结合新形势的要求，加强并完善水路交通运输有关立法，为水运科学发展、和谐发展提供法制保障。

首先，针对水路交通运输立法相对滞后、立法缓慢、缺乏系统性的情况，应按照 2020 年发布的《交通运输部关于完善综合交通法规体系的意见》（交法发〔2020〕109 号），有序开展水路交通运输立法工作，以制定法律、修订法规

[1] 参见李春：《内河货物运输法律适用问题研究》，华东政法大学 2019 年硕士学位论文。

为重点，宏观考虑和整体协调运输、航道、海事、港口法规的制订，已推动完善水路交通运输法规体系。同时应加强立法调研，鼓励不同利益主体充分发表意见，提高立法质量。此外，做好立法后评估工作，全面掌握法规的实施情况和存在问题，为法规修订及相关立法工作提供决策依据。[1]

其次，针对国内水路交通运输法律缺失的情况，考虑到对内河货物运输单独立法的工作难度较大、时间周期较长，因而为尽快解决内河货物运输法律适用问题，目前选择拟将海商法的调整范围由海上扩展至内河水域。在此途径下，修改时应对条文体例设计、具体适用范围、实际承运人、运输单证等问题重点关注，并加快《海商法》修订工作的完成，尽早为国内水路交通运输提供有效法律依据。此外，还需注意，《海商法》在货物运输问题，旅客运输方面的规定也较少，完善工作也需要尽快提上日程。

三、中国水路交通运输法治的司法情况

（一）海事法院设置

中华人民共和国成立之初，我国设有专门的水上运输法院，但根据1957年9月7日发布的《国务院关于撤销铁路、水上运输法院的决定》，水上运输法院自此撤销。之后1984年，为了适应我国海上运输发展的需要，全国人大常委会发布《全国人民代表大会常务委员会关于在沿海港口城市设立海事法院的决定》（主席令第二十号）决定，根据需要在沿海一定的港口城市设立海事法院，规定海事法院仅管辖第一审海事案件和海商案件，不受理刑事案件和其他民事案件。但实际上，目前海事法院已经将国内水路运输合同纠纷列入所管辖的案件范围。从裁判文书网相关案件判决书的内容和数量来看，海事法院早已开始审理水路运输合同纠纷。

（二）代表性司法解释

1.《最高人民法院关于国内水路货物运输纠纷案件法律问题的指导意见》

2012年发布的《最高人民法院关于国内水路货物运输纠纷案件法律问题的指导意见》（法发〔2012〕28号，以下简称《指导意见》），解决了审理国内水

---

[1] 参见谢茂红：《关于水路交通立法的研究》，载《湖南交通科技》2013年第3期。

路货物运输合同纠纷案件中出现的《国内水路货物运输规则》的适用、国内水路货物运输合同的效力、承运人和实际承运人责任、承运人留置权的行使、船舶挂靠和诉讼时效等突出问题。[1]《指导意见》共 13 条，加强了我国海事司法对国内水路货物运输的保障作用，减少了海事审判存在的诸多不统一问题。其中关注最多的是《国内水路货物运输规则》在审判活动中的法律适用问题，根据《指导意见》的规定，《国内水路货物运输规则》不能再直接适用。值得注意的是，《国内水路货物运输规则》被废止后，该司法解释仍然有效，当事人约定适用《国内水路货物运输规则》这一做法仍在延续。

在法律适用问题上，《指导意见》规定："人民法院审理国内水路货物运输合同纠纷案件，应当适用民法通则、合同法等法律的有关规定，同时可以参照《国内水路货物运输规则》的有关规定。海商法第四章海上货物运输合同的规定，不适用于国内水路货物运输。人民法院参照《国内水路货物运输规则》确定当事人权利义务时，应当在判决书说理部分引用论述，但不应作为判决书引用的法律依据。"并且还规定："当事人在国内水路货物运单或者其他运输合同文件中明确约定其权利义务适用《国内水路货物运输规则》规定的，人民法院可以按照《国内水路货物运输规则》的有关规定确定合同当事人的权利义务。"即根据规定，《国内水路货物运输规则》不能作为直接引用的法律依据，只能在说理部分参照适用，只有在当事人明确约定时，才可以直接适用。

2.《最高人民法院关于如何确定沿海、内河货物运输赔偿请求权时效期间问题的批复》

2001 年，最高人民法院针对诉讼时效问题发布《最高人民法院关于如何确定沿海、内河货物运输赔偿请求权时效期间问题的批复》（法释〔2001〕18 号，以下简称《批复》）。在该《批复》中，最高人民法院明确表示，根据《海商法》第 257 条第 1 款规定的精神，结合审判实践，托运人、收货人就沿海、内河货物运输合同向承运人要求赔偿的请求权，或者承运人就沿海、内河货物运输向托运人、收货人要求赔偿的请求权，时效期间为一年，自承运人交付或者应当交付货物之日起计算。在司法实践中，法院也都是依据《批复》确定此类

---

[1] 参见黄晶：《我国〈海商法〉对国内水路货物运输的适用》，载《上海海事大学学报》2018 年第 1 期。

案件的诉讼时效期间为一年。

3. 其他司法解释

整体上多是调整沿海运输及国际海上运输相关内容，针对内河货物运输问题的规范较少。如2020年修正的《最高人民法院关于审理船舶油污损害赔偿纠纷案件若干问题的规定》《最高人民法院关于审理无正本提单交付货物案件适用法律若干问题的规定》《最高人民法院关于审理船舶碰撞纠纷案件若干问题的规定》[1]《最高人民法院关于审理海上货运代理纠纷案件若干问题的规定》《最高人民法院关于审理海上保险纠纷案件若干问题的规定》，以及2008年调整的《最高人民法院关于适用〈中华人民共和国海事诉讼特别程序法〉若干问题的解释》，等等。

（三）司法评析

1. 综评

（1）水路交通运输司法审判工作取得一定成就

一方面，设立了海事法院，形成专门化海事审判格局（我国海事法院目前也承担部分国内水路运输纠纷审理工作）。根据2014年9月最高人民法院发布的《中国海事审判白皮书（1984—2014）》，1992年至2014年9月，全国海事法院在管辖区域内重要港口城市设立了39个派出法庭，分布于全国15个省（自治区、直辖市），就地收案办案，辐射范围涵盖北起黑龙江，南至南海诸岛等中华人民共和国管辖的全部港口和水域。海事法院、所在地的高级人民法院与最高人民法院（原交通运输审判庭，现民事审判第四庭具体负责监督指导），形成“三级法院二审终审制”的海事审判机构体系。之后，2019年中央机构编制委员会作出《中央编办关于设立南京海事法院的批复》（中央编办复字〔2019〕5号），同意设立南京海事法院，成为继广州、上海、青岛、天津、大连、武汉、海口、厦门、宁波、北海之后设立的第11个海事法院，并下设4个派出法庭。2019年4月，最高人民法院发布《中国海事审判白皮书（2015—2017）》，指出经过30余年的发展，我国已经成为世界上海事审判机构最多最齐全、海事案件数量最多的国家。另一方面，不断探索完善水路交通运输法律

---

[1] 《最高人民法院关于审理船舶碰撞纠纷案件若干问题的规定》（2020修正）适用范围不包括内河船舶之间的碰撞。

制度，推动水路交通运输相关立法，从而为审判提供制度保障。通过公布司法解释、发布典型案例等方式，逐步实现了对常规性纠纷的“全覆盖”，保障了法律的统一、规范适用。

（2）司法现状：法律不能满足司法需求

《中国海事审判白皮书（2015—2017）》中指出，2015—2017 年全国 10 家海事法院受理一审海事海商案件 68 445 件，其中涉外、涉港澳台一审案件 8181 件（占案件总数的 11.95%）。从上述统计数字可以看出，中国海事法院审理的案件主要是国内水路运输纠纷案件，国际运输（包括港澳台）纠纷案件占比较少。这意味着少量审理的案件有特别法可依（国际海上货物运输合同由《海商法》的第四章调整），而绝大多数案件则无特别法可依（国内水路货物运输合同没有特别法规范调整），只能依靠法官的自由裁量权。[1] 而旅客运输合同则深陷窘境，涉江河、湖泊以及其他通航水域的旅客运输合同均没有特别法律规范调整，但客运量几乎为零的国际旅客运输合同则由一部特别法调整。[2] 直到现在，在国内水路运输方面依旧存在立法空白，造成司法审判困难。

（3）已废止的《国内水路货物运输规则》处理纠纷效果更好

首先，2021 年 1 月 1 日《民法典》生效之前，国内水路货物运输纠纷中，法院判决的主要依据是原《合同法》，在中国裁判文书网站上检索 2008 年至 2020 年案例进行分析，《合同法》的适用最为频繁，占比 65.9%。原《民法总则》与《民法通则》的适用共同占比 11.4%，《国内水路货物运输规则》《指导意见》《海商法》及其他的适用分别占比 6%、6%、3% 和 7.7%。[3]

其次，在司法效果上，适用《民法典》总则编和合同编并不能满足司法审判的需要，此类案件审理参照已废止的《国内水路货物运输规则》效果良好。《民法典》合同编针对的是所有运输方式，不可能对国内水路运输合同作出全面规定，相较而言，《国内水路货物运输规则》的规定则比较全面具体。其较好地解决了水路货物运输最具争议的实际承运人的识别、承运人和实际承运人

---

[1] 如前文所述，国内水路货物运输法制建设却一直处于相对落后状态，依据现行《民法典》总则编、合同编，无法有效调整水路运输中的各种民事法律关系，需要依靠法官的自由裁量权。

[2] 参见王沐昕：《关于水路运输合同的立法研究》，载微信公众号“水路运输法研究中心”，2021 年 7 月 29 日。

[3] 参见黄晶：《中国水路货物运输案件司法诉讼现状、特征及启示——基于中国裁判文书网案例的实证分析》，载《中国海商法研究》2021 年第 2 期。

连带责任的认定、收货人向承运人索赔的权利这三个焦点问题，曾在我国国内水路货物运输方面发挥了重要作用。2016 年《国内水路货物运输规则》废止后，法院在认定效力时，认为虽然《国内水路货物运输规则》已经被废止，但是合同双方当事人在签订合同时都自愿选择受其约束，并不违反法律规定。因而在司法实践中法院还是习惯依据《国内水路货物运输规则》来审理案件。但是我国是成文法国家，意味着法院审理案件只能依据现行有效的成文法。在《国内水路货物运输规则》已经被废止的情况下，部分法院仍将其作为审理案件的依据的合理性遭到部分学者质疑。[1]

2. 问题

（1）法律适用存在多样性

我国水路货物运输合同纠纷在法律适用方面具有多样性，即全国没有一个统一的海事司法制度，而是“一个法官一种观点”，自由裁量权泛滥。例如，在南方的海事法院，对于承运人因运费或滞期费而留置船载货物的案件，基本上都以承运人侵犯运单收货人的货物所有权为由判决承运人败诉。而在北方的海事法院，对于此类案件，有的海事法院就判决承运人有权基于运输合同留置船载货物。[2] 在这种情况下，全国 11 个海事法院迫于无奈，组织庭长会议，来总结研究司法实践中存在的问题，统一法律适用的方案，以作为“准法律”在各海事法院实施。这种会议实际上包含了一定的“立法”工作，而此种“立法”行为本质上是违背法律的，但面对如此庞杂的海事海商案件，在中国水路交通运输立法处于空白的局面下，他们的做法也有一定益处。

（2）法律适用存在冲突、不协调

以诉讼时效为例，根据《最高人民法院关于如何确定沿海、内河货物运输赔偿请求权时效期间问题的批复》，国内水路货物运输的诉讼时效为一年，在司法实践中，法院也都是据此确定此类案件诉讼时效期间为一年。即使 2016 年《国内水路货物运输规则》已经被废止，该批复在司法实践中仍被使用。如湖北省高级人民法院在 2016 年 12 月 2 日作出的（2016）鄂民终 1564 号民事判决

---

[1] 参见张洪涛、徐智宏：《国内水路运输应纳入海商法调整》，载微信公众号“大海法”，2018 年 8 月 3 日。

[2] 参见王沐昕：《关于水路运输合同的立法研究》，载微信公众号“水路运输法研究中心”，2021 年 7 月 29 日。

书、天津海事法院在2017年10月23日作出的（2017）津72民初319号民事判决书中，就都引用该批复作为判断诉讼时效是否届满的依据。[1] 但是，一方面，目前公布的《海商法（修订征求意见稿）》中已经将国际海上货物运输和国内水路货物运输的诉讼时效期间规定为二年；另一方面，《民法典》总则编中也将诉讼时效从二年改为三年。在这些背景下，水路货物运输的诉讼时效仍为一年确实有不合理之处。

（3）审判质量仍须提升

2012年全国海事审判工作会议上，时任最高人民法院民四庭庭长刘贵祥在总结讲话时指出，海事审判存在以下问题："一是有些判决依然存在法律适用错误的问题，特别是对如何准确适用和理解《海商法》的相关规定，如何处理《海商法》与其他法律的关系依然存在模糊认识；二是有些判决对案件基本事实没有查清，从而不能准确认定法律关系，判定法律责任；三是有些判决的本院认为部分或者只有结论，没有说理，对事实认定和法律依据的阐述过于简单，或者本院认为部分的表达缺乏逻辑，层次混乱；四是有些裁判文书案由表述不准确，甚至出现错别字或漏字等低级错误。"这些问题，至今在国内水路运输纠纷审判工作中时有存在，这对树立良好的水路交通运输司法形象、提升司法公信力产生不利影响。

3. 展望

一是要统一水路交通运输纠纷的裁判尺度。一方面，加快实现国内水路交通运输"有法可依"。尽快完成《海商法》的修订工作，补充完善相关行政法规规章，对国内水路交通运输予以规制。另一方面，要加强司法解释工作。在对沿海、内河货物运输有关问题进行充分考察调研的基础上，针对审判实践中争议较大的问题进行总结，推动常见问题及疑难问题司法解释化，从而有效指导国内水路交通运输审判工作，统一水路交通运输纠纷的裁判尺度。

二是解决诉讼时效等法律适用不协调的问题。随着《民法典》施行，《海商法》未来正式修订后，相关司法解释的效力需要重新进行认定，以保持一致，若诉讼时效过短导致权利人权利保护期过短，从而得不到充分的赔偿。

---

[1] 参见胡正良、孙思琪：《我国〈海商法〉修改的基本问题与要点建议》，载《国际法研究》2017年第4期。

三是着力提升审判质量。第三次全国涉外商事海事审判工作会议中提出要实施精品战略，这是海事审判工作的重要指导思想。各级海事法院应当树立精品意识，自觉查找差距，进一步完善审判管理系统，建立定期的案件质量评查机制，及时发现问题，采取有针对性的措施予以整改。同时，重视裁判文书出精品，在立案庭审等程序中也真正做到认定事实清楚、审理程序规范、适用法律正确和裁判结果公正。

四、中国水路交通运输法治的执法情况

（一）中国水路交通运输执法的政策

1. 正向支持引导的举措

（1）综合行政执法改革

根据《中共中央办公厅、国务院办公厅印发〈关于深化交通运输综合行政执法改革的指导意见〉的通知》（中办发〔2018〕63 号），将交通运输系统内公路路政、道路运政、水路运政、航道行政、港口行政、地方海事行政、工程质量监督管理等执法门类的执法职能进行整合，组建交通运输综合行政执法队伍，以交通运输部门名义实行统一执法。整合组建执法队伍，对于强化执法职能、减少多头多层重复执法具有重要意义，多地也已经开始试点工作。

在综合行政执法配套规范上，《交通运输综合行政执法事项指导目录（2020 年版）》的印发实施是全面落实清权、减权、制权、晒权等改革要求的重要举措。各地方交通运输主管部门应当根据有关规定建立交通运输综合行政执法事项目录，并进行动态调整，执法事项、执法依据、实施程序、监督方式等也应依法向社会公开。

（2）优化管理模式

2021 年，交通运输部海事局发布《全要素水上“大交管”建设工作方案》（以下简称《方案》），统筹构建全要素集成的水上“大交管”管理模式。《方案》指出，建设全要素水上“大交管”要重点实现四个目标：一是全水域覆盖，海事监管与服务全面覆盖我国内河、沿海及国际重要通道，实现水上监控目标“看得见、听得到、传得回”。二是全数据集成，实现数据资源跨部门、跨行业、跨区域流动共享，实现基于大数据分析的决策研判及可视化展示。三是全业务协同，实现水上交通安全管理、现场监督执法、海事业务办理、应急

处置、综合服务等业务高度融合高效协同。四是全要素管理，统筹行业要素、管理要素和社会要素，建立共建、共治、共享的水上交通安全监管大格局，推动涉水事务由条块分割向全要素管理转变。[1] 并决定在上海、浙江、江苏开展建设全要素水上“大交管”试点工作，之后逐步在全国推广实施。

（3）推进简政放权、规范精简执法事项

交通运输部进一步深化简政放权，激发市场活力。一方面，持续精简行政许可事项，自 2015 年“放管服”改革[2]以来，分批次取消、下放行政许可事项。如在水路运输领域，取消国际集装箱船、普通货船运输业务审批等七项行政许可事项，下放港口设施保安证书核发等三项行政许可事项管理层级。[3] 加快转职能、提效能，在“证照分离”改革方面持续发力。另一方面，加强对行政处罚、行政强制事项的源头治理，实行执法事项清单管理制度，并依法及时动态调整。凡没有法律、法规、规章依据的执法事项一律取消，对长期未发生且无实施必要的、交叉重复的，大力清理，最大限度减少不必要的行政执法事项，切实防止执法扰民。[4]

（4）处罚与教育相结合

2021 年《交通运输部关于建立交通运输行政执法规范化长效机制的意见》（交法发〔2021〕115 号）指出，要推行轻微违法告知承诺制。全面落实行政处罚法的规定，当事人发生属于轻微违法告知承诺制范围的违法事项，违法行为轻微没有危害后果或者初次违法且危害后果轻微，且当事人及时改正的，对当事人依法不予行政处罚，并采取签订承诺书等形式教育、引导、督促其自觉守法。适用告知承诺制的违法事项实行清单化管理，并根据法律法规修订和执法实践进行动态调整。坚持处罚与教育相结合，推广说理式执法，及时纠正违法

---

[1] 参见《全要素水上“大交管”建设方案发布》，载中国交通新闻网，https://sxth.mot.gov.cn/xw_1/jtxw/202109/t20210928_237801.html，2022 年 11 月 3 日访问。

[2] 2015 年 5 月 12 日，国务院召开全国推进简政放权放管结合职能转变工作电视电话会议，首次提出了“放管服”改革的概念。放管服，就是简政放权、放管结合、优化服务的简称。“放”即简政放权，降低准入门槛。“管”即创新监管，促进公平竞争。“服”即高效服务，营造便利环境。这是党的十八大后深化行政体制改革、推动政府职能转变的一项重大举措。

[3] 参见《坚持立法先行深化简政放权　交通运输部全面推进法治政府部门建设》，载微信公众号“交通运输部”，2020 年 4 月 12 日。

[4] 参见《中共中央办公厅、国务院办公厅印发〈关于深化交通运输综合行政执法改革的指导意见〉的通知》，中办发〔2018〕63 号，2018 年 11 月 26 日发布。

行为并对当事人加强教育，杜绝以罚代管、一罚了之。

同时，以附件形式发布《交通运输领域轻微违法行为依法免予处罚高频事项清单（试行）》，其中涉及水路运输的免罚事项共计 13 项，并注明其适用条件（须同时满足）。具体包括：①对从事水路运输经营的船舶未随船携带船舶营运证件的处罚；②对水路旅客运输代理、货物运输代理业务经营者未履行备案义务或者报告义务行为的处罚；③对水路运输企业未按规定报送从业人员信息的处罚；④对触碰航标不报告的处罚；⑤对过闸船舶未按规定向通航建筑物运行单位如实提供过闸信息的处罚；⑥对个人在航道内设置渔具或者水产养殖设施或在内河通航水域的航道内养殖、种植植物、水生物或者设置永久性固定设施的处罚；⑦对船舶未按照规定随船携带《船舶现场监督报告》《船旗国监督检查报告》《港口国监督检查报告》的处罚；⑧对船员未如实填写或者记载航海日志或轮机日志有关船舶法定文书的处罚；⑨对未将船舶识别号在船体上永久标记或者粘贴的处罚；⑩对船舶未随船保存自查记录的处罚；⑪对船长未如实记载船员的履职情况的处罚；⑫对船员在工作期间未随船携带规定的有效证件的处罚；⑬对船舶未按国家有关规定使用岸电的处罚。

（5）加强水路执法队伍建设

执法保障上，进一步加强执法人员职业道德教育和业务能力培训，提升执法人员业务水平和综合素质。2021 年《交通运输部关于进一步深化交通运输法治政府部门建设的意见》（交法发〔2021〕125 号），提出应严格落实《交通运输行政执法人员职业道德规范》《交通运输行政执法禁令》《交通运输行政执法风纪规范》，严守执法纪律、严肃执法风纪，着力锤炼过硬执法作风。并加强执法队伍专业化职业化建设，在完成政治理论教育和党性教育学时的基础上，确保每名执法人员每年接受不少于 60 学时的业务知识和法律法规培训。

此外，2021 年还发布了《交通运输部办公厅关于印发〈交通运输综合行政执法队伍素质能力提升三年行动方案（2021—2023 年）〉的通知》（交办法〔2021〕5 号），对未来三年综合行政执法队伍素质能力提升工作的主要目标任务提出了具体要求。这里提到的素质能力是指交通运输综合行政执法队伍依法履职、严格规范公正文明执法所必需的基本素质和能力，主要包括政治素质、专业素质、执法能力、服务能力、基层基础等方面。[1] 围绕这些方面制定相应举措，从而提升执法人员素质能力，增强执法的权威和公信力。

2. 反向规制的举措

（1）基础设施违法建设的专项整治

2016 年，交通运输部发布《交通运输部办公厅关于开展全国内河重点水域港口码头“未批先建”专项整治工作的通知》（交办水函〔2016〕487 号）。

2016 年，经交通运输部同意，开展全国内河“两横一纵两网十八线”港口码头“未批先建”专项整治工作，整治时间为 2016 年 6 月至 2017 年 12 月，目的是有效遏制内河港口码头“未批先建”行为，保障港口工程基础设施和营运安全，促进内河航运健康发展。本次整治工作范围包括在全国“两横一纵两网十八线”内河重点水域的港口总体规划范围内，占用港口岸线但未取得项目立项审批、核准或备案手续，或已取得审批、核准或备案手续但未取得初步设计批复、未通过危险货物建设项目安全条件审查，已实际开工建设或已建成违规经营的经营性港口码头。

（2）水上客货运输方面的专项整治

① 2014 年，交通运输部、原国家安全生产监督管理总局发布《关于开展水上交通安全“打非治违”专项整治活动的通知》（交海发〔2014〕72 号）。

我国一些地方仍存在着船舶非法营运、船舶非法施工、船舶非法渡运、内河船舶非法从事海上运输、船厂非法修造船舶、码头非法运营、船员非法开船、船舶管理公司“代而不管”、公司出借经营资质等非法违法、违规违章现象。这些现象的存在，给水上交通安全带来了重大隐患。为有效打击上述非法违法及违规违章行为，交通运输部、原国家安全生产监督管理总局决定联合开展水上交通安全“打非治违”专项整治活动，专项整治活动时间为 2014 年 3 月 21 日至 12 月 15 日。整治重点如下：1）打击“三无”船舶从事运输；2）打击船舶非法从事水上施工、运输；3）打击非法采砂、非法过驳；4）治理无证及证书不全船舶参与运输行为；5）治理危险品谎报瞒报行为；6）治理“代而不管”公司和“让代不让管”船舶；7）治理违法渡运行为。

---

[1] 参见王海峰：《〈交通运输综合行政执法队伍素质能力提升三年行动方案（2021—2023 年）〉解读》，载《中国海事》2021 年第 2 期。

② 2014 年，交通运输部发布《关于深入开展水上客运安全专项整治活动的通知》（交海函〔2014〕707 号）。

水上交通安全压力仍然较大，水上交通事故特别是水上客运船舶事故仍时有发生。为深刻吸取事故教训，控制水上客运安全风险，维护水上客运安全形势稳定，开展水上客运安全专项整治工作。集中精力解决水上客运安全重点难点问题，坚决遏制重特大事故的发生，为经济社会持续健康发展、人民群众安全便捷出行提供良好的交通运输安全保障。积极推进水上客运规范化、规模化，进一步落实客渡标准船型，加强玻璃钢船艇检验工作，提高客运船舶灾害预防能力，强化船舶现场监管工作，完善水上安全管理法规规范体系。

③ 2015 年，交通运输部、原国家安全生产监督管理总局发布《关于开展水上非法运输专项整治活动的通知》（交海函〔2015〕183 号）。

我国水上交通领域仍不同程度地存在非法运输行为，且个别地区问题较为突出，事故时有发生。为巩固“打非治违”专项整治活动成效，加大对水上交通领域非法运输行为的打击力度，维护水上交通安全形势稳定，交通运输部、原国家安全生产监督管理总局决定联合开展水上非法运输专项整治活动，专项整治活动时间为2015 年4 月1 日至11 月15 日。整治重点如下：1）严厉打击船舶非法超航区航行行为；2）打击“三无”船舶非法运输行为；3）打击船舶证照不齐非法运输行为；4）打击船员配备不足非法运输行为；5）打击非法渡运行为。

（3）危险品运输方面的规制

① 2006 年，海事局发布《关于印发水上危险品运输“百日会战”安全专项整治行动实施方案的通知》。

开展水上危险品运输安全专项整治行动，目的是解决全国开展船舶载运危险化学品运输安全专项整治中发现的突出问题，进一步强化水上危险品运输安全管理。同时，通过集中优势力量，加大监督检查力度，提高水上危险品运输的安全管理水平，确保水上安全形势稳定。并重点加强对水上危险品运输薄弱环节的安全监管力度，及时发现和纠正水上危险品运输中存在的重大缺陷和潜在的事故隐患，打击水上危险品运输瞒报谎报行为，有效防止重特大事故的发生，提高船员、船舶、船公司、码头所有人及经营人和相关单位的安全防范意识。整治重点如下：1）强化从业单位和人员管理，严控源头；2）强化集装箱开箱检查，查控瞒报谎报；3）强化散装危险化学品码头检查，消除安全和污染隐患；4）强化小型液货船监管，提高运输水平。

② 2014 年，交通运输部发布《关于加强危险品运输安全监督管理的若干意见》（交安监发〔2014〕211 号）。

由于危险品运输安全生产重、特大事故时有发生，故为坚决遏制危险品运输安全生产事故的发生，加强危险品运输安全的监督管理，2014 年交通运输部发布了该意见，具体包括严格危险品运输市场准入、强化危险品运输安全监督管理、推进危险品运输安全生产风险管控、加强从业人员培训和监管队伍建设、严肃危险品运输安全生产事故调查处理、建立危险品运输安全生产长效机制六个方面。

（4）对执法乱象的规制

①水上“三乱”防治工作。

水上“三乱”（乱设站、乱收费、乱罚款）的防治是交通部门反腐败工作的一项重要内容。为防治水上“三乱”，我国曾于 1996 年发布《交通部关于开展水上“三乱”防治工作的通知》（交水发〔1996〕399 号），于 2000 年发布《交通部关于治理水路“三乱”有关问题的通知》（交水发〔2000〕209 号）等文件。这些文件要求各级交通运输部门对水运方面的“三乱”问题应予以重视，发现问题要及早采取措施，把问题解决在萌芽状态，防止问题扩大蔓延。禁止在水路上乱设站、乱收费、乱罚款，对治理水上“三乱”不力的，要追究领导的责任，要坚决处理一批乱检查、乱收费、乱罚款的单位和个人，切实减轻企业和船民的负担，树立交通系统的良好形象。重点检查水路检查站（点、卡）设置情况；项目、罚款项目及标准是否合法；各种收费项目的收费部门是否分清；有无非法收费项目及代征其他部门规费的现象；有无利用职权对过境船舶索要财物、收受贿赂及推销商品、强买强卖的情况；有无不使用规定的罚没款票据，处罚违章不给凭证、罚款金额与票据不符的情况。

②2021 年，交通运输部发布《关于印发〈交通运输执法领域突出问题专项整治行动方案〉的通知》。

《交通运输执法领域突出问题　专项整治行动方案》以维护交通运输从业人员合法权益、清理不合理行政处罚规定和严禁乱罚款为着力点，旨在解决交通运输行政执法队伍中存在的宗旨不牢、作风不优、本领不强、担当不力、执法不廉等突出问题。通过组织开展执法顽瘴痼疾清理整治，讲政治、优作风、强服务专题教育，执法隐患排查防控等行动，切实规范执法行为。

③规定执法禁令。

执法禁令是交通运输行政执法人员在执法活动中应当坚决遵守和执行的禁止性规定。2021 年，交通运输部发布的《交通运输行政执法禁令》中规定了 10 条禁令：严禁漠视、侵害从业人员合法权益；严禁随意扣留车船、证件或财物；严禁随意拦截正常行驶、航行的车船；严禁以罚代管、一罚了之；严禁趋利执法；严禁以权谋私；严禁未经查实案件事实作出处罚决定；严禁粗暴执法；严禁选择性执法；严禁无执法证件从事执法。这些禁令充分总结了执法实践中的突出问题，有利于坚决整治执法乱象，划定交通运输行政执法的高压红线。

（5）对行政执法监管的规制

2021 年，交通运输部发布的《交通运输部关于严格规范公正文明执法的意见》（交法发〔2021〕53 号）中从内部监督、层级监督、外部监督三方面提出意见，严格执法监督和执纪问责。一是加强内部监督，严格落实行政执法“三项制度”，充分发挥执法案件内部审核审批程序监督作用，对于发现的问题依法严肃查处追责。二是强化层级监督，深入推进交通运输行政执法评议考核制度，完善执法办案评价指标体系和考评体系，对考核不合格单位和个人，通过纠正、约谈、通报批评、调离岗位等方式及时处理。三是畅通社会监督，深入推进执法公开化、透明化，依法及时准确公开执法职责、执法依据、执法办案程序、监督举报方式等。

同年，交通运输部办公厅还发布了《加强和规范交通运输事中事后监管三年行动方案（2021—2023 年）》（以下简称《行动方案》）及其附件《水路运输领域事中事后监管三年行动工作任务》等文件，更好地实现了对水路执法行为的监管。《行动方案》坚持问题导向，提出五个主要任务：明确监管事项和职责、完善监管制度和规范、创新完善监管方式、提升监管效能、分领域着力深化事中事后监管。针对水路领域，重点加强水路运输市场监管、港口市场监管、航道管理、水运建设市场监管、市场信用监管。

（二）执法评析

1. 综合评析

近年来，交通行业主管部门全面推行依法行政，不断加强水上交通运输法治建设。不论是在执法手段、执法体制、执法保障，还是在执法效果、执法监督等方面都有显著提升，[1] 水上交通行政执法工作取得了突破性进展。

一方面，水上交通运输违法行为防治取得良好成效。随着交通行政执法领域法律法规和政策的不断完善，加之持续深入开展各种专项整治行动，加强打击惩处力度，水上交通运输秩序管理正日趋完善，水运基础设施违法建设、水路运输违规行为、水上交通安全违法行为等也得到一定控制。另一方面，行政执法乱象得到有效遏制。交通行政执法责任制的推行，交通执法监督机制的建立，不良行政行为的整顿，使得行政执法逐步走向规范、公正、文明。交通行政执法人员的个人素质和服务意识也有所增强，执法权威和执法形象得到提升。

2. 当下存在的问题

（1）水上运输市场违法行为的规制中的难点

一是水上交通违法行为数量仍然较多。其主要原因在于，部分水路行政管理相对人对法规不熟悉、不重视，文化基础差、技术水平低，加上受利益驱动，知法犯法，使得水路交通运输事故频发，给人民的生命和财产带来重大的损失。[2] 二是基层港航海事执法本身难度大，执法环境复杂，风险大，并难以得到船员、港航企业等社会公众的认可。[3] 有些水上从业人员不但不配合海事执法，而且干扰正常执法工作，群体起哄、蒙骗执法等现象时有发生，[4] 使现场执法难点久攻不克。

（2）执法工作中的问题

一方面，水上依法行政的落实还不够到位，还存在某些执法乱象。一是有些执法人员在执法过程中，不严格依法行政，不文明执法，在处理违章行为时，造成行政处罚不当，轻违重罚。二是有些执法人员专业素质也偏低，专业能力还需提高。执法人员中拥有法学专业背景的人才比例不高，或者执法人员法律知识面比较狭窄，法律应用能力有所欠缺，使得水上行政执法部门的整体工作能力水平不高。[5] 另一方面，执法范围较广，执法人员不足。部

---

[1] 参见洪法龙：《地方海事的执法难点及对策研究》，载《中国水运》2017 年第 3 期。

[2] 参见黄兆牛、欧志锋：《规范水路行政执法行为势在必行》，载《中国水运》（学术版）2007 年第 2 期。

[3] 参见袁志斌：《港航海事基层执法能力建设浅析》，载《卷宗》2019 年第 2 期。

[4] 同注[1]。

[5] 参见冯小燕：《关于完善内河海事行政处罚的若干思考》，载《中国航海学会内河船舶驾驶专业委员会 2015 年年会暨学术研讨会论文集》，第 117～120 页。

分地区交通运输部门对内河航道行政执法工作还不够重视，在较长一段时间内，我国有超过四成的内河航道行政执法部门工作人员的数量达不到所需数量，这一现象在一些水路、经济欠发达地区的海事机构表现得尤为突出。[1] 执法人员的不足，使得国内水上行政执法工作开展存在障碍。

（3）管理体制还需完善

水上交通管理体制目前还在改革，我国很多地区的内河航道执法工作管理体制不够完善。不仅海事系统内部管辖权存在交叉，海事与渔政、港口管理、公安消防等部门，在船舶缴纳规费、发生水上事故、船舶火灾及码头货物装卸等方面也存在着职能重叠，导致实际工作过程中容易出现权责不明的情况。[2] 此外，在综合行政执法试点地方，随着工作的深入开展，各地改革试点中也出现了一些问题和矛盾，如综合执法机构与相关职能部门的职责划分不够合理、工作关系尚未理顺，从而影响了综合执法的成效。[3]

3. 对未来的展望

（1）在水上交通违法行为方面

一方面，针对目前很多地方水上交通法律法规普及不足的情况，各地管理部门要加强相关法律的宣传教育工作，从而提高船舶运输者的安全意识和法治观念，避免因不懂法而犯法的情况出现，减少水上运输违法行为数量。具体而言，不仅可以通过广泛宣传内河船非法从事海上运输行为的危害性和应承担的法律责任，还可以大力宣传海事管理机构强化内河船舶非法从事海上运输的惩治措施和成效，引导企业、船舶、个人增强安全意识和责任意识，营造社会关注和重视水上交通安全的良好氛围。[4] 另一方面，针对目前重点突出的水上违法行为，可以针对性地开展阶段专项整治工作，打击这些违反海事行政管理秩序的行为，主动出击让违法砂石船不敢“露头”，[5] 严厉查处“三无”船舶运

---

[1] 参见熊哲：《内河航道行政执法中遇到的挑战及改进措施》，载《中国水运》2016 年第 10 期。

[2] 参见袁媛：《内河海事行政执法研究》，江西财经大学 2018 年硕士学位论文。

[3] 参见中国行政管理学会课题组：《推进综合执法体制改革：成效、问题与对策》，载微信公众号“交通执法之家”，2019 年 8 月 13 日。

[4] 参见原萍：《海域“内河船”非法海上运输行为海事监管研究》，大连海事大学 2020 年硕士学位论文。

[5] 参见庞博：《重拳出击 让违法砂石船无处遁形 —— 宁波海事局砂石船治理纪实》，载《中国海事》2017 年第 10 期。

输（内河船舶非法参与海上运输活动）等行为。此外，我国某些水上交通法律法规的惩处力度不足，导致很多人铤而走险、知法犯法，对此有必要适当提高部分规定的惩处力度。

（2）在执法工作方面

水上交通执法应依照《交通运输部关于严格规范公正文明执法的意见》（交法发〔2021〕53 号），落实严格规范公正文明的执法要求，着力解决执法队伍本领不强、执法不廉等问题。执法过程中不仅要做到执法行为规范化，还需要增强对执法文书、执法程序、执法证书等内容的规范。同时，各地方应健全执法监督机制与责任处罚制度。交通运输主管部门应当建立执法培训、岗位交流、督查考核和责任追究等制度，通过案卷评查、组织考试、受理投诉举报等方式，加强对行政执法业务工作的指导、监督和执法人员的培训，并定期开展执法机构和执法人员评议考核，加强行政执法职权行使和监管责任履行情况的检查、评价和结果运用。[1] 此外，还需要进一步加强执法队伍建设，优化改进执法方式，提高水上交通执法工作的质量。

（3）在体制管理方面

一方面，加快水上综合行政执法体制的完善。对目前海事执法面临的职责交叉、越位、缺位、不到位等问题进行梳理，划定海事部门执法边界，明晰职责交叉的处理，规范内部执法履职标准，为有效开展现场综合执法和规范安全履职提供指引。[2] 同时，制定执法事项清单及工作标准，统一现场综合执法规范，形成职责清晰、权责对等的执法机制。[3] 另一方面，针对施行综合行政执法的试点地区所发现的问题，在职权法定原则与行政保留原则统一的前提下，遵循合理性原则与行政效率原则，明确执法权集中的标准，贯彻“整体政府”理念，以保障改革符合我国法治原则与精神。[4] 对机构编制、执法人员、执法资源等内容进行优化，整合执法资源，加强机构和人员的规范化管理，从而推进全国范围内的综合行政执法。

---

[1] 参见《四川省交通运输综合行政执法条例》，载《四川日报》2021 年 10 月 18 日，第 6 版。

[2] 参见庄肃晓：《“放管服”背景下的海事基层执法优化研究》，浙江大学 2018 年硕士学位论文。

[3] 参见蔡明炜：《海上交通执法改革研究——以宁波海事局为例》，浙江大学 2018 年硕士学位论文。

[4] 参见杨丹：《综合行政执法改革的理念、法治功能与法律限制》，载《四川大学学报》（哲学社会科学版）2020 年第 4 期。

五、中国水路交通运输法治的理论研究

（一）学界理论研究总览

1. 关于法律法规的研究

在国内水路运输法研究方面，周明达主编的《水路运输法教程》一书是笔者检索到的唯一一部以沿海与内河运输法律关系为研究对象的力作。该书对水路运输法的基础知识、发展历程、法律体系以及与海商法的关系等内容进行了概述，并以专章形式对水路运输合同法、物权法、侵权法、保险法等内容详细介绍，涵盖内容十分全面。[1]

此外，水路运输法的整体研究，大多涵盖于“交通运输法”相关研究专著中，以专章的形式呈现，并对水路运输涉及的基本理论进行介绍。如郑国华主编的《交通运输法教程》（第二版）中，将“水路运输法规”一章分为了水路运输及其法律适用、水路货物运输合同、水路旅客运输合同、水路运输保险与报价四部分。[2] 陈家宏等编著的《交通运输法》一书中，“国内水路运输法”还增加了对国内水路运输的行政监管的阐述。[3] 郑翔、张长青所著《交通运输法》一书则从概述、水路旅客运输、水路货物运输、水路运输安全管理、航道管理、港口法律制度五个方面进行介绍。[4]《中国交通运输改革开放40年（综合卷）》一书对各种交通法规从时间上做了梳理，水路立法涵盖其中，并在水运篇对法制建设情况进行总结。[5]

关于立法系统性论述的期刊论文较少。魏东在《水路交通立法研究》一文中认为，我国水路交通立法仍存在很多问题，与国外发达国家立法以及国际惯例相比，尚有一定的距离，需要在理论上研究水路交通法规体系，在既兼顾科学性和合理性，又兼顾立法的迫切性的基础上，适时调整水路交通法规体系框架。[6] 谢茂红在《关于水路交通立法的研究》一文中，分析了我国目前立法工

---

[1] 参见周明达主编：《水路运输法教程》，人民交通出版社股份有限公司2017年版。
[2] 参见郑国华主编：《交通运输法教程》（第二版），中国铁道出版社2009年版。
[3] 参见陈家宏等编著：《交通运输法》，西南交通大学出版社2014年版。
[4] 参见郑翔、张长青：《交通运输法》，北京交通大学出版社2018年版。
[5] 参见中华人民共和国交通运输部《中国交通运输改革开放40年》丛书编委会编：《中国交通运输改革开放40年（综合卷）》，人民交通出版社2018年版。
[6] 参见魏东：《水路交通立法研究》，大连海事大学2009年硕士学位论文。

作的实际情况，提出要以制定法律、修订法规为重点，完善水路交通法规体系，水路交通部门应树立与时俱进的立法理念，加强立法调研，提高立法质量。❶

学界对于水路交通运输立法（法律制度）方面的研究，更多的是针对具体的角度或问题。如在基础设施方面，有胡正良主编的《航运法专题研究》、❷叶红军所著的《港口法解析》、❸汪炜、黄明欣主编的《航道法》❹等书。“水路货物运输合同”是理论研究的重点。国内水路货物运输问题与海上货物运输相联系，因而在这方面的学术研究成果也比较多。2011 年，第一部有关我国内河海商法制建设的系统性研究著作《内河海商法律实务》出版，重点对内河航运经济发展过程中常见的合同类型进行了详细的阐述，以及对水路货物运输合同等典型合同进行分析，并结合法律与实际，对其中的新问题、新思路给出了作者的意见和看法。❺

对于水路货物运输法律适用问题，倪学伟在《沿海、内河货物运输合同关系新探》一文中认为，严格来说，我国水路货物运输法律是沿海、内河以及远洋三种不同制度的“三轨制”，即远洋运输完全适用《海商法》，沿海运输部分适用《海商法》和内河运输完全不适用《海商法》，但是作者在论述中并未意识到“双轨制”在当下存在的问题。❻多数学者针对“双轨制”存在的问题进行了探讨，如张永坚教授在《对完善中国海上运输法律制度的思考》一文中，通过中国对海上货物运输实行“双轨制”的历史因由分析，判断出国内和国际的海上货物运输，尽管在当时实行的是两套不同法律制度，但“双轨制”已不适应中国海上货物运输的情势，实现海上货物运输的同一化并完善我国的海上货物运输法律制度的条件已经成熟。❼侯伟在《关于将内河货物运输纳入〈海商法〉调整范围的立法建议》一文中，认为沿海及内河货物运输共同构成我国国内水路货物运输体系，得出应当统一法律规制的结论，并建议在现行《海商法》中增设单章“国内水路货物运输合同”，调整沿海及内河货物

---

❶ 参见谢茂红：《关于水路交通立法的研究》，载《湖南交通科技》2013 年第 3 期。
❷ 胡正良主编：《航运法专题研究》，上海中医药大学出版社 2013 年版。
❸ 叶红军：《港口法解析》，人民交通出版社、大连海事学院出版社 2003 年版。
❹ 汪炜、黄明欣编：《航道法》，武汉大学出版社 2020 年版。
❺ 参见潘绍龙、王建瑞、肖东升：《内河海商法律实务》，法律出版社 2011 年版。
❻ 参见倪学伟：《沿海、内河货物运输合同关系新探》，载《中国海事》2011 年第 5 期。
❼ 参见张永坚：《对完善中国海上运输法律制度的思考》，载《国际法研究》2015 年第 4 期。

运输。[1]

2016年《国内水路货物运输规则》废止，使得水上货物运输合同在法律适用上更加困难。一方面，学者们对《国内水路货物运输规则》废止的原因及影响进行了深入讨论。如李向明、姜淇联合发表的《〈国内水路货物运输规则〉被废止后的影响和注意事项》一文，主要聚焦于承运人的认定和相关责任问题，表明《国内水路货物运输规则》废止后国内水路货物运输的法律问题将难以查明具体的适用法律。[2]《国内水路货物运输规则》废止后，国内水路货物运输之立法模式选择主要有三种：①《民法典》合同编及司法解释调整；②制定单行法；③纳入《海商法》由专节调整。王海明先生赞同制定单行法，其在对《海商法（修改建议稿）》的反馈意见中写道，《民法典》原则性的规定并不能解决国内水路货物运输中出现的具体问题，《海商法》的规定也没有消除国内水路运输和海上运输的差异，制定与《海商法》并行的《国内水上货物运输法》是体系发展的要求，也是维护海事司法统一的需要。[3] 余晓汉在《〈海商法〉修改不宜纳入内河船舶和内河运输》一文中认为可以利用《民法典》合同编中的规定以及制定相关司法解释进行调整，而将内河运输归入《海商法》会使其体系复杂化。但更多学者考虑将国内水路货物运输纳入《海商法》调整。[4] 邓代婷在《〈海商法〉修改背景下国内水路货物运输立法模式探析》一文中，对各学者对此问题的立法态度进行比较分析之后，认为《海商法》修改中应当考虑纳入国内水路货物运输作为《海商法》第四章的专节进行调整，并对专节调整需要考虑的问题进行讨论，包括《海商法》的适用范围（海的含义）、承运人责任基础的讨论、运输单证的差异等。[5] 吴煦在《〈海商法〉修改背景下的国内水路货物运输之立法模式选择》一文中，则认为由于民法对内河运输调整

---

[1] 参见侯伟：《关于将内河货物运输纳入〈海商法〉调整范围的立法建议》，载《中国海商法研究》2017年第3期。

[2] 参见李向明、姜淇：《〈国内水路货物运输规则〉被废止后的影响和注意事项》，载《科学中国人》2016年第33期。

[3] 摘自王海明先生对《海商法（修改建议稿）》的反馈意见，转引自邓代婷：《〈海商法〉修改背景下国内水路货物运输立法模式探析》，载《武汉交通职业学院学报》2021年第3期。

[4] 参见余晓汉：《〈海商法〉修改不宜纳入内河船舶和内河运输》，载《中国远洋海运》2019年第12期。

[5] 参见邓代婷：《〈海商法〉修改背景下国内水路货物运输立法模式探析》，载《武汉交通职业学院学报》2021年第3期。

不具有针对性，司法解释也很难进行大面积的法律漏洞的补充，《水路货物运输规则》也很难作为航运习惯予以适用，故应考虑以专章（非专节）的形式将内河运输有关的法律规则规定在《海商法》中，以适应航运中司法实践的需要。[1]

2. 关于司法适用的研究

黄晶在《中国水路货物运输案件司法诉讼现状、特征及启示——基于中国裁判文书网案例的实证分析》一文中，通过对中国裁判文书网所检索到的水路货物运输合同纠纷案例进行分析比对，发现司法实践中此类案件多由基层人民法院审理，法院管辖权对案件审理结果影响重大，法院在水路货物运输纠纷中的判决主要依据原《合同法》（现为《民法典》合同编），但事实上适用《民法典》总则编和合同编不能满足司法审判的需要。因此，提出需要在《海商法》修订时对水路货物运输予以规制，并且国内水路货物运输案件应当统一由海事法院管辖，避免管辖原因造成的同案不同判。[2]

此外，关于《海商法》司法适用的相关学术研究中，对水路运输司法相关问题也有涉及，但是与海上运输没有作区分。郭子钰在《海商法的司法适用报告——以涉及承运人责任的海事海商纠纷为例》一文中，通过对《海商法》在有关承运人责任的案例中的司法适用进行统计研究，发现《海商法》在涉及承运人责任的海事海商纠纷案件中的司法适用频率较高，但在整个海事海商纠纷的大环境中，《海商法》的适用基于一些原因低于其他一般性民商事法律；在适用的审判程序上，一审程序的适用要高于二审程序的适用。并且还揭示出《海商法》在司法实践中被虚置的现象，并对虚置化的原因做了简要论述。[3] 何丽新、梁嘉诚共同发表的《海商法实施25年司法适用研究报告》一文中，对自《海商法》公布以来至2017年年底为止在中国裁判文书网收录的海事海商纠纷案件裁判文书予以实证研究，揭示了《海商法》在司法适用中出现的“虚置化”现象，并认为该现象背后的原因主要有海事海商纠纷案件中存

---

[1] 参见吴煦：《〈海商法〉修改背景下的国内水路货物运输之立法模式选择》，载《中国海商法研究》2019年第1期。

[2] 参见黄晶：《中国水路货物运输案件司法诉讼现状、特征及启示——基于中国裁判文书网案例的实证分析》，载《中国海商法研究》2021年第2期。

[3] 参见郭子钰：《〈海商法〉的司法适用报告——以涉及承运人责任的海事海商纠纷为例》，载《法制博览》2019年第7期。

在非海事海商法律关系、现行《海商法》存在立法缺漏、海商法的体系归属不明确这三点，一定程度上为《海商法》修订提供了司法依据。❶

3. 关于行政执法问题的研究

王刚、高启栋《我国海上执法研究：现状、评述与展望》一文对我国水上（包括内河、沿海、海上）执法研究予以综评，认为近些年我国海上执法取得了重大进展，公共管理学、法学、政治学等多个学科研究者都对我国海上执法的研究予以关注，并对海上执法研究的研究内容、研究特点进行总结，认为未来我国海上执法研究仍需要在既有研究的基础上实现"小大转换""事理交互""理实互通"等研究创新、突破和深化。❷

在海事管理体制改革方面，王洪海认为，在国家深化行政管理体制改革的背景下，通过海上交通执法改革可以推动海事管理机构有效履行保障水上交通安全、防治船舶污染等职责，消除体制弊端，提升服务保障职能。❸ 水上综合执法改革同样存在问题，李瑞京《提高海事依法行政能力的哲学思考》一文阐明了海事管理体制存在海事执法职权不清晰、行政权力清单不完善、执法随意性强的问题，缺少全面规范等问题。❹ 管利广在《长江干线重庆段水上综合执法的思考》一文中指出现场执法存在执法人员不足、专业化程度不高、设施设备不全、权职不对等、协同机制不完善、后续支持不全面等问题，并建议以厘清执法边界、健全联动机制、整合执法资源、完善后台支持、突出重点环节等方法对策予以解决。❺ 杨帆在《我国内河海事管理体制研究》一文中认为我国内河海事管理体制存在管理组织结构不够科学，职能定位权责不清，运行机制不完善等问题，建议统一水上职权并合理分配，加强部门间沟通协调，严格法律管理并强化监督。❻ 蔡明在《中国海事行政管理体制创新研究》一文中提出

---

❶ 参见何丽新、梁嘉诚：《〈海商法〉实施25年司法适用研究报告》，载《中国海商法研究》2018年第2期。

❷ 参见王刚、高启栋：《我国海上执法研究：现状、评述与展望》，载《江苏海洋大学学报》（人文社会科学版）2021年第2期。

❸ 参见王洪海：《中国海事管理体制改革研究》，山东大学2014年硕士学位论文。

❹ 参见李瑞京：《提高海事依法行政能力的哲学思考》，载《交通运输部管理干部学院学报》2017年第2期。

❺ 参见管利广：《长江干线重庆段水上综合执法的思考》，载《中国海事》2017年第2期。

❻ 参见杨帆：《我国内河海事管理体制研究》，大连海事大学2014年硕士学位论文。

应运用“大部制”理论重新划分政府各部门职能来解决“九龙治水”难题的对策。[1]

在水路交通行政执法难点上，2017 年洪法龙根据多年来的海事执法现场实践，撰文列举了我国在地方海事行政执法中存在的干扰执法、阻挠执法、暴力抗法等难点。其认为执法难点的主要原因有船员素质偏低、利益驱使冒险、水运市场疲软、科学执法滞后，并提出强化执法理念、提高执法水平、加强法规宣传等对策。[2] 袁媛在《内河海事行政执法研究》一文中通过三个真实案例，指出了当前内河海事行政执法的弊端与完善内河海事行政执法的必要性。其认为水域情况复杂、海事“双轨制”等一系列原因导致当前内河海事行政管理职权的交叉，海事的行政执法处罚标准偏高，执法人员自由裁量权过大，执法力量薄弱等诸多问题。对此，袁媛提出应完善现行的法律法规，统一海事违法行为处罚标准，健全海事程序立法，取消海事“双轨制”，建立一支水上综合执法队伍。[3]

（二）学界理论研究评析

1. 综合评析

（1）学术研究整体重海洋、轻内河

水路交通运输法律体系的建设，除了市场发展本身的促进外，学术研究同样起着十分重要的作用。受学术界普遍存在的“重海洋、轻内河”的研究观点影响，学者的研究对象以海商法和国际运输领域为重点，而对国内水路货物和旅客运输这个早已凸显出重要性的庞大领域鲜有问津。

我国很少有人专门研究国内水路货物和旅客运输合同，各法学院校往往会投入大量的人力、物力去研究调整国际海上货物运输的法律。潘绍龙指出，以大连海事大学、集美海事大学和上海海事大学为代表的多家海事学府，在提供技术人才的同时，也为我国远洋运输法律体系的建设培养了大批的专家学者，他们的学术成果为我国远洋运输法律体系的进一步健全和完善提供了大量的事实依据和理论依据。反观内河领域，仅有的几所以内河航运为主要教学内容的

---

[1] 参见蔡明：《中国海事行政管理体制创新研究》，华东政法大学 2010 年硕士学位论文。
[2] 参见洪法龙：《地方海事的执法难点及对策研究》，载《中国水运》2017 年第 3 期。
[3] 参见袁媛：《内河海事行政执法研究》，江西财经大学 2018 年硕士学位论文。

大专院校仅注重技术培养，几乎不涉及对内河航运法制建设的研究。即使像武汉大学和西南政法大学这些知名学府，研究也仅限于对《海商法》以及与国际海上运输相关的内容，而对于内河航运法制建设的研究基本无人涉足。[1] 在一定程度上，理论研究的不足，导致了国内水路交通运输法律体系的建设（尤其是内河航运法制建设）落后于水路交通运输发展的速度。

（2）立法研究聚焦重点问题

“水路货物运输合同”相关问题研究较多。在海商法领域，学者们主要致力于对货物运输及其相关法律制度的学术研究，由于国内水路运输与海上运输相联系，内河货物运输法律制度的学术成果也受到关注，尤其在《国内水路货物运输规则》被废止后。国内水路运输与海上运输“双轨制”问题在理论研究中得到充分探讨，自进入 21 世纪以来，大批学者就“双轨制”的成因和问题进行了批判性的分析。在《国内水路货物运输规则》被废止后，学术界打破“双轨制”格局的主张愈来愈响亮，呼吁修改《海商法》，或制订一部调整水上运输关系的法律，以应对国际航运新形势以及我国航运实践的新发展。[2] 但其中多数学者的立足点还是侧重于《海商法》的不足及修改建议的角度，虽然涉及国内水路交通运输法律问题，却并不是对其针对性、系统性的专门研究。

（3）执法研究成果较多且特点突出

就水路交通执法情况而言，学界研究相对较多，从顶层管理体制及制度设计，到非法运输行为、执法乱象等现象及原因，再到具体的完善途径，都有学者进行论述。在研究内容上，集中分为海上执法体制、海上执法法治、海上执法开展过程、海上执法交流合作四个方面，同时呈现出研究选题直接切入为主、研究方法偏重规范推演、研究内容注重实际效益等研究特点。[3] 此外，由于各地水运发展及政策存在差异，水路交通执法研究还呈现地域化的特点，具体到省份或地区进行专门论述，如武泽楠的《江西省河道非法采砂法律治理研

---

[1] 参见《内河航运法律体系的现状如何？发展空间如何?》，载人民交通网，http://www.rmjtxw.com/news/gn/164796.html，2022 年 11 月 3 日访问。

[2] 参见李春：《内河货物运输法律适用问题研究》，华东政法大学 2019 年硕士学位论文。

[3] 参见王刚、高启栋：《我国海上执法研究：现状、评述与展望》，载《江苏海洋大学学报》（人文社会科学版）2021 年第 2 期。

究》、[1] 夏斌的《沧州海事行政执法内部监督研究》、[2] 马东剑的《山西省水路交通执法调研报告》[3] 等，针对长江水系的研究也相对比较丰富。

2. 当下存在的问题

水路交通立法方面的研究，主要存在三点问题。一是缺乏系统性的研究。目前对于国内水路交通运输的整体论述，多在交通运输领域的著作中作为专章介绍，但是只针对重点问题，并没有进行全面的讲解，水路交通运输的单独研究也甚少。不同专著侧重点虽然不同，但至少都包含了概述、客货运输等核心内容。二是在立法体系、制度框架、沿海内河海事立法协调问题等上层设计方面的研究较少，与海洋丰富的研究成果相比，内河的研究相对滞后。三是研究还需要拓展更多方面，当前除了内河货物运输有一定研究外，水上旅客运输等方面立法研究缺失。

司法方面的研究，问题主要集中在对司法解释的分析，但受限于国内水路交通运输本身司法解释数量有限，司法方面的学术研究成果并不多。对于中国水路货物运输案件司法诉讼现状及特征的整体研究更加稀缺，前文所提及的仅有的几篇论述还包括以《海商法》的适用为对象的研究，分析中没有区分海上运输与国内水路运输。此外，司法情况方面的论述，多是在讨论内河运输法律制度时有所涉及，只对司法现状及其困境进行了简要概述，目的主要是指出法律的不完善。

执法方面的研究，主要存在问题有三点。一是学界在海上交通执法体制改革问题方面的研究，往往涉及的是海上交通执法的某一部分或单一问题，对海上交通执法改革整体鲜有全面的论述。[4] 二是综合行政执法试点工作开始后，职责划分如何明晰、监管保障等问题还需要进一步研究，以保障水路执法有效、有序。三是对于执法问题的研究，特别是在分析探索基层执法存在的问题及其解决方面，由于基层执法涉及的行业广泛，大部分学者都站在自身工作的角度发表观点，并没有形成完整的理论体系，[5] 且少有将国内水上（沿

---

[1] 武泽楠：《江西省河道非法采砂法律治理研究》，江西财经大学2020年硕士学位论文。

[2] 夏斌：《沧州海事行政执法内部监督研究》，大连海事大学2019年硕士学位论文。

[3] 马东剑：《山西省水路交通执法调研报告》，山西大学2011年硕士学位论文。

[4] 参见蔡明炜：《海上交通执法改革研究》，浙江大学2018年硕士学位论文。

[5] 参见庄肃晓：《“放管服”背景下的海事基层执法优化研究》，浙江大学2018年硕士学位论文。

海与内河）执法单独论述的，提出的建议也还不够细化，多是从大角度提出建议，在如何落实的具体措施上没有详细论述。

3. 对未来的展望

对水上交通法治的理论研究需投入更多力量。虽然《海商法》修订工作的开展提高了学界对内河航运的关注，中国法学会研究部还为此专门设立了内河航运法律研究课题，支持专家学者对该问题展开深入研究，[1] 但整体来看，内河航运法治建设研究在学术界依旧较为薄弱。面对“重海洋、轻内河”的研究现状，需要在国内水路运输，尤其是内河运输方面投入更多的研究力量，以弥补内河运输理论的短板。通过丰富研究成果，可以为国内水路运输法律体系提供充足的事实依据和理论依据，从而进一步健全和完善国内水路运输相关规范，促进我国水运市场的良好运行和蓬勃发展。

（1）需要强化对国内水路运输的单独研究

在立法、司法、执法领域的学术研究上，多数论文将海上交通与水上交通放在一起研究，并没有将沿海、内河与海上作严格区分，且存在以海上研究为主，国内水路运输“附带”研究的倾向。国际海运与国内水运各有特点，在立法、司法、执法方面所面对的问题也各有侧重，需要对国内水路运输进行专门研究。

（2）加强理论研究的系统性与完整性

针对研究往往涉及某一部分或单一问题的状况，应加强理论研究的系统性，如水路运输法规系统的体系设计、国内水路运输纠纷审判现状、司法实务特征及突出问题、执法方面管理体制改革、基层执法等内容。同时，对于研究宏观性的问题也应予以突破，避免单篇文章同时提及多个方面，造成内容分散、零碎的情况。此外，对研究较少的水路旅客运输等内容予以更多关注，实现研究问题的系统性、整体性。

（3）注意对体系及内容协调性方面的理论研究

一是《海商法》修订方面，增加的“国内水路运输”的规定应注意与其他条文的逻辑自洽，避免条文内容的相互冲突或重复，将内河、沿海运输立法与

---

[1] 参见《中国法学会在武汉新港组织开展2018年第4期“法学家下基层”专题法治调研活动》，载中国法学会官网，https://www.chinalaw.org.cn/portal/article/index/id/1875.html，2022年11月3日访问。

国际海上运输立法协调衔接。二是对中国内河与沿海之间的法律冲突与协调、中国内地与港澳台地区之间的区际法律冲突与协调、涉中国内河之界河及多国河流的法律冲突与协调相关问题需要加强研究，以助益国内水路运输法律制度之建立健全。[1] 三是综合行政执法、水上综合执法方面也需要加强协调性研究，如内部权责划分、外部单位间协同联动执法等。

（4）结合实践研究，考虑实务诉求

一是要关注现实案例，将规范研究与实证研究有机结合。如通过实际调查，可以更好地了解我国内河、沿海法律建设阻滞的现实因素，在此基础上，建构解释理论框架。结合实践研究，关注客观事实的同时，要避免过于经验主义，囿于“就事论事”的层次，导致学理的深层次研究匮乏。[2] 二是理论研究应当考虑实务部门的诉求，之后才能上升到法律理念和规则制定的方向，并逐步将规范进行细化，从而达到落实各项规章制度和法律法规的目的，真正解决现实中存在的问题。

---

[1] 参见周新：《中国内河沿海海事法律冲突及协调问题研究》，复旦大学2014年博士学位论文。

[2] 参见王刚、高启栋：《我国海上执法研究：现状、评述与展望》，载《江苏海洋大学学报》（人文社会科学版）2021年第2期。

中国海上交通运输法治发展研究

吕宁宁[*]　康宏林[**]

一、中国海上交通运输法治的基本情况

（一）中国海上交通运输的概念与特点

1. 海上交通运输的概念

海上交通运输包括国际海上运输和国内沿海运输，其与内河运输一起构成了我国水路运输体系，是现代综合交通运输体系的重要组成部分。[1] 国际海上运输是国际贸易中最主要的运输方式，因此也称外贸运输。为区别上一篇所述的水路交通运输，本篇所指海上运输仅为国际海上运输，即以船舶为工具，通过海上航道在不同国家和地区的港口之间运送货物或旅客的运输，并收取费用的行为。

其中，海上货物运输从运输形式来分，主要有集装箱运输和散货运输。集装箱运输是指将一定数量的单件货物装进集装箱内进行运输的形式。散货运输是指从事海上散装货物运输的形式。按运营方式来分，则有班轮运输和租船运输。班轮运输是指船舶按事先制定的船期表在特定的航线上，以既定的挂靠港口顺序，经常地从事航线上各港间的船舶运输，其费率也相对固定。租船运输和班轮运输不同，它没有事先制定的船期表、航线，挂靠港口也不固定，具有灵活的特点。

---

* 吕宁宁，北京交通大学法学院讲师。

** 康宏林，北京交通大学法学院2020级硕士研究生。

[1] 参见孙国正：《第七讲 交通运输》，载《学习月刊》1995年第3期。

2. 海上交通运输的特点

根据我国《民法典》的规定，海上运输合同被纳入运输合同的范畴，成为专门适用于国际海上运输活动的独立合同种类。它不仅具有一般运输合同普遍存在的双务性、有偿性等法律特点，还因调整范围的特殊性，具有海上运输自身特有的法律属性。海上运输不同于内河运输，具有以下特点。

（1）风险性大

海上交通运输受自然条件限制较大、现有船舶制造技术抵御海上风险的能力有限等原因，导致海上运输比陆上运输的风险更大。

（2）具有国际性

海上交通运输是实现国际贸易活动的必要手段，受世界经济形势的影响很大。世界经济和国际贸易的发展为海上运输业带来了巨大的货物运输需求，但同时全球经济增长放缓及衰退也会给海上运输业带来阻力。海上运输合同当事人一般是不同国家或地区的自然人、法人或其他经济组织，合同的订立地与履行地处于不同的国家或地区，从事海上交通运输的船舶经由国际航线航行于不同国家或地区的港口之间。[1] 海上交通运输所使用的单证具有国际通用性，符合相关国际公约或习惯的要求。因此，海上交通运输具有明显的国际性。

（3）运输量大且运费低廉

国际货物及旅客运输是在全世界范围内进行的货物及旅客空间位置的转换，而船舶的载运能力远远大于火车、汽车和飞机，是运输能力最大的运输工具，这些条件决定了海上交通运输是国际运输的主要手段。此外，船舶的航道主要是天然构成，港口设备一般均为政府修建，船舶经久耐用且节省燃料，加之船舶运量大，因此，相对其他运输方式，海上交通运输的单位运输成本低廉。

3. 我国海上交通运输的市场现状

2022 年 4 月，自然资源部发布的《2021 年中国海洋经济统计公报》显示，过去一年，随着对外贸易快速复苏，远洋运力供给不断强化，沿海港口生产稳步增长。2021 年我国海洋货物周转量比上年增长 8.8%，沿海港口完成货物吞吐量、集装箱吞吐量分别比上年增长 5.2% 和 6.4%。全年实现增加值 7466 亿

[1] 参见贾林青：《海商法》（第三版），中国人民大学出版社 2017 年版，第 94 页。

元，比上年增长 10.3% 。[1]

此外，交通运输部于 2022 年 5 月发布的《2021 年交通运输行业发展统计公报》显示，2021 年年末全国港口生产用码头泊位 20 867 个。其中，沿海港口生产用码头泊位 5419 个，内河港口生产用码头泊位 15 448 个。全国港口万吨级及以上泊位 2659 个，比上年末增加 67 个。从分布结构看，沿海港口万吨级及以上泊位 2207 个，内河港口万吨级及以上泊位 452 个。从用途结构看，专业化万吨级及以上泊位 1427 个，通用散货万吨级及以上泊位 596 个，通用件杂货泊位 421 个。

在运输装备上，2021 年年末全国拥有水上运输船舶 12.59 万艘，比上年末下降 0.7% ，其中净载重量 28 432.63 万吨、增长 5.1% ，载客量 85.78 万客位、下降 0.3% ，集装箱箱位 288.43 万标准箱、下降 1.6% 。

在运输服务上，2021 年水路全年完成营业性客运量 1.63 亿人，比上年增长 9.0% ，完成旅客周转量 33.11 亿人公里、增长 0.4% 。全年完成营业性货运量 82.40 亿吨，比上年增长 8.2% ，完成货物周转量 115 577.51 亿吨公里、增长 9.2% 。其中，海洋货运量 40.51 亿吨、增长 6.6% ，海洋货物周转量 97 841.51亿吨公里、增长 8.8% 。此外，全年全国港口完成旅客吞吐量 4773.64 万人，比上年增长 8.0% ，其中，沿海港口完成 4651.77 万人、增长 7.1% 。全年全国港口完成货物吞吐量 155.45 亿吨，比上年增长 6.8% ，其中沿海港口完成 99.73 亿吨、增长 5.2% 。[2]

可见，我国高效率海上交通基础设施覆盖范围持续扩大，运输装备提档升级，国际物流供应链安全畅通保障水平稳步提高。

（二）中国海上交通运输的法律发展脉络

我国的造船和航海历史悠久，在汉朝时期便有与马来半岛和印度的通航，唐宋时期便设有市舶司，但直至清朝末年才开始着手制定海商法。[3] 清末 1904

---

[1] 参见自然资源部于 2022 年 4 月发布的《2021 年中国海洋经济统计公报》。此处数据代表以船舶为主要工具从事海洋运输以及为海洋运输提供服务的所有活动，包括远洋旅客运输、沿海旅客运输、远洋货物运输、沿海货物运输、水上运输辅助活动、管道运输业、装卸搬运及其他运输服务活动。

[2] 参见交通运输部于 2022 年 5 月发布的《2021 年交通运输行业发展统计公报》。我国香港、澳门特别行政区及台湾地区统计数据未包括在该公报内。

[3] 参见贾林青：《海商法》（第三版），中国人民大学出版社 2017 年版，第 5 页。

年起草《钦定大清商律》，专门设立了海船法一编，但因清朝覆灭而未能颁行。尽管如此，该规定仍被视为中国海商法现代起源的标志。而我国第一部海商法是南京国民政府于1929年公布的《中华民国海商法》，并于次年公布了《海商法施行法》。中华人民共和国成立后，我国便开始了《海商法》的起草工作，并最终于1992年通过了《海商法》。此后我国陆续通过了《船舶登记条例》《港口法》《国际海运条例》《船员条例》《国内水路货物运输规则》《港口货物作业规则》《关于不满300总吨船舶及沿海运输、沿海作业船舶海事赔偿限额的规定》《港口间海上旅客运输责任赔偿限额的规定》等与《海商法》相配套的法律、法规及部门规章。1999年又通过了《海事诉讼特别程序法》，完善了我国海事诉讼法律制度。

我国也加入了一系列与海上运输相关的国际公约及其议定书，列举如下。

（1）《联合国班轮公会行动守则公约》

1974年4月6日，联合国班轮公会行动守则会议上通过了《联合国班轮公会行动守则公约》，并于1983年10月6日生效。我国于1980年9月23日加入该公约。公约共分两个部分，7章54个条款和1个附录。第一部分包括定义、班轮公会会员之间的关系、与托运人的关系、运费率以及其他事务包括战船服务不足等，第二部分则对解决纠纷的方法作出规定。另外，附录是一份国际强制调解程序规则。

（2）《联合国国际货物销售合同公约》

该公约是在1964年《国际货物买卖统一法公约》和《国际货物买卖合同成立统一法公约》的基础上进行修改、补充、合并而成，1980年4月11日在维也纳外交会议上通过，并于1988年1月1日起生效。我国是该公约缔约国。尽管《联合国国际货物销售合同公约》主要是规范国际贸易销售合同，但由于大部分国际货物贸易是通过海上交通运输实现交付，因此该公约对于规范海上交通运输有重要意义。

（3）《1972年国际海上避碰规则公约》

该公约于1977年7月15日生效，主要为确保船舶航行安全，预防和减少碰撞。我国于1980年1月7日成为其缔约国。就其性质而言，该公约既是一个技术规范，也是一个法律规范，即船长驾驶船舶时应将该公约视为技术规范，而法律人在处理具体船舶碰撞案件时应将其视为法律规范。[1]

（4）《1969 年国际油污损害民事责任公约的 1976 年议定书》

该议定书于 1981 年 4 月 8 日生效，我国于 1986 年 9 月 29 日加入该议定书，并于同年 12 月 28 日对我国生效。

值得说明的是，本篇所指的海上运输法律制度，包括调整海上货物运输和海上旅客运输两个部分的法律制度，这在《海商法》中分别属于第四章和第五章所规定的内容。目前在这两个领域，我国对国际和国内分别施行两套法律规定，且程度不同。

1. 海上货物运输

海上货物运输法律制度是各国海商法的核心内容与基本法律制度，因为海上货物运输在国际经济交往中是居于首位的国际货物运输方式。[2] 我国在海上货物运输领域的法律制度由国内和国际两部分组成，实行“双轨制”，不同之处较为突出。[3] 其中，《海商法》第四章“海上货物运输合同”集中规定了国际海上货物运输的相关内容，该章规定仅对国际海上货物运输适用，而对我国港口之间的海上货物运输不适用。在我国，港口之间的海上货物运输主要适用《民法典》合同编，尤其是其中的第十九章“运输合同”第一节“一般规定”和第三节“货运合同”，以及国务院公布的《国内水路运输管理条例》来予以调整。之所以出现“双轨制”，原因在于《海商法》立法时，我国国内海上运输领域还未完成市场化改造，但为了适应国际航海贸易，在国际海上货物运输上实行市场化运作，而国内港口间仍实行计划经济管理模式。

此外，海上货物运输承运人适用的是不完全的过错责任原则，对从事国内海上货物运输的承运人适用的则是严格责任原则和推定过错责任原则。

2. 海上旅客运输

我国关于海上旅客运输的法律制度也存在不统一的问题。其主要体现在国际和国内海上旅客运输承运人对旅客和行李的赔偿责任限额的标准不同，而在其他规定方面，特别是关于承运人的责任和义务的规定，并没有实质性差异。根据《海商法》第 117 条第 1 款的规定，承运人在每次海上旅客运输中的赔偿

---

[1] 参见王沐昕、仲磊：《中国海商法操作实务与典型案例解析》，法律出版社 2008 年版，第 17 页。

[2] 参见贾林青：《海商法》（第三版），中国人民大学出版社 2017 年版，第 94 页。

[3] 参见张永坚：《对完善中国海上运输法律制度的思考》，载《国际法研究》2015 年第 4 期。

责任限额为：对旅客人身伤亡的，每名旅客不超过 46 666 计算单位；对旅客自带行李灭失或者损坏的，每名旅客不超过 833 计算单位；对旅客车辆包括该车辆所载行李灭失或者损坏的，每一车辆不超过 3333 计算单位；对旅客其他行李灭失或者损坏的，每名旅客不超过 1200 计算单位。而我国港口间旅客运输的赔偿责任限额，需按照《海商法》第 117 条第 4 款和《港口间海上旅客运输赔偿责任限额规定》第 3 条之规定，对旅客人身伤亡的，每名旅客不超过 4 万元人民币；对旅客自带行李灭失或者损坏，每名旅客不超过 800 元人民币；对旅客车辆包括该车辆所载行李灭失或者损坏，每一车辆不超过 3200 元人民币；旅客其他行李灭失或者损坏的，每千克不超过 20 元人民币。承运人和旅客可以书面约定高于上述赔偿责任限额，但不得低于上述限额。同时，《港口间海上旅客运输赔偿责任限额规定》第 4 条规定，海上旅客运输的旅客人身伤亡赔偿责任限制，按照 4 万元人民币乘以船舶证书规定的载客定额计算赔偿限额，但是最高不超过 2100 万元人民币。《海商法》自 1993 年实施以来，30 年的经济发展已经让现有赔偿限额在处理旅客运输纠纷问题上捉襟见肘，每名旅客 4 万元人民币的赔偿已明显过低，故在以后的立法修改中，该限额应大幅度提高。

二、中国海上交通运输法治的立法现状

（一）法律

1.《民法典》

《民法典》是调整我国平等民事主体间民事法律关系的基本法，于 2020 年 5 月 28 日通过，并于 2021 年 1 月 1 日起施行。我国是民商合一的国家，《民法典》是民商法体系中的基本法，《民法典》和单行法之间的关系是基本法与特别法的关系，如果《民法典》在编纂中未修改单行法的规定，而是将其予以保留，且这些规定又是具体的、特别的规定，这就意味着单行法的这些规定是特别法，应优先适用。《海商法》属于民法的特别法，因此《民法典》中关于代理、合同、侵权、时效、物权等相关规定，在《海商法》没有特别规定时，应完全适用于海上运输合同纠纷，以及其他诸如拖带、保险、船舶租赁和碰撞侵权等纠纷。若《海商法》另有规定，如依据《海商法》第 260 条规定“有关海上拖航合同的请求权，时效期间为一年，自知道或者应当知道权利被侵害之日起计算”，这不同于《民法典》规定的三年普通诉讼时效期间。但是，《民法

典》在编纂中已经考虑到《海商法》调整事项的特殊性，故《民法典》的诉讼时效制度并未替代《海商法》中的诉讼时效规范，对于海上拖航合同纠纷中的诉讼时效问题，仍应适用《海商法》的规定。这种情形就属于《民法典》第188条第1款所规定的“法律另有规定的，依照其规定”的情况。

2.《海商法》

1992年公布的《海商法》共15章278条，包括船舶、船员、海上货物运输合同、海上旅客运输合同、船舶碰撞、海难救助、共同海损、海事赔偿责任限制、海上保险合同、时效、涉外关系的法律适用等部分。该法为我国海商矛盾纠纷的化解提供了主要法律依据，极大地促进了我国国际海上运输与经济贸易发展，并在推动我国法治建设发展、健全航运法律体系、开发和利用海域和海洋资源以及维护国家利益等方面发挥了重要的作用。

3.《海上交通安全法》

《海上交通安全法》是我国海路运输领域的基础性行政管理法，确立了海上交通安全管理的基本制度。《海上交通安全法》适用于在我国沿海水域航行、停泊和作业的一切船舶、设施和人员以及船舶、设施的所有人、经营人。[1] 自1984年《海上交通安全法》实施以来，国际航运形势和海上交通安全管理所面临的突出矛盾和管理模式都已发生了根本性变化，交通运输部从2002年开始研讨修订《海上交通安全法》，历经2004年和2014年草案上报，2016年局部修正，至2017年国务院法制办公室公开征求意见，和之后的修订送审，于2021年4月29日通过修订，并于同年9月1日起正式施行。[2] 2021年修订是《海上交通安全法》自1983年公布以来的首次全面修订。新《海上交通安全法》共10章122条，重点从事前制度防范、事中事后加强监管、强化应急处置等方面完善制度设计，修订内容主要涉及优化海上交通条件、规范海上交通行为、严控行政许可事项、完善海上搜救机制等方面，并强化了责任追究，还从船舶登记、船舶检验、航行安全、船员保障、防治污染等方面，全面、系统履行我国缔结或加入的国际海事公约义务。[3]

---

[1] 参见王沐昕、仲磊：《中国海商法操作实务与典型案例解析》，法律出版社2008年版，第6页。

[2] 参见林威：《通过六个关键词看〈海上交通安全法〉的修订》，载《中国海事》2021年第10期。

[3] 参见华志波：《新〈海上交通安全法〉9月1日正式施行》，载《中国海事》2021年第9期。

4.《海洋环境保护法》

作为我国海洋环境保护领域的第一部法律，《海洋环境保护法》自1982年公布至今，已施行30余年，为我国海洋环境保护事业做出了重大贡献。在海上运输领域，该法主要适用于船舶油污染案件。截至目前，《海洋环境保护法》分别于1999年、2013年、2016年、2017年历经了一次修订和三次修正。这一时期我国海洋环境法治从海洋环境污染防治发展到兼顾海洋生态保护，保护海洋生态环境的意识进一步得到提升，法律制度逐渐完善，处罚力度逐步加大。与此同时，我国出台了100多部配套法规和部门规章以及地方立法，海洋生态环境保护法律体系基本框架得以形成。❶

但是随着海洋开发和利用的强度和力度不断增大，海洋环境面临巨大的压力，环保问题层出不穷，尤其自2017年以来，国内外形势都发生了重大变化，海洋生态环境保护领域也出现许多新问题。面对新发展和新变化所带来的压力与挑战，现行的《海洋环境保护法》的适用缺陷日益凸显，亟需再进一步的深化改革。❷

5.《海域使用管理法》

《海域使用管理法》于2001年10月27日公布，2002年1月1日起施行。该法对于我国海域使用管理的秩序化和规范化起到举足轻重的作用，促进了海域科学利用和海洋经济的快速发展。❸ 该法包括总则、海洋功能区域划分、使用的申请与审批、海域使用权、海域使用金、监督检查、法律责任和附则八个章节。

6.《保险法》

《保险法》于1995年6月30日公布，并于2002年、2009年、2014年、2015年进行了一次修订、三次修正。《保险法》是我国专门调整保险关系的法律规范，《民法典》施行后，该法并未废止，仍是调整和规范保险法律关系的最主要法律。《保险法》与《海商法》中的保险合同一章的关系是普通法与特

---

❶ 参见张海文：《〈中华人民共和国海洋环境保护法〉发展历程回顾及展望》，载《环境与可持续发展》2020年第4期。

❷ 参见郑少华：《〈海洋环境保护法〉修订专题》，载《浙江海洋大学学报》（人文科学版）2020年第6期。

❸ 参见王小军：《论我国〈海域使用管理法〉的修订》，载《上海法学研究》2019年第21卷，第61~66页。

别法的关系，在《海商法》没有规定的范围内，应当补充适用《保险法》的规定。

7.《海事诉讼特别程序法》

《海事诉讼特别程序法》自2000年7月1日起实施，是我国海事立法上的一个里程碑。《海事诉讼特别程序法》是一部程序性法律，在有效行使我国司法管辖权，及时审理海事海商案件，维护当事人合法权益，促进中国海上运输和对外经济贸易事业发展等方面，发挥了非常积极有效的作用。[1]《海事诉讼特别程序法》共12章127条，涵盖了管辖、海事请求保全、海事强制令、海事证据保全、海事担保、海事文书送达、审判程序、海事赔偿责任限制基金程序、债权登记与受偿程序和船舶优先权催告程序等与《海商法》主要内容相适应的重要程序问题。在适用范围上，规定在我国领域内进行的海事诉讼，无论是沿海、内河还是远洋运输发生的海事案件，均适用《海事诉讼特别程序法》，体现了国家主权原则。在案件管辖上，根据海事案件的不同特点，作了地域管辖、级别管辖、专属管辖、协议管辖等规定。此外，该法还规定了海事保全制度、其他海事诉讼特别程序。

（二）行政法规

1.《国际海运条例》及《国际海运条例实施细则》

《国际海运条例》于2002年1月1日开始施行，并于2013年、2016年、2019年进行了三次修订。《国际海运条例实施细则》于2003年3月1日开始施行，并于2013年、2017年、2019年进行了四次修正。其目的是规范国际海上运输活动，保护公平竞争，维护国际海上运输市场秩序，保障国际海上运输各方当事人的合法权益。《国际海运条例》中一项重大举措，就是首次对我国国际航运实践中出现的无船承运业务经营者和业务活动作出了比较全面的规定，建立了比较完备的、独特的管理体系。《国际海运条例》不仅界定了无船承运人与货运代理人的经营界限，明确了二者的责任划分，还规范了无船承运人市场，遏制了无船承运市场的“自流”状态，使这一市场公开化、透明化和法制化。

---

[1] 参见李国光：《海事司法公正的立法和制度保障——〈中华人民共和国海事诉讼特别程序法〉实施十周年回顾与展望》，载《中国海商法年刊》2010年第4期。

2.《船舶登记条例》

该条例于1995年1月1日起施行，并于2014年修订。在船舶所有权和用益物权的设立、变更和转让等方面的规定与《海商法》保持了一致。在发生海事纠纷后，无论是合同之债还是侵权之债均可参考此条例来衡量船舶是否适航、确认所有权人和抵押权人等。[1]

3.《船员条例》

该条例于2007年9月1日起施行，并于2013年、2014年、2017年、2019年、2020年历经六次修订，是我国第一部专门对船员进行系统规范管理的重要行政法规。该条例对船员注册和任职资格、船员职责、船员职业保障、船员培训、船员服务、监督检查和法律责任等方面内容进行了规定。它的出台对加强我国海事法规建设、完善海事管理法规体系具有里程碑的意义。

4.《航道管理条例》

该条例于1987年10月1日起施行，并于2008年修订，适用于我国沿海和内河的航道、航道设施以及与通航有关的设施，规定了航道的规划与建设、航道的保护、航道养护经费以及罚则等问题。如果船舶因航道的养护问题发生纠纷，当事人可以根据该条例的规定对相关主体提起诉讼。《航道管理条例》是国家管理沿海、内河航道的一个基本行政法规，其实施标志着航道的建设、保护和维护工作纳入依法管理的轨道，对保障航道畅通、航行安全、贯彻水资源综合利用的方针和振兴国家的航运事业有重大意义。

（三）部门规章

1.《航道管理条例实施细则》

该细则于1991年10月1日起施行，并于2009年修正，是对《航道管理条例》的进一步细化。

2.《海船船员适任考试和发证规则》

该规则主要适用于为取得海船船员适任证书而进行的考试以及适任证书、适任证书特免证明和外国适任证书承认签证的签发与管理。确保船员适任是履行船舶适航责任的体现，因为船舶适航不仅仅是船舶本身外壳及机械部分的适航，还要求船员适任，并且是一定数量的船员适任。

---

[1] 参见王沐昕、仲磊：《中国海商法操作实务与典型案例解析》，法律出版社2008年版，第9页。

3.《船舶最低安全配员规则》

该规则于2004年8月1日起施行，并于2018年修正，规定了船舶的最低安全配员原则、最低安全配员管理和监督检查的流程。在遇到海上运输纠纷时，该规则是确定船舶是否适航的重要法律规范。

4.《船舶油污损害民事责任保险实施办法》

该办法于2010年10月1日起施行，并于2013年修正。该办法与《海洋环境保护法》《防治船舶污染海洋环境管理条例》一同确立了我国的船舶污染事故损害赔偿机制制度框架和原则要求。在2020年修订征求意见稿中，该办法新增加了互助性保险机构的要求，同时，明确了船舶应确保其保险或者其他财务保证持续有效（中国籍海域航行船舶）或真实有效（外国籍船舶和中国籍内河航行船舶）。

5.《国际船舶保安规则》

该规则于2007年7月1日起施行，并于2019年修订，适用于从事国际航行的中国籍船舶和从事国际航运业务的中国公司以及进入中国管辖海域的外国籍船舶。根据该规则，从事国际航行的船舶必须持有《国际船舶保安证书》或者《临时国际船舶保安证书》，且船舶应当按照经批准的船舶保安计划开展工作等。

6.《关于不满300总吨船舶及沿海运输、沿海作业船舶海事赔偿限额的规定》

该规定于1994年1月1日起施行，是《海商法》海事赔偿责任限制的补充。300总吨以上船舶，人身伤亡和非人身伤亡的赔偿限额应依据《海商法》第210条的规定按船舶总吨位分级计算。而不满300总吨的船舶以及沿海运输、沿海作业船舶的赔偿限额，则依据该规定进行计算。其中，人身伤亡的赔偿限额为：①超过20总吨、21总吨以下的船舶，赔偿限额为54 000计算单位；②超过21总吨的船舶，超过部分每吨增加1000计算单位。非人身伤亡的赔偿限额为：①超过20总吨、21总吨以下的船舶，赔偿限额为27 500计算单位；②超过21总吨的船舶，超过部分每吨增加500计算单位。此外，从事中国港口之间货物运输或者沿海作业的船舶，不满300总吨的，其海事赔偿限额依照本规定所规定的赔偿限额的50%计算；300总吨以上的，其海事赔偿限额依照《海商法》第210条第1款规定的赔偿限额的50%计算。同一事故中的当事船舶的海事赔偿限额，有适用《海商法》第210条或者本规定的，其他当事船舶的海事赔偿限额应当同样适用。

7.《港口间海上旅客运输赔偿责任限额规定》

该规定内容共7条，自1994年1月1日起施行，适用于我国港口之间海上旅客运输。根据该规定，承运人的赔偿责任依照以下标准承担：对旅客的人身伤亡，每名旅客不超过4万元人民币；对旅客自带行李灭失或者损坏，每名旅客不超过800元人民币；对旅客车辆包括该车辆所载行李灭失或者损坏，每一车辆不超过3200元人民币；旅客其他行李灭失或者损坏的，每千克不超过20元人民币。承运人和旅客可以书面约定高于上述赔偿责任限额，但不得低于上述限额。同时，该规定第4条规定，海上旅客运输的旅客人身伤亡赔偿责任限制，按照4万元人民币乘以船舶证书规定的载客定额计算赔偿限额，但是最高不超过2100万元人民币。

（四）评述

1992年《海商法》的出台是我国一个较为成功的立法成就，其立足于我国改革开放的国情，根据我国航运的实际情况和未来发展的可能情况而专门制定，并与当时国际上通行的做法保持一致。作为第一部调整海上运输关系和船舶关系的法律，《海商法》使得我国的海商海事司法实践和国际航海贸易活动有法可依，是我国海商法学科发展极为重要的里程碑，并且至今仍对海上运输和国际贸易的规范和发展发挥着非常重要的作用。[1]

海上运输关系包括海上合同关系、海上侵权关系以及特殊风险产生的法律关系，《海商法》的规定涵盖了大多数海上运输关系中的法律问题。在《海商法》施行之后，与海商海事相关的法律法规和司法解释等相继问世，这些法律法规和司法解释对《海商法》未涵盖的交叉学科领域及边缘学科领域进行了补充，使我国形成了相对完善的海商海事法律体系。[2] 在这样的背景下，我国的海商海事纠纷的法律适用更显规范化和统一化，海商海事纠纷得以较好的解决。此外，最高人民法院对下级人民法院针对典型、突出问题提出的请示也作出了解释性批复，这些批复与上述法律、行政法规、部门规章、司法解释一起构建

[1] 参见陈伦伦、严韵之：《中国海商法四十年：历史发展及其展望》，载《浙江海洋大学学报》（人文科学版）2019年第3期。

[2] 同注[1]。

了相对完善的海商海事法律制度及纠纷解决机制。

自《海商法》实施至今，我国已逐渐跻身海运大国，海运事业蓬勃发展。随着海洋利益的显著增加和国家海洋发展战略的实施，国际贸易摩擦引发的海商海事纠纷不断增多，原有的法律规则在复杂利益格局下面临着适应性考验，[1]因此加快修订一部高质量的适用我国新时代需求的海商法成为当下的重要任务。2018 年交通运输部发布《海商法（修订征求意见稿）》及修订说明，向社会公开征集《海商法》修订意见，其修订更加切合我国航运发展的实际，满足我国航运进一步发展的需要和实现海洋强国战略布局的需求。在此，也希冀新修订的《海商法》能尽早出台。

三、中国海上交通运输法治的司法情况

（一）法院设置

改革开放后，我国海上运输和对外经济贸易事业迅速发展，海域中发生的海事海商案件日益增多，其中有不少是涉外的案件。随着 14 个沿海城市的逐步开放，这类案件数量也进一步增加。及时审理这类案件，行使我国司法管辖权，对于维护我国和外国的企业、组织、公民的合法权益，促进我国海上运输和对外经济贸易事业的进一步发展具有重要的作用。但由于海域中发生的案件情况比较复杂，专业技术性强，普通法院通常无法很好地处理这类案件，于是 1984 年全国人大常委会发布《全国人民代表大会常务委员会关于在沿海港口城市设立海事法院的决定》（主席令第二十号），根据我国《宪法》和《人民法院组织法》关于设立专门法院的规定，在沿海主要港口城市设立海事法院，专门审理海域中发生的海事案件和海商案件。1984 年 5 月 24 日，最高人民法院和原交通部联合发布《最高人民法院、交通部关于设立海事法院的通知》，组建了上海、天津、青岛、大连、广州和武汉 6 个海事法院，我国海事司法的专门化建设由此开始。

随着海洋活动的不断扩大和深入，最高人民法院已将涉海纠纷的诸多案件交由海事法院管辖。目前，我国已有大连、天津、青岛、上海、宁波、厦门、

---

[1] 参见李国光：《充分发挥海事司法职能作用 推动海商法律体系完善发展——纪念〈中华人民共和国海商法〉颁布实施 20 周年》，载《中国海商法研究》2012 第 3 期。

广州、北海、海口、武汉、南京11个海事法院，43个海事派出法庭，管辖发生在我国境内的海事海商诉讼案件。我国是目前世界上建立专门海事司法机构最多的国家，而且构建了以《海商法》《海事诉讼特别程序法》为核心，以船舶碰撞、海上保险、无单放货、《海事诉讼特别程序法》的适用、海事赔偿责任限制、船舶油污、货运代理等诸多司法解释为补充的海商事法律体系，海事司法的专门化成绩斐然。[1]

（二）司法解释

1.《最高人民法院关于审理船舶碰撞纠纷案件若干问题的规定》

该规定于2008年5月19日起施行，并于2020年修正。重点解决各种情况下碰撞双方承担赔偿责任的问题，是我国海事法律立法建设的重要发展，对我国船舶碰撞案件审判乃至国际船舶碰撞法的发展都具有深远的影响。[2] 该规定第1条第1款规定："本规定所称船舶碰撞，是指海商法第一百六十五条所指的船舶碰撞，不包括内河船舶之间的碰撞。"因此，内河船舶之间的碰撞不适用该规定。同时该规定重新明确了比例过失原则，对船舶碰撞、船舶触碰、人身伤害以及违约之诉下比例过失原则的适用作出了明确规定。

2.《最高人民法院关于审理船舶油污损害赔偿纠纷案件若干问题的规定》

该规定于2011年7月10日起施行，并于2020年修正。其实，我国早在2010年3月便建立了船舶油污责任强制保险制度，考虑到我国油污损害赔偿法律制度的现状，2011年最高人民法院起草制定了该规定，以解决司法实践中存在的法律适用问题，统一裁判尺度。[3] 该规定主要规定了适用范围、案件管辖、油污责任、赔偿范围与损失认定、船舶优先权、油污责任限制及债权登记与受偿、油污索赔代位受偿权等方面的内容。同时，明确造成油污损害的烃类矿物油及其残余物主要包括：①船上装载作为货物运输的持久性货油；②装载用于本船运行的持久性和非持久性燃油，不包括装载于船上作为货物运输的非持久

---

[1] 参见司玉琢、曹兴国：《海洋强国战略下中国海事司法的职能》，载《中国海商法研究》2014年第3期。

[2] 参见赵劲松、张鹏飞：《重塑比例过失原则：〈最高人民法院关于审理船舶碰撞纠纷案件若干问题的规定〉评述》，载《中国海商法年刊》2011年第1期。

[3] 参见刘寿杰，余晓汉：《〈关于审理船舶油污损害赔偿纠纷案件若干问题的规定〉的理解与适用》，载《人民司法》2011年第17期。

性货油。

3.《最高人民法院关于审理海上货运代理纠纷案件若干问题的规定》

该规定于2012年5月1日起施行，并于2020年修正，主要调整货运代理企业接受委托办理与海上货物运输有关的货运代理事务时，与委托人之间形成的权利义务关系。该规定对如何准确认定当事人之间的法律关系作出了规定。由于货运代理企业的经营范围广泛，其办理海上货运代理业务过程中与委托人可能形成多种法律关系，既包括海上货运代理合同关系，又可能形成仓储、运输等法律关系。对此，该规定明确要求，针对不同的法律关系，应分别适用相应的法律规定。❶

4.《最高人民法院关于审理发生在我国管辖海域相关案件若干问题的规定（一）》《最高人民法院关于审理发生在我国管辖海域相关案件若干问题的规定（二）》

这两部规定均于2016年8月2日起施行，进一步阐释了我国海事司法管辖权的范围，明确了人民法院审理涉海案件的实体问题和程序规则，对于依法处理海上违法犯罪行为，维护海洋生物资源与生态环境具有重要意义。从深层意义上说，这两部规定的实施有助于提升海洋行政执法与司法管辖的有效联动，构筑起维护国家海洋权益的网络。❷ 此外，司法解释的公布也进一步推动海事审判“三合一”❸ 的进程。《最高人民法院关于审理发生在我国管辖海域相关案件若干问题的规定（一）》第5条和第6条明确规定了海事法院的案件管辖权，而第3条和第4条则指出在某些情况下依现行规定由普通法院管辖；《最高人民法院关于审理发生在我国管辖海域相关案件若干问题的规定（二）》则涉及民事行政交叉以及行政刑事交叉情形的具体适用问题，客观上为人民法院提供了一个契机和动力，要求在国家管辖海域，将刑事和行政案件统一纳入海事法院受案范围。❹

---

❶ 参见王彦君，傅晓强：《〈关于审理海上货运代理纠纷案件若干问题的规定〉的理解与适用》，载《人民司法》2012第11期。

❷ 参见刘惠荣：《从海洋法视角看最高人民法院涉海司法解释的意义》，载《中国海洋大学学报》（社会科学版）2017年第2期。

❸ 海事审判“三合一”模式，是指人民法院将海事民事、行政、刑事案件统一归由专门的法院或审判业务庭审理的审判工作机制。

❹ 同注❷。

5.《最高人民法院关于人民法院为海南自由贸易港建设提供司法服务和保障的意见》

该意见于2021年1月8日起施行，目的是在海南全岛范围内调整案件管辖范围。通过出台调整海南省各级人民法院案件管辖范围的相关规定，以指定管辖、提级管辖、专门管辖等方式，对涉外民商事、海事、交通运输以及特定刑事案件的管辖进行适当调整。对与我国司法辖区无实际联系的第一审涉外商事案件，当事人可以协议选择海南涉外民商事专门审判机构管辖，但不得违反级别管辖规定。探索由中级人民法院集中管辖辖区内刑事裁判财产性判项的强制执行案件。通过调整案件管辖范围，在海南省形成以“特定管辖法院、专门审判机构、专业审判人员”为特征的审判格局，推动海南省各级人民法院审判体系和审判能力现代化建设。

6.《最高人民法院关于全面推进涉外商事海事审判精品战略为构建开放型经济体制和建设海洋强国提供有力司法保障的意见》

该意见于2015年7月14日起施行，是最高人民法院为深入实施涉外商事海事审判精品战略，充分发挥涉外商事海事审判职能作用，全面提高涉外商事海事审判的司法公信力而制定的。该意见内容主要包括：认识和明确涉外商事海事审判精品战略的意义和奋斗目标；狠抓执法办案第一要务，全面提升审判工作质效；强化对下指导工作，统一司法裁判尺度；加强调查研究，主动服务大局；加强队伍建设，增强司法能力；深化司法改革，完善涉外商事海事审判制度机制；切实加强组织领导，做好新闻宣传，加强舆论引导工作等七部分。

（三）典型案例

案例1　马士基有限公司（Maersk A/S）与百鲜食品（福建）有限公司海上货物运输合同纠纷案❶［（2021）闽72民初166号］

【基本案情】2020年8月15日，马士基有限公司（以下简称马士基公司）作为承运人自阿根廷运输装载于集装箱的冻鱿鱼至中国福建省马尾港，收货人为百鲜食品（福建）有限公司（以下简称百鲜公司）。因自2020年下半年起，境外进口至福州市马尾港的冷链货物实行新冠病毒检疫措施，案涉货物于2020

❶ 参见最高人民法院：《2021年全国海事审判典型案例》，载最高人民法院官网，http://courtapp.chinacourt.org/zixun-xiangqing-361581.html，2022年6月10日访问。

年11月6日运抵中转港厦门市时先行卸下，直至2020年12月21日才运抵目的港马尾港。双方就中转期间额外产生的集装箱滞留费用的负担发生纠纷，马士基公司向厦门海事法院起诉，要求百鲜公司承担全部费用。

【裁判结果】厦门海事法院审理认为，本案运输合同确因目的港疫情防控因素而无法正常履行，马士基公司将货物安全存放在目的港的邻近港口厦门港后，根据《最高人民法院关于依法妥善审理涉新冠肺炎疫情[1]民事案件若干问题的指导意见（三）》第13条的规定，其本可以主张已履行完毕货物运输合同项下义务，且无需因此承担违约责任，但其仍坚持等到目的港具备卸货条件时，继续完成支线转运任务。马士基公司因疫情防控承受了额外成本负担，百鲜公司作为收货人，从马士基公司提供的海运服务中实际受益。综合考虑疫情防控措施对集装箱货物中转滞留的影响以及双方当事人就合同履行的受益情况等因素，根据公平原则，酌定百鲜公司补偿马士基公司集装箱中转港滞留费用的50%。一审判决百鲜公司向马士基公司支付补偿款，驳回马士基公司的其他诉讼请求。双方当事人均未上诉。

【典型意义】本案根据公平原则，合理认定中转港集装箱滞留费用数额，并判定双方对因疫情防控在中转港额外增加的履约成本和费用予以分摊。一审判决作出后，双方当事人均服判息诉，取得良好社会效果。本案对航运企业克服疫情影响，坚持等待目的港具备卸货条件后完成运输合同全部义务的行为给予了客观评价和司法支持。在目前航运经济遭受新冠肺炎疫情巨大影响的背景下，这对鼓励航运企业恪尽职守、促进航运复苏具有积极作用。判决合理确定相关费用数额，平衡船货双方利益，依法保护进出口企业的合法权益，为促进疫情影响下国际贸易的顺畅有序发展提供了有力保障。

案例2　“天使力量”（Angelic Power）轮船员劳务合同纠纷系列案[2]

[（2021）粤72民初956号等15案]

【基本案情】“天使力量”轮的船舶所有人为利比里亚天使动力投资公司（Angeliki Dynamis Investment Corporation），登记的船籍港为希腊比雷埃夫斯，船

---

[1] 2022年12月26日，新型冠状病毒肺炎正式更名为新型冠状病毒感染。经国务院批准，自2023年1月8日起，解除对新型冠状病毒感染采取的甲类传染病预防、控制措施。

[2] 参见最高人民法院：《2021年全国海事审判典型案例》，载最高人民法院官网，http://courtapp.chinacourt.org/zixun-xiangqing-361581.html，2022年6月10日访问。

船管理人为泛大洋海事公司（Panthalassa Maritime Corporation）。2021 年 1 月中旬，泛大洋海事公司分别与斯维里亚诺斯（Syrianos）等数名希腊籍船员、杰森（Jayson）等 13 名菲律宾籍船员签订船员雇佣协议。2021 年 3 月，因与案外人产生纠纷，天使动力投资公司弃船，“天使力量”轮被广州海事法院扣押并依法拍卖。在拍卖过程中，船长斯维里亚诺斯等 2 名希腊籍船员和杰森等 13 名菲律宾籍船员提起诉讼，请求天使动力投资公司支付船员应得劳务报酬等各项费用，并要求确认相关海事请求享有船舶优先权，在“天使力量”轮拍卖款中优先受偿。

【裁判结果】广州海事法院审理认为，15 名外籍船员与天使动力投资公司之间成立劳务合同关系，应分别适用船员雇佣合同中约定的菲律宾法律和希腊法律。船长作为船东代表确认了外籍船员应得的劳务报酬等具体数额，有关确认行为的效力应适用希腊法律。15 名船员有关船舶优先权的请求，适用中国法律。判决支持 15 名外籍船员有关劳务报酬等诉讼请求，同时确认上述海事请求具有船舶优先权，可在“天使力量”轮拍卖款中优先受偿。

【典型意义】本案涉纠纷系外国公司与外籍船员之间的劳务合同纠纷。法院依据涉外民事关系法律适用法，充分尊重当事人意思自治，根据不同法律关系分别确定准据法，并结合法院查明和当事人提供专家意见等多种方式，准确查明和适用希腊法律和菲律宾法律，维护了外籍船员的合法权益。本案积极探索外国法查明的有效路径，准确适用不同国家法律，彰显了中国海事司法能力和水平，为加快构建和完善外国法查明及适用的法律机制提供了有益经验。广州海事法院在本案审理过程中，通过手机移动微法院为外籍船员提供线上视频代理见证等跨境诉讼服务，并积极帮助长期被困船上的外籍船员离船回国。2021 年 7 月，希腊代表团在国际海事组织法律委员会第 108 次会议上专门向积极推动“天使动力”船遗弃船员事件解决的相关各方表达了感谢。

案例 3　德国航运贷款银行与 SPV 萨姆莱恩有限公司船舶抵押借款合同纠纷案[1] **[（2020）鲁 72 民初 1845 号]**

【基本案情】2020 年 4 月 30 日以来，先后有德国、瑞典等 7 家外国公司和 1 家香港地区公司向青岛海事法院申请扣押利比里亚籍“SAM LION”轮，船东

---

[1] 参见最高人民法院：《2020 年全国海事审判典型案例》，载最高人民法院官网，http://courtapp.chinacourt.org/zixun－xiangqing－317811.html，2022 年 6 月 10 日访问。

未在法定时间内提供担保，并最终弃船。德国航运贷款银行向青岛海事法院提起诉讼并申请拍卖船舶，上述 8 家当事人和“SAM LION”轮 21 名外籍船员，向青岛海事法院申请海事债权登记并提起诉讼，涉案标的超过 2000 万美元。

【裁判结果】青岛海事法院一审判决，萨姆莱恩有限公司偿还德国航运贷款银行欠款本金、利息、罚息共计 17 134 455. 69 美元；确认德国航运贷款银行对“SAM LION”轮享有抵押权，并有权从该轮拍卖变卖价款中优先受偿。判决作出后，双方当事人均未上诉。其余涉及保险合同、船舶物料与备品供应合同和 21 名船员工资确权案件，均依法进行了债权确认。21 名船员的工资属于船舶优先权范畴，有权从船舶拍卖价款中优先受偿。案涉船舶通过司法拍卖网成功溢价拍卖。

【典型意义】该系列案的当事人为 7 家外国公司和 1 家香港地区公司，案件争议本身与中国内地亦没有连结点，但所有的原告方均向青岛海事法院提出扣押船舶申请并提起诉讼。新冠肺炎疫情的持续发展对全球航运业和船员群体均产生了重大影响，安排船员换班或遣返成为航运业面临的最大挑战之一。“SAM LION”轮系列案件的妥善处理，得到乌克兰和菲律宾两国使馆的高度评价，充分体现外方当事人对我国海事司法的认可和信任。海事法院对 21 名外籍船员积极展开人道主义援助，在新冠肺炎疫情防控的同时采取合理可行措施将外籍船员安全、高效遣返，既充分保障了船员的合法权益，也有助于船舶买受人尽快开展正常生产经营。本案的处理体现了我国作为船舶和船员大国的担当，为妥善处置新冠肺炎疫情防控期间全球性海员换班或遣返难题，帮助航运企业有序复工复产提供了“中国方案”。

案例 4　上海捷喜国际货物运输代理有限公司与重庆市公路工程（集团）股份有限公司海上货运代理合同纠纷案❶［(2016) 泸民终 4 号］

【基本案情】2014 年 11 月 12 日，上海捷喜国际货物运输代理有限公司（以下简称捷喜货代公司）与重庆市公路工程（集团）股份有限公司（以下简称重庆公路公司）签订运输协议，约定由捷喜货代公司代重庆公路公司办理 161 台车辆设备的出运事宜，装货港为中国上海港，卸货港为也门荷台达港

---

❶ 参见北大法宝，https://www.pkulaw.com/pfnl/a25051f3312b07f3fccd4ac938ebaea28d41e1e20bb476b9bdfb.html?way=originalDocument，2022 年 11 月 20 日访问。

(HODEIDAH)。货物运抵目的港顺利交货后，重庆公路公司未能按约向捷喜货代公司支付运输协议下的应付费用。2015 年 2 月 4 日，重庆公路公司向捷喜货代公司出具付款承诺书，称由于也门局势的不稳定和沙特国王的突然离世，其无法在约定时间内从沙特项目基金收到工程预付款，故而拖欠捷喜货代公司费用，并承诺将于 2015 年 3 月 2 日前付清所有拖欠费用，但此后并未履行支付。庭审中，重庆公路公司以目的港所在国也门发生战乱为由，主张援引不可抗力免责。经查，涉案货物原本将用于重庆公路公司在也门承接的阿姆兰—亚丁高速公路项目建设，该项目团队人员在 2015 年 3 月撤回国内，项目也因此搁置。

【裁判结果】上海海事法院审理认为，目的港所在国发生战乱，影响的是公路建设项目，重庆公路公司的偿付能力因此受到波及，但其不能因为无法收到公路建设项目下的合同款项而免除其向捷喜货代公司承担的付款义务。故判决重庆公路公司支付所拖欠的费用。二审维持原判。

【典型意义】“一带一路”沿线国家众多，政治、经济、民族、宗教、法律、文化、地理等状况复杂各异。在“走出去”参与投资、合作、建设过程中，遭遇政局动荡、战乱、罢工、自然灾害等不可抗力事件或者其他不可预测的情势变更都在所难免，本案即是由此引发纠纷的一个典型事例。本案海上货物运输合同目的地也门是“一带一路”沿线国家之一，所运送的货物系用于国内企业通过海外竞标承接的重大基础设施建设项目。纠纷的产生与也门局势突变存在关联，因此准确划分合同当事人在类似事件下的责任界限和风险负担，对依法保障企业海外投资利益，鼓励和促进企业参与“一带一路”建设具有现实意义。本案的判决明确了海上货运代理合同的委托人不能因其投资项目无法履行，而免除其在海上货运代理合同下对受托人应承担的合同义务，以避免海外投资建设领域的意外风险向为之提供物流保障服务的航运产业链不当转嫁。该原则也同样适用于海上货物运输合同以及为海外投资项目提供诸如物资、融资等的其他相关合同的履行场合，可供今后处理类似涉“一带一路”的案件以作借鉴。

以上四个案例充分发挥了最高人民法院典型案例的示范和引领作用。为深入贯彻落实习近平法治思想，应立足新发展阶段，完整而准确地全面贯彻新发展理念，践行共商、共建、共享的原则，建立健全国际商事争端解决机制和机构，为推动“一带一路”建设行稳致远提供强有力的司法服务和保障。

（四）评述

海事司法机构成立之初的职能主要在于审理海事商事纠纷，保障海上运输和对外贸易的发展，这与当时中国社会发展对海事司法的需求是相吻合的。然而，随着海洋经济发展的不断深入和海洋战略地位的日益突出，海事司法不能仅满足于成立伊始的职能设定。结合海事司法在实践中的发展和海洋强国战略对海事司法的需求，新形势下中国海事司法的职能应进行调整，深化案例指导制度，强化海事审判理念的培养，准确把握涉海法律特殊性，增加海事司法人员对海事实践的感性认识，此外还应加强海法体系研究，健全涉海法律保障。❶

四、中国海上交通运输法治的执法情况

（一）海上执法机制

新中国成立后，我国海洋事业得到快速发展，海洋管理越来越受到重视。1964 年以前，管理经验的不足，导致我国海洋开发战略不够明确，海上行政执法队伍的建设也相对薄弱，虽然我国设立多个部门来加强对海洋的管理，但执法队伍分散，工作重复的问题依然存在。1964—1978 年，海上管理主要以海军管理为主，但没有在实质上改变我国分散的海洋管理体制，即在局部统一基础上分散管理的模式。改革开放以后，涉海管理部门不断追求自身的发展，使得海上行政执法与涉海行业或产业管理权力有所交叉，在一定程度上形成了各自为政、多头管理、管理分散的局面。我国的涉海执法部门包括海洋局、海事局、渔政、海警等，此外还有环保、检疫、旅游等众多执法部门参与海洋事务的管理。从执法机构设置上看，既有各部门的横向执法，也有从中央到地方的纵向执法，但没有一支综合的海上执法队伍，采取的是以各涉海部门执法为主、其他部门协调为辅的执法体制。❷

2013 年，十二届全国人大一次会议通过的《国务院机构改革和职能转变方案》提出，我国政府将原国家海洋局及其中国海监、公安部边防海警、原农业部中国渔政、海关总署海上缉私警察等四支海上执法机构的队伍和职责并入国

❶ 参见司玉琢、曹兴国：《海洋强国战略下中国海事司法的职能》，载《中国海商法研究》2014 年第 3 期。

❷ 参见李响：《我国海上行政执法体制的构建》，载《苏州大学学报》（哲学社会科学版）2012 年第 3 期。

家海洋局，即对原国家海洋局进行重组，但仍然由原国土资源部管理。新组建的国家海洋局以中国海警局名义开展海上维权执法，并接受公安部业务指导。此次改革还设立了高层次的议事协调机构国家海洋委员会，其日常具体工作则由国家海洋局承担。❶ 这初步解决了长期以来中国海上执法存在的“多头管理”的问题，执法队伍的主体地位有了很大提高，既提升了执法的效率、减少了执法成本，又增强了维权执法的力度，特别是大大提升了深海维权的效能，还接轨国际做法，方便了中国海上执法力量开展国际交流合作。

2018 年，中共中央印发《深化党和国家机构改革方案》，不再保留原国家海洋局，而是将其职责与水利部、原农业部等八个部门的有关职责进行了整合，新组建了自然资源部，作为国务院的组成部门，最大限度地避免了海洋管理职能交叉与多头管理等问题。同时，将中国海警归属中央军委统一领导指挥的现役武警，执法权限包括行政、刑事与军事等诸多领域，标志着高层的海洋综合执法进入了新时代。❷

但事实上，2013 年的改革并不太彻底，它只是在中央层面归并了原有的四支执法队伍，地方层面却并未调整，在对内执法时各机构仍是原班人马履行其原本职责，❸ 海上执法仍有“国家队”与“地方队”之分，这种情况在 2018 年海上执法改革之后依旧存在。同时，在地方层面，各地海上执法机构的名称、性质、职责、规模、隶属关系等大不相同，机构设置模式五花八门。地方海上执法机构的多样化设置固然有助于发挥各部门的专业优势，实现精细化分工，但多类执法机构的并存也会诱使“多龙治海”的乱象在一定程度上再现，产生了职责交叉、政出多门、内部损耗等问题。❹

（二）海上执法依据

2018 年改革措施的出台，《刑事诉讼法》和《人民武装警察法》的修订，《海警法》的实施，均是我国海上执法建设中的重大成就，是我国海上执法的

---

❶ 参见李林：《海上执法力量的改革永远在路上》，载中国海洋发展研究中心官网，http://aoc.ouc.edu.cn/2018/0703/c9821a206355/page.htm，2022 年 6 月 22 日访问。

❷ 参见史春林、马文婷：《1978 年以来中国海洋管理体制改革：回顾与展望》，载《中国软科学》2019 第 6 期。

❸ 同注❷。

❹ 参见崔野：《中国海上执法建设的新近态势与未来进路——基于 2018 年海上执法改革的考察》，载《中国海洋大学学报》（社会科学版）2022 年第 2 期。

重要依据。而以行政规章、司法解释和地方性法规为主的规范性法律文件构成了我国海上执法依据的第二阶梯，其数量也更多。如2020年2月联合发布的《最高人民法院、最高人民检察院、中国海警局关于海上刑事案件管辖等有关问题的通知》，对于中国海警局依法、高效地惩治海上违法犯罪活动具有重大意义。除此之外，交通运输部公布的《海上海事行政处罚规定》、农业农村部新公布的《渔政执法工作规范（暂行）》等规范性文件也对海上执法各领域中的具体事项作出了规定。部分沿海地区也制定了若干有关海上执法的地方性法规和规章，如《深圳经济特区海域使用管理条例》《大连市海洋环境保护条例》等，这些地方性立法为海上执法实践提供了更为现实的执法依据。❶

同时，中央和沿海地区各级政府加大了政策供给力度，密集出台了《关于深化生态环境保护综合行政执法改革的指导意见》《国务院办公厅关于全面推行行政执法公示制度执法全过程记录制度重大执法决定法制审核制度的指导意见》《生态环境保护综合行政执法事项指导目录（2020年版）》《农业综合行政执法事项指导目录（2020年版）》《海警机构海上行政执法事项指导目录（2021年版）》《福建省海洋与渔业局关于建立行政执法“三项制度”体系的通知》《广东省人民政府关于开展海洋综合执法工作的公告》等与海上执法或直接或间接相关的政策文件。此外，中国海警局在2020年制定了刑事、治安、海洋资源开发利用、海洋生态环境保护、渔业、走私等领域的案件办理指引及执法办案场所使用管理等20余项制度规范，极大地充实了海上执法的制度体系。❷

（三）综合评述

综观我国40多年的改革历程可以发现，中国海洋管理体制发生了积极显著的变化并呈现鲜明的特点，总体发展趋势是从分散型向综合协调型管理方向过渡。中央海洋综合管理呈现不断扩大发展趋势，地方海洋综合管理呈现区域化发展趋势，海洋执法队伍建设呈现相对集中的发展趋势，跨行业与跨区域海洋管理呈现统筹协调的发展趋势。❸

---

❶ 参见崔野：《中国海上执法建设的新近态势与未来进路——基于2018年海上执法改革的考察》，载《中国海洋大学学报》（社会科学版）2022年第2期。

❷ 同注❶。

❸ 参见史春林、马文婷：《1978年以来中国海洋管理体制改革：回顾与展望》，载《中国软科学》2019第6期。

改革开放以来，我国逐步将海洋多元管理主体及其职责进行了有机整合，初步实现了“从分散走向集中，从部分走向整体，从破碎走向整合”，❶ 并将海洋管理的工作重心从传统的资源开发与利用管理转向集中维护国家海洋权益与安全、保护海洋生态环境以及应对突发事件等公共事务的治理。

2018 年海上执法改革以来，我国的涉海法律法规或政策文件正在加快制定与完善，这为海上执法活动的“师出有名”“于法有据”奠定了基础。尽管如此，与加快建设海洋强国的战略目标相对照，我国涉海法律制度还不够健全，存在关键法律缺失，法律内容滞后，体系性相对较弱，执法主体多样，法律执行效果与措施不一，内部矛盾和冲突之处不少，立法层次与适用对象参差不齐等问题，❷ 仍需进一步改革。因此，推进海上综合执法、健全海上执法法律体系仍是重中之重。此外，还需探索设立专职海洋管理机构，建立高层次部门间综合协作机制。

五、中国海上交通运输法治的理论研究

（一）学界理论研究

经初步检索文献资料，以“海上运输”“国际海上运输”为关键词对中国知网、中国知网学术搜索等数据库搜索论文 1000 余篇，从中可看出，学者们对海上运输立法、司法、执法机制均有比较充分的研究，对我国海商法律体系的完善以及《海商法》的修订提出了可行的方案。

例如，在海商海事法律制度的评价方面，郭萍、黎理两位学者在《史径望海，借鉴反思：中国海商法回顾与展望》一文中提出，1992 年公布的《海商法》，从我国国情出发，反映改革开放的时代特征，为海事海商矛盾纠纷的化解提供法律依据，极大地促进了国际海上运输与经济贸易发展，对中国法制建设发展、健全我国航运法律体系、开发和利用海域和海洋资源、维护国家利益发挥了重要的作用……未来中国新《海商法》应立足本国实际、兼顾与国际接轨，做好修法路径设计，服务国际贸易和航运经济，为海上丝绸之路和海洋强

---

❶ 参见王印红：《我国海洋治理范式转变：特征及动因》，载《中国海洋大学学报》（社会科学版）2017 年第 6 期。

❷ 参见崔野：《中国海上执法建设的新近态势与未来进路——基于 2018 年海上执法改革的考察》，载《中国海洋大学学报》（社会科学版）2022 年第 2 期。

国战略实施提供重要支撑，并在构建海洋命运共同体的实践中提供中国智慧和方案，提高我国的国际海事立法话语权。❶ 此外，司玉琢、李天生两位学者在《论海法》一文中指出，无论是从社会经济发展水平，还是从面临的海洋格局出发，我国都必须在海洋法治上发展创新，以适应国家海洋战略实施、发展海洋经济和维护海洋权益的需要；与之相关的海事司法也应有创新，应扩大海事法院司法管辖范围并逐步实行“三审合一”、设立高级海事法院；还应创建独立的海法学学科，培养复合型海法人才。❷ 史春林、马文婷两位学者在《1978 年以来中国海洋管理体制改革：回顾与展望》中提出，经过 40 多年的改革探索，具有中国特色的综合协调型海洋管理体制已初步形成与塑就，但也存在一些问题需要解决，为此我国需要继续深化海洋管理体制改革，不断提高海洋管理效能与效率，为 21 世纪海上丝绸之路建设以及海洋强国与交通强国建设做出新贡献。❸

在司法和执法方面，崔野学者在《中国海上执法建设的新近态势与未来进路——基于 2018 年海上执法改革的考察》一文中指出，2018 年的海上执法改革开启了中国海上执法建设的新阶段，促使海上执法在依据、协作、职责、力度、过程等维度得到极大的优化与完善。但与之相伴的是，我国的海上执法依旧存有一些现实困境，这要求我们采取有针对性的措施，持之以恒地加以改进与调适，依靠持续的、递进的、全面的改革与创新，在体制、制度、机构、机制等方面多措并举，唯此才能实现海上执法的现代化，推动海洋强国战略和依法治国方略行稳致远。❹ 李国光学者在《充分发挥海事司法职能作用　推动海商法律体系完善发展——纪念〈中华人民共和国海商法〉颁布实施 20 周年》一文中指出，海事审判是中国改革开放的窗口，中国正在大踏步地走向世界，世界也更清晰专注地在认识中国。公正、高效的裁判对维护航运秩序、促进贸易发展能够起到积极作用，日益积累的司法实践经验正在为中国海商法律体系的创新发展提供源源不断的动力。海事法官们应肩负起这样的历史使命，为早日建成亚太地区海事司法中心，促进国际贸易交往，促进中国及世界海洋经济

---

❶ 参见郭萍、黎理：《史径望海，借鉴反思：中国海商法回顾与展望》，载《中山大学学报》（社会科学版）2021 年第 2 期。

❷ 参见司玉琢、李天生：《论海法》，载《法学研究》2017 年第 6 期。

❸ 参见史春林、马文婷：《1978 年以来中国海洋管理体制改革：回顾与展望》，载《中国软科学》2019 年第 6 期。

❹ 参见崔野：《中国海上执法建设的新近态势与未来进路——基于 2018 年海上执法改革的考察》，载《中国海洋大学学报》（社会科学版）2022 年第 2 期。

的可持续发展做出贡献。[1]

（二）理论研究的前沿问题

1. 一般性问题

（1）《海上交通安全法》《海警法》《渔业法》《港口法》《航道法》《海域使用管理法》《海洋环境保护法》《安全生产法》《突发事件应对法》等专门法之间的法律关系与协调。

（2）海上执法的法定职能和职责界定，海上维权执法的内涵与外延。

（3）中国海警局、中国海事局、中国渔政局的职责分工与协调、协同，如何实现海上执法中的“三互”（信息互换、监管互认、执法互助）。

2. 专门法相关问题

（1）《海上交通安全法》的相关问题：

①新《海上交通安全法》的国际性和域外效力；

②海上碍航物、污染物强制清除的责任、义务及其法律属性；

③外国籍船舶的管理问题，法律框架下的航行安全、无害通过、航行自由权利的实现和规制。

（2）《海警法》的相关问题：

①海警执法与相关领域行政管理的法律关系，法定职责的界定、分工与协调；

②海警与地方人民政府和驻地军事部门的关系；

③海警执法行为的法律救济途径和机制；

④海警执法的国内国际合作。

3. 其他问题

（1）国际海商法/运输法、海运竞争法律与政策的发展动态（包括立法、修法、司法等）。

（2）新形势下，海上货物运输法律问题研究。

（3）国际油轮运输法律问题。

（4）船舶污染损害赔偿和海洋环境保护问题。

（5）“一带一路”运输法律及实践问题研究。

（6）《海事诉讼特别程序法》修改问题。

---

[1] 参见李国光：《充分发挥海事司法职能作用　推动海商法律体系完善发展——纪念〈中华人民共和国海商法〉颁布实施20周年》，载《中国海商法研究》2012年第3期。

中国航空交通运输法治发展研究

范志勇* 杜宇航**

一、中国航空运输法治的基本情况

（一）中国航空运输的概念、特点与市场现状

1. 概念

航空运输包括国内航空运输与国际航空运输。本文所述“航空”，在无特别说明的情况下，仅指民用航空。民用航空运输和铁路、汽车等运输方式一样，是现代交通运输方式之一，是我国国民经济和全国统一运输网中不可缺少的组成部分。❶

航空运输可分为旅客运输与货物运输两类。航空运输可以迅速将旅客运往全国各地乃至世界各地，从而加强中央与地方的交流，密切我国与世界各国和地区之间的政治、经济、文化往来。这也是航空运输的一项基本任务。随着我国国民经济的发展，航空运输根据自己的特点和分工，和其他运输方式相互配合，在货物运输中也发挥着巨大的作用，这对我国社会主义事业的建设发展具有重要意义。❷

2. 特点

与公路运输、水路运输等其他运输方式相比，航空运输是较为年轻的运输

---

* 范志勇，北京交通大学法学院讲师。

** 杜宇航，北京交通大学法学院2021级硕士研究生。

感谢北京交通大学法学院2021级硕士研究生万勤梅同学协助查阅、收集与整理相关材料。

❶ 参见雷汀、张知恕：《民用航空运输的特点及其在国民经济中的作用》，载《经济研究》1965年第7期。

❷ 同注❶。

方式，其产生距今只有大概100年的时间。航空运输在快捷、舒适、安全以及载运能力方面的快速提高，使它成为近代几种运输方式中发展最快的运输方式。[1] 航空运输的主要特点是高速性、受天气条件影响大、运载量较小、运输过程平稳等。

（1）高速性

高速性是航空运输最大的优点。与其他运输方式相比，航空运输首要特点就是速度最快、运输路线最短。现代喷漆飞机时速都在900公里左右，比海运轮船快20~30倍，比火车快5~10倍，其与地面运输比较，运程越长，节约时间越多，高速特点越显著。[2] 普通中型飞机的速度比铁路、汽车要快4~10倍。[3]

（2）受天气条件影响大

航空运输在空中飞行，不受地形条件限制，可以直线飞行，因此飞机比地面任何一种运输工具所走的线路里程都要短。[4] 但是在雷电、沙尘严重等不利于飞行的天气条件下，为了保证安全性，航空运输通常无法进行，这也是国内很多航班出现晚点的原因。

（3）运载量较小

航空运输的运载量较小，运输能力不强，不能负担大量的运输任务。因此，在物资运输中，航空运输主要负担远程和紧急的小批货物和邮件运输任务。民用航空在进行紧急运输方面，起着“突击手”的作用。[5]

（4）运输过程平稳

航空运输的另一个特点是运输过程比其他运输方式更为平稳，颠簸很轻，能够更好地保证货物运输安全。通常飞机在空中飞行很平稳，起飞降落时的震动也很轻微，并且空运量较小，装卸方便，货物不会发生剧烈的震荡。因此，航空运输又是一种最适宜运输精密、易碎、贵重货物的运输方式。

此外，航空运输还具有一些次要的特点。例如，具有国际性。航空运输几

---

[1] 参见孙国正：《第七讲 交通运输》，载《学习月刊》1995年第3期。

[2] 同注[1]。

[3] 参见雷汀、张知恕：《民用航空运输的特点及其在国民经济中的作用》，载《经济研究》1965年第7期。

[4] 同注[3]。

[5] 同注[3]。

乎是国际重大政治活动的唯一的交通工具，也是国际贸易、文化、科技、旅游等各种国际活动中的主要交通工具。航空运输还广泛运用了各类技术知识，具有知识领域的广泛性。为了保障旅客以及货物安全，航空运输过程涉及多种学科知识，包括多种自然科学及社会科学的内容，如自然科学方面包括天文气象学、飞行力学、材料学、计算机等学科，社会科学方面包括社会经济、贸易、旅游等学科。在一定程度上，一个国家的航空运输水平也反映了其科学技术、工业和国民经济的发展水平。[1]

3. 中国航空交通运输市场现状

中国航空交通运输市场发展受新冠肺炎疫情影响较大，从近几年的行业数据来看，2020 年遭受新冠肺炎疫情冲击巨大，2021 年则在 2020 年基础上有轻微缓解，但相较于新冠肺炎疫情发生以前，仍呈倒退趋势。总体来说，我国航空交通运输行业基础设施建设仍稳步推进，民用机场、航空企业、运输机队等数量持续增多。

（1）运输周转量较新冠肺炎疫情前下降明显，呈缓步上升趋势

《2020 年民航行业发展统计公报》显示，2020 年，我国民用航空全行业完成运输总周转量 798. 51 亿吨公里，比上年下降 38. 3%。国内航线完成运输总周转量 587. 67 亿吨公里，比上年下降 29. 2%，其中，港澳台航线完成 3. 19 亿吨公里，比上年下降 81. 1%；国际航线完成运输总周转量 210. 83 亿吨公里，比上年下降 54. 5%。[2]

《2021 年民航行业发展统计公报》显示，2021 年，我国民用航空全行业完成运输总周转量 856. 75 亿吨公里，比上年增长 7. 3%。国内航线完成运输总周转量 641. 14 亿吨公里，比上年增长 9. 1%，其中，港澳台航线完成 3. 01 亿吨公里，比上年下降 5. 5%；国际航线完成运输总周转量 215. 61 亿吨公里，比上年增长 2. 3%。[3] 图 1 为 2017—2021 年我国民航运输总周转量统计图。

---

[1] 参见柯德铭：《航空运输的特点及管理对策》，载《管理世界》1991 年第 2 期。

[2] 参见《2020 年民航行业发展统计公报》，中国民用航空局，2021 年 6 月发布。

[3] 参见《2021 年民航行业发展统计公报》，中国民用航空局，2022 年 5 月发布。

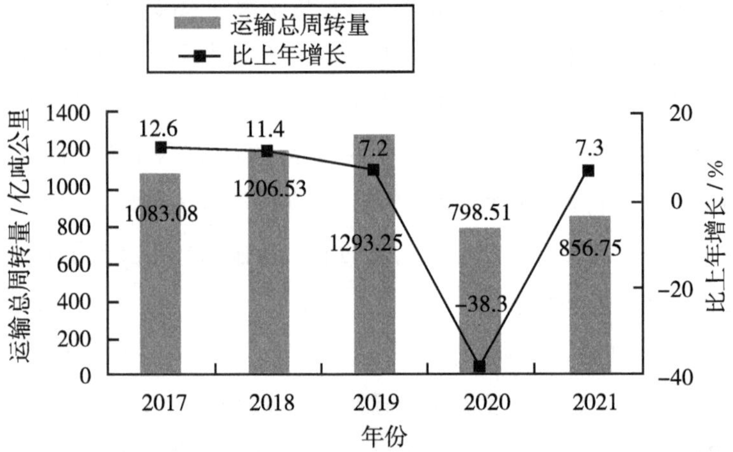

图 1 2017—2021 年我国民航运输总周转量统计

（资料来源：《2021 年民航行业发展统计公报》）

可见，航空交通运输市场受新冠肺炎疫情影响较大，行业复苏仍需一个较为漫长的过程。

（2）机场建设稳步进行，民用机场、航空公司、运输机队数量持续增多

根据《2021 年民航行业发展统计公报》显示，在机场建设方面，截至 2021 年年底，我国境内运输机场（不含我国香港、澳门和台湾地区）248 个，比上年底净增 7 个。2021 年新增机场有：荆州沙市机场、九江庐山机场、菏泽牡丹机场、芜湖宣州机场、成都天府机场、郴州北湖机场、韶关丹霞机场。2021 年，青岛流亭机场迁至青岛胶东机场，连云港白塔埠机场迁至连云港花果山机场。在航空企业方面，截至 2021 年年底，我国共有运输航空公司 65 家，比上年底净增 1 家。按不同所有制类别划分：国有控股公司 39 家，民营和民营控股公司 26 家。在全部运输航空公司中，全货运航空公司 12 家，中外合资航空公司 9 家，上市公司 8 家。运输机队方面，截至 2021 年年底，民航全行业运输飞机期末在册架数 4054 架，比上年底增加 151 架。❶

此外，在航线网络方面，2021 年，定期航班国内通航城市（或地区）244 个。机场业务量方面，2021 年全年旅客吞吐量达到 100 万人次以上的机场为 96 个，比上年增加 11 个，其中全年旅客吞吐量达到 1000 万人次以上的机场为 29

---

❶ 参见《2021 年民航行业发展统计公报》，中国民用航空局，2022 年 5 月发布。

个，比上年增加 2 个。2021 年货邮吞吐量达到 1 万吨以上的运输机场为 61 个，比上年增加 2 个。❶

（二）中国航空交通运输的法律发展脉络

中国航空交通运输的发展历史不长，相较于海上运输、路上运输上千年的历史，航空运输属于十分年轻的运输方式。新中国成立后，由于发展较为落后等原因，我国航空领域很长一段时间内并无相关法律予以规制。1958 年 6 月 5 日通过了《全国人民代表大会常务委员会关于加入 1929 年在华沙签订的“统一国际航空运输某些规则的公约”的决定》，表明我国自此决定加入 1929 年 10 月 12 日在华沙签订的《统一国际航空运输某些规则的公约》（即《华沙公约》），开启了向国际靠拢，规范国内航空领域的征程。此后我国加入了一系列航空领域的国际公约，如 1974 年正式加入《国际民用航空公约》（即《芝加哥公约》），1999 年加入《国际承认航空器权利公约》，2005 年加入《统一国际航空运输某些规则的公约》（即《蒙特利尔公约》），2008 年加入《移动设备国际利益公约》等。在公约的推动下，我国航空领域的国内立法逐步与国际接轨。

新中国成立初期是我国民航立法的积极探索时期。1952 年 5 月 7 日，中央军委、政务院作出了《关于整编民用航空的决定》，规定原军委民航局改为空军建制，直属空军司令部，并将民用航空的行政管理和业务经营机构分开，改设民用航空局和民用航空公司。随着这一变动，各有关部门开始积极探索立法，以建立起初步的民航法律制度。这一时期的民航立法，主要侧重于空中交通管制、航空电信、通信导航、航空气象方面，如公布了《飞行基本规则》《中国民航飞行条令》《中国民用航空飞行指挥工作细则》《中国民用航空专业飞行工作细则》《民航电信工作制度》《中国民航通信条令》等法规规章。❷

改革开放后，我国民航领域立法开始活跃。1979 年，经国务院批准，原中国民用航空总局发布《外国民用航空器飞行管理规则》（2019 修订），标志着我国民航立法揭开了新的篇章。在这一阶段，不仅成立了航空法领导小组和起

---

❶ 参见《2021 年交通运输行业发展统计公报》，交通运输部，2022 年 5 月发布。我国香港、澳门特别行政区及我国台湾地区的统计数据未包括在该公报内。

❷ 参见郝秀辉、杨惠、杨万柳：《民航立法发展的回顾、反思与展望》，载《社会学科学》2010 年第 6 期。

草小组，还聘请民航专家修订了一些原有法规规章。[1] 截至2022年11月，我国除制定《民用航空法》这一部专门法律外，现行有效的与民航行业相关的行政法规有46部，部门规章有98部，其他规范性文件有将近500部。[2] 这些法律文件为我国民航业的改革与发展奠定了良好的制度基础。

其中，1995年10月30日，全国人大常委会公布《民用航空法》。作为我国民用航空领域的基本法，该法首次从法律层面对我国民用航空领域作出了较为全面的规定。该法共计16章，主要包括民用航空器国籍、民用航空器权利、民用航空器适航管理、航空人员、民用机场、空中航行、公共航空运输企业、公共航空运输、通用航空、搜寻援救和事故调查、对地面第三人损害的赔偿责任、对外国民用航空器的特别规定、涉外关系的法律适用、法律责任等内容。此后，《民用航空法》分别于2009年、2015年、2016年、2017年、2018年、2021年进行了六次修正。但其16章的组织架构并未变化，一直沿用至今。

在《民用航空法》公布后，为进一步健全与社会主义市场经济和国际民航发展趋势相适应的民航管理体制和运行机制，中国民用航空局以修订《民用航空法》为龙头，以完善安全管理和经济管理等法规规章为重点，建立起比较完备的民用航空法规体系的民用航空法制建设体制，发布了一系列配套的规章制度，进而形成了当前我国航空交通运输领域的法治格局。

二、中国航空交通运输法治的立法情况

（一）民用航空领域基本法

我国的民用航空领域基本法是《民用航空法》，自公布以来，进行过六次修正。

2009年《民用航空法》第一次修正涉及两个问题共10处修改：一是解决《民用航空法》与1997年修订后的《刑法》不衔接的问题。将适用《刑法》的表述统一修改为“依照刑法有关规定”；二是与2005年公布的《治安管理处罚法》衔接，将条文中的《治安管理处罚条例》修改为《治安管理处罚法》。

---

[1] 参见郝秀辉、杨惠、杨万柳：《民航立法发展的回顾、反思与展望》，载《社会学科学》2010年第6期。

[2] 数据源自北大法宝，以“民用航空”“民航”“现行有效”为限定词进行检索，统计时间为2022年9月。

2015 年《民用航空法》第二次修正涉及三个问题共 5 处修改：一是删除国际航空运输运价的审批规定；二是将公共航空运输企业经营许可与工商登记脱钩，由前置审批改为后置审批；三是将机场及其助航设施使用、服务收费标准的制定权交由民航主管部门单独实施。

2016 年《民用航空法》第三次修正涉及 1 处修改：删除了领航员、飞行通信员的资格认定。

2017 年《民用航空法》第四次修正涉及 1 处修改：将申办通用航空经营性许可证涉及的工商登记改为“先照后证”。

2018 年《民用航空法》第五次修正涉及三个问题共 3 处修改：一是删除了一处有关“检疫”的规定；二是将非公众开放的民用机场的许可管理调整为备案管理；三是为无人驾驶航空器监管立法作出授权性规定。

2021 年《民用航空法》第六次修正涉及三个问题共 3 处修改：一是将审查批准设立国际机场的机构修改为机场所在地省级人民政府报请国务院；二是将从事非经营性通用航空的，修改为应当向国务院民用航空主管部门备案；三是增加了从事非经营性通用航空未向国务院民用航空主管部门备案的处罚办法。

（二）民用航空领域的法规与规章

民用航空领域的法规与规章主要为涉及适航、民用机场管理、飞行规则、通用航空规则、空域管理、事故调查等方面的行政法规与部门规章（见表 1）。

表 1　我国民用航空领域的主要法规与规章

涉及领域	法规与规章文件名称
适航管理规范	（1）《民用航空器适航管理条例》； （2）《民用航空器适航指令规定》（民航局令第 8 号）； （3）《民用航空油料适航管理规定》（民用航空局令第 145 号）； （4）《民用航空产品和零部件合格审定规定》（交通运输部令 2017 年第 23 号）； （5）《航空发动机适航规定》（交通运输部令 2016 年第 18 号）； （6）《航空器型号和适航合格审定噪声规定》（交通运输部令 2017 年第 33 号）； （7）《民用航空器运行适航管理规定》（民用航空总局令第 60 号）； （8）《民用航空用化学产品适航规定》（民用航空总局令第 131 号）

续表

涉及领域	法规与规章文件名称
民用机场规范	(1)《民用机场总体规划管理规定》(民航总局令第 96 号); (2)《民用机场使用许可规定》(已失效); (3)《民用机场管理条例》(国务院令第 709 号); (4)《民用机场专用设备使用管理规定》(已失效); (5)《民用机场航空器活动区道路交通安全管理规则》(民用航空总局令第 170 号); (6)《民用机场运行安全管理规定》(交通运输部令 2018 年第 33 号); (7)《民用机场建设管理规定》(交通运输部令 2018 年第 32 号); (8)《财政部关于印发〈民航发展基金征收使用管理暂行办法〉的通知》(财综〔2012〕17 号)
飞行规则	(1)《飞行基本规则》(国务院令、中央军事委员会令第 509 号); (2)《中国民用航空飞行规则》(民航局令第 2 号); (3)《民用航空预先飞行计划管理办法》(民用航空总局令第 166 号); (4)《外国航空运输企业不定期飞行经营许可细则》(民用航空总局令第 167 号)
通用航空规范	(1)《非经营性通用航空登记管理规定》(已失效); (2)《通用航空经营许可管理规定》(交通运输部令 2020 年第 18 号); (3)《通用航空飞行管制条例》(国务院、中央军事委员会令第 371 号); (4)《国务院关于通用航空管理的暂行规定》(已失效); (5)《中国民用航空局关于修订印发引进进口通用航空器管理暂行办法的通知》(民航发〔2010〕70 号); (6)《中国人民解放军总参谋部、中国民用航空局关于印发〈通用航空飞行任务审批与管理规定〉的通知》(参作〔2013〕737 号)
空域管理规范	(1)《民用航空空中交通管理设备开放、运行管理规则》(已失效); (2)《民用航空空中交通管理运行单位安全管理规则》(交通运输部令 2016 年第 17 号); (3)《施放气球管理办法》(已失效); (4)《民用航空使用空域办法》(民用航空总局令第 122 号)
事故调查规范	(1)《中国民用航空总局民用航空器飞行事故调查程序》; (2)《民用航空器事故和飞行事故征候调查规定》(已失效); (3)《国家处置民用航空器飞行事故应急预案》; (4)《搜寻援救民用航空器规定》(民航局令第 29 号); (5)《中国民用航空总局关于发布中华人民共和国国家标准民用航空地面事故等级的通知》

（三）评述

为紧跟时代发展的步伐，满足航空运输实践的需求，以《民用航空法》为中心，我国在航空交通运输的主要领域制定了相关法律法规，民用航空规范性文件的数量有了显著增长，已形成法律、行政法规、规章等组成的多层次的航空运输法律法规体系，为我国航空交通运输行业的管理与发展奠定了必要的法律基础。但民航发展是一个系统工程，涉及较长的发展链条，包括上游的航空科研、航空教育、飞机制造，中间层面的航空运输、空域管理、航空油料，再到下游的代理、旅游等。上中下游只有相互协同、有效配合，民航行业才能实现和谐发展，而这就需要制定涵盖整个领域的法律进行协调和管理。从实践发展的需要来看，愈来愈需要一部完整、统一的航空法律作保障，这对于增强民航、军航以及其他航空活动的系统性，正确处理民航、军航的关系，以及对于规范航空市场、保障航空市场公平、公开、公正的竞争，促进民航强国的建设都具有积极的意义。同时，通过“大部制”改革，我国交通运输部整合了原交通部、中国民用航空总局、原铁道部等分散的交通运输监管职能，契合综合交通运输发展的需要，顺应了发展新形势，故综合的交通运输领域立法应提上日程。

为统筹行业立法各项工作，持续有力推进民用航空交通运输法治建设，中国民用航空局于2022年年初发布《“十四五”民航立法专项规划（2021—2025年）》（以下简称《规划》）。《规划》分析了当前民航立法工作面临的发展形势，明确了“十四五”时期民航立法工作的指导思想、工作原则、工作目标、重点任务与保障措施，为多领域民航强国建设进一步筑牢法治基础。《规划》提出，要坚持党的全面领导，始终坚持以人民为中心，以习近平新时代中国特色社会主义思想为指导，全面贯彻落实党的十九大和十九届历次全会、中央全面依法治国工作会议精神，认真贯彻落实习近平法治思想和党中央重大决策部署，围绕“十四五”时期民航总体工作思路，有效发挥民航法律法规规章体系应有的固根本、稳预期、利长远的保障、规范、引领作用，坚持法治体系建设正确方向，加快重点领域立法，为开启新时代民航强国建设新征程、推进民航治理体系和治理能力现代化、实现民航高质量发展提供法治保障。《规划》明确，推进“十四五”时期民航立法工作，要按照“控总量、调结构、严标准、提质量、优体系”思路，遵循“坚持法规建设与时俱进，坚持科学立法、民主立法、依法立法，坚持立法质量和进度并重，坚持立法的中国特色，坚持统筹兼顾”等五项工作原则。

三、中国航空交通运输法治的司法情况

笔者在中国裁判文书网以“航空运输”为关键词进行全文检索，发现截至2022年11月，共有14 101份裁判文书，其中刑事案由文书847份，民事案由文书11 051份，行政案由108份，此外还涉及执行案由69份，国家赔偿案由4份。其中，尤以合同纠纷最多，涉及合同纠纷的文书多达7520份。由此，针对航空领域的司法案件予以梳理，纠纷主要集中于合同、侵权损害赔偿等民事法律关系方面，其中又可以区分国内与涉外的法律关系，各自适用的规范依据有别。

（一）航空客运合同纠纷

在航空客运民事纠纷中，旅客与航空公司之间的旅客运输合同纠纷相对多发。其中，关于航空客运合同纠纷频现于对航空公司提供的格式条款的解释与效力认定方面。相关的代表性司法案例，如蒋某中诉中国东方航空股份有限公司航空旅客运输合同纠纷案——会员积分有效期格式条款的效力认定一案。[1]该案判决将航空旅客会员积分合同认定为有偿、双务合同，航空公司对于会员积分有效期的设定，符合我国原《合同法》关于合同可以设定履行期限和解除期限的规定。关于会员积分逾期作废的格式条款，亦应遵守合同立法中关于格式合同的相关规制规则，航空公司作为格式合同制定者具有法定的提示和说明义务，且格式条款内容应遵循公平原则。鉴于法律或者相关行业规定，对于航空公司对会员积分期限进行短信通知未有明确规定，会员合同中对于积分提醒方式也未明确约定，基于理性人原则考虑，航空公司作为在交易中较为强势的一方，应承担更多的告知、协助和保护义务，如会员已开通许可短信通知服务的情形下，航空公司理应给予及时短信告知的提醒，否则要承担违约责任。

关于航空客运合同的争议还经常发生在合同的效力环节，譬如航空客运合

[1] 参见上海市浦东新区人民法院（2017）沪0115民初64822号民事判决书。

同的解除问题。典型案例如中国东方航空股份有限公司与孙某航空旅客运输合同纠纷一案。[1] 本案争议焦点为乘客是否具有航空旅客运输合同解除权。双方订立航空旅客运输合同后，全球发生新冠肺炎疫情这一突发公共卫生事件，为保护公众卫生健康，政府部门采取了新冠肺炎疫情联防联控措施，乘客出行受限，中国东方航空股份有限公司所处民航业亦受到巨大冲击，对于乘客和中国东方航空股份有限公司来说，属于不能预见、不能避免并且不能克服的不可抗力。因不可抗力导致合同目的无法实现，当事人可以行使法定解除权解除合同且免予承担违约责任，依据不可抗力行使法定解除权的除斥期间应为自其知道或应当知道解除事由之日起一年内。

在航空客运过程中，航空公司对于旅客安全的保障是其重要的义务内容，当旅客在乘坐民用航空器的过程中发生人身损害，向航空公司进行索赔时，双方对于一些特殊服务的责任认定时有争议发生。譬如，沈某红诉四川航空股份有限公司旅客运输合同纠纷一案[2]的核心争议问题为“免费接送”过程中发生事故的，提供服务的商家应否承担赔偿责任？对此需要认定，在消费者购买商品或者服务时，商家提供的“免费接送”服务是消费者购买运输服务的扩展和延伸，此时两者之间形成旅客运输合同关系，商家有保障消费者的人身、财产安全的义务。在“免费接送”过程中发生事故、造成损害的，提供服务的商家应当对消费者的实际损失承担赔偿责任。又如，代某露等诉海南航空控股股份有限公司航空旅客运输合同纠纷一案[3]的争议焦点为航空公司是否对乘客尽到了救助义务以及航空公司是否应当承担赔偿责任。《大型飞机公共航空运输承运人运行合格审定规则》和《大型飞机公共航空运输承运人机载应急医疗设备配备和训练》等规范性文件要求航空公司在其载客飞机上配备一定的应急医疗设备，并对机组成员进行相关的应急训练，但并不要求其提供专业的应急医疗服务。飞机提前迫降对于乘客及航空公司均有一定的经济损失，因此双方均会审慎地评估考量。当乘客因突发疾病有生命危险时，对于尚有意识的成年患病乘客，可以及时向航空公司表明迫降的要求，航空公司在询问乘客病情后，初步评估有生命危险，在条件允许的情况下应当及时迫降。

---

[1] 参见上海市第一中级人民法院（2021）沪01民终10298号民事判决书。

[2] 参见四川省成都市双流区人民法院（2013）双流民初字第907号民事判决书。

[3] 参见北京铁路运输法院（2018）京7101民初563号民事判决书。

（二）涉外航空客运纠纷

该类涉外纠纷与国内航空客运纠纷的主要区别表现在适用规范层面。典型案例如卡塔尔航空集团公司与赵某等航空运输人身损害责任纠纷一案。[1] 本案争议焦点系卡塔尔航空集团公司是否应对乘客的死亡承担赔偿责任。根据《蒙特利尔公约》第17条第1款规定，对于因旅客死亡或者身体伤害而产生的损失，只要造成死亡或者伤害的事故是在航空器上或者在上、下航空器的任何操作过程中发生的，承运人应当承担责任。“事故”系指造成旅客死亡或者身体伤害的意外事件，应进一步理解为偶然的、不可预见的、不同寻常的、意想不到的事件，该事件独立于旅客而存在，不是旅客自身对正常飞行活动所产生的内在反应，即并非旅客自身原因导致。只要“事故”发生在航空器上或者上、下航空器的过程中，承运人就应当承担无过错责任，即承运人对旅客死亡或伤害承担责任以其行为与损害结果之间的因果关系为要件，而不以其过错为要件。

（三）涉外航空货物运输纠纷

除航空客运纠纷外，具有涉外因素的航空货运纠纷也是重要的一类涉外争议。典型案例如深圳德威国际货运代理有限公司诉深圳市欧冠国际物流有限公司国际航空货物运输合同纠纷一案，[2] 关涉航空货物运输损害赔偿责任认定的问题，指明了航空涉外争议所应适用的规范依据。即使纠纷当事人均为国内公司或自然人，但如果法律事实发生在域外，也应识别其为涉外案件，需要通过法律冲突规范来选择应适用的法律，包括国际条约或域外法。我国作为《蒙特利尔公约》的成员国，应履行条约义务。在审理《蒙特利尔公约》成员国之间的国际货物运输合同纠纷中，关于损害赔偿的问题应强制适用《蒙特利尔公约》的规定。

关于涉外航空货物运输合同纠纷的典型司法案例，如新时代国际运输服务有限公司上海分公司航空货物运输合同纠纷一案。[3] 本案管辖权的争议焦点在于本案是否适用国际条约确定管辖，根据是否系涉外民事关系以及是否应适用

---

[1] 参见北京市第三中级人民法院（2020）京03民终5683号民事判决书。
[2] 参见广东省深圳市中级人民法院（2016）粤03民终18378号民事判决书。
[3] 参见上海市浦东新区人民法院（2015）浦民二（商）初字第S5130号民事裁定书。

《蒙特利尔公约》来决定法院是否有管辖权。根据当时有效的《最高人民法院关于适用〈中华人民共和国涉外民事关系法律适用法〉若干问题的解释（一）》（法释〔2012〕24 号）第 1 条第 1 款的规定："民事关系具有下列情形之一的，人民法院可以认定为涉外民事关系：（一）当事人一方或双方是外国公民、外国法人或者其他组织、无国籍人……"根据《蒙特利尔公约》第 1 条"适用范围"规定："一、本公约适用于所有以航空器运送人员、行李或者货物而收取报酬的国际运输。本公约同样适用于航空运输企业以航空器履行的免费运输。二、就本公约而言，'国际运输'系指根据当事人的约定，不论在运输中有无间断或者转运，其出发地点和目的地点是在两个当事国的领土内，或者在一个当事国的领土内，而在另一国的领土内有一个约定的经停地点的任何运输，即使该国为非当事国。就本公约而言，在一个当事国的领土内两个地点之间的运输，而在另一国的领土内没有约定的经停地点的，不是国际运输。……"《蒙特利尔公约》第 55 条"与其他《华沙公约》文件的关系"规定："在下列情况下，本公约应当优先于国际航空运输所适用的任何规则：一、该项国际航空运输在本公约当事国之间履行，而这些当事国同为下列条约的当事国：（一）一九二九年十月十二日在华沙签订的《统一国际航空运输某些规则的公约》（即《华沙公约》）；（二）一九五五年九月二十八日订于海牙的《修订一九二九年十月十二日在华沙签订的统一国际航空运输某些规则的公约的议定书》（即《海牙议定书》）……"从《蒙特利尔公约》的该项规定可以看出，《蒙特利尔公约》在当事国之间系优先于《华沙公约》《海牙议定书》适用的。根据《蒙特利尔公约》第 33 条"管辖权"第 1 款规定："一、损害赔偿诉讼必须在一个当事国的领土内，由原告选择，向承运人住所地、主要营业地或者订立合同的营业地的法院，或者向目的地点的法院提起。"

关于涉外航空货物运输合同解除方面的典型案例，如朗力（武汉）注塑系统有限公司与天地国际运输代理（中国）有限公司武汉分公司航空货物运输合同纠纷案。[1] 该案对明晰国际航空运输合同纠纷的裁判规则、规范国际航空物流权责关系具有示范意义。一是明确了在以航空方式实施的跨国货物运输中，

---

[1] 参见《最高人民法院为"一带一路"建设提供司法服务和保障的典型案例》，最高人民法院，2015 年 7 月 7 日发布。

运输迟延导致收货人拒绝接受交付可构成承运人的根本违约，托运人可行使部分解除权，有权解除相关运输合同。二是明确了航空货物运输合同旨在免除公约规定的承运人责任或者降低责任限额的约定，违反《蒙特利尔公约》的规定无效，承运人应当在公约限额内向托运人承担赔偿责任。这有助于准确理解公约条款并明晰国际航空运输纠纷裁判规则。

（四）评述

总而言之，目前我国航空交通运输司法裁判中尚存在以下问题需要解决。

第一，在航空交通运输中可能涉及涉外因素，此时国际公约将成为司法裁判的依据。由此，目前关于航空交通运输领域作为司法裁判依据的法律渊源次序是国际公约、宪法、法律、国际惯例与国际规则、行政法规、规章等。就国内的航空客运合同纠纷而言，主要依据国内立法中的民事法律规范，相关争议不大。航空交通运输纠纷中司法裁判的难点在于涉外争议，对此，我国航空领域中可作为裁判依据的国际公约主要包括：1929 年《华沙公约》（中国于 1958 年加入）；1955 年《海牙议定书》（中国于 1975 年加入）；1999 年《蒙特利尔公约》（中国于 2005 年加入）。这三大国际公约主要确立了航空运输责任归属和赔偿标准。为进一步解决涉外航空交通运输纠纷的司法裁判依据的问题，有必要在司法管辖与法律适用方面出台关于国际公约与国内法的冲突处理规范。

第二，由于我国尚缺乏专门保障航空旅客权益以及针对航空领域的商业保险风险转移机制的专门法律，使得司法裁判在这两大领域中的法律依据不足，导致航空事故纠纷、航空保险相关的司法案件偏少。而我国《民用航空法》等现行法律侧重于规范航空运输管理和航空运营，并未主要立足于航空旅客权益的保障，相关规范供给不足。

第三，最高人民法院尚未就航空交通运输司法审判出台直接相关的司法解释。在航空交通运输纠纷中存在的损害赔偿的责任划分、举证责任的配置、损害赔偿的标准与范围、航空运输违约与航空侵权责任之间冲突关系的调和等疑难问题，仍有待通过司法解释予以细化规定，以此规制法官的自由裁量权，依法保障航空乘客的合法权益。

第四，关于航空交通运输纠纷的多元化解决机制有待完善。伴随我国改革的深入与对外开放的加强，实践中对国际航空纠纷仲裁的需求日益上涨，为此上海已设立国际航空仲裁院，但具体的航空运输仲裁业务尚有待开展。

四、中国航空交通运输法治的执法情况

我国民航领域的执法主体具有多元化的特点，主要包括民航安全监督管理局、中国民用航空主管部门、民航公安局和民航各地区管理局公安局等，地方政府的职能部门也涉及民航领域的部分行政执法事项。而依据我国《民用航空法》第46条的规定，民用航空器的机长在涉及危及飞行安全的违法行为之时，也有权采取必要的适当措施，因此机长也可被视为特殊的民航行政执法主体。民航行政执法的主要内容包括民航行政许可、民航行政检查、民航行政处罚、民航行政强制、民航行政约见、民航行政复议、民航行政赔偿等，其各自的核心内涵与主要法律依据总结如下。

（一）民航执法情况总览

1. 民航行政许可

民航行政许可是指民航行政机关根据从事民用航空活动的公民、法人或者组织的申请，经依法审查，准予其进入民用航空活动的行为。根据《民用航空行政许可工作规则》（中国民用航空总局令第161号）第7条、第8条、第9条的规定，民航局、民航地区管理局，以及民航行政机关的内设部门和派出机构，与接受委托的其他行政机关均为当前民航行政许可的执法主体。民航行政许可的法律性质是依申请的行政行为、要式行政行为。民航行政许可具体分为飞行标准类、航空器适航审定类、空中交通管理类、机场建设管理类、运输市场管理类、综合类等不同的内容。

2. 民航行政检查

依据《民用航空行政检查工作规则（2016）》（交通运输部令2016年第40号）第2条的规定，民航行政检查是指民航行政机关及其委托的组织和法律法规授权的组织依据有关法律、法规和规章，对从事民用航空活动的公民、法人或者其他组织实施的查看、了解和掌握其遵守有关法律等规范的情况，督促其履行义务的行为。依据《民用航空行政检查工作规则（2016）》第7条、第9条、第12条的规定，民航行政检查的执法主体是民航局和民航地区管理局，民航安全监督管理局接受管理局的指导开展行政检查，而依法接受民航行政机关委托实施行政处罚及其他行政管理事项的其他组织，也可以委托机关的名义实

施行政检查。

依据《民用航空行政检查工作规则（2016）》第 13 条、第 14 条的规定，行政检察人员须具备特定资格，在其行政检查过程中发现现行法律、法规和规章存在问题的，应当向本级民航行政机关政策法规部门书面提出法律、法规和规章的立、改、废、释建议。行政检查后的处理方式包括责令整改、行政处罚、对行政检查中发现的问题进行追踪、行政强制。

3. 民航行政处罚

民航行政处罚是指民航行政机关对违反民航行政法律规范的公民、法人和其他组织给予行政制裁的行政行为。依据《民用航空行政处罚实施办法》（交通运输部令 2021 年第 30 号，2021 修正）第 3 条规定，民航行政处罚的实施主体是中国民用航空局、民航地区管理局以及接受授权或者委托的组织。行政处罚的种类主要包括警告、罚款、没收违法所得、没收非法财物、责令停产停业、暂扣或者吊销许可证、暂扣或者吊销执照等行政处罚。

4. 民航行政强制

民航行政强制是指行政主体为了实现一定的行政目的，保证行政管理的正常运行，对行政相对方采取人身、财产、自由等采取强制性措施的行政行为。《民用航空行政检查工作规则（2016）》明确了行政检查中的强制措施。行政强制措施是行政机关在履行行政管理职责时必要的行政手段，尽管我国目前还没有专门的行政强制法，但《安全生产法》明确规定，负有安全生产监督管理职责的部门具有行使查封、扣押等行政强制措施的职权。

5. 民航行政约见

民航行政约见是指民航行政管理部门在职责范围内，为实现一定的行政目的，经行政相对人同意而作出的非强制性谈话制度。行政约见融合了教育与处罚相结合的原则，旨在通过行政约见，使行政相对人明确法律规范的内容，树立正确的是非观念和价值取向，主动遵守法律法规规章的规定，积极承担法律责任。

6. 民航行政复议

民航行政复议是指民航行政机关工作人员在行使行政职权过程中对行政相关对人造成合法权益损害的，受害的行政相对人有权提起行政复议，行政复议机关对被申请的行政行为合法性与适当性进行审查并且作出复议决定的行为。

民航行政复议机关包括民航局、相关承办单位等。

7. 民航行政赔偿

民航行政赔偿是指民航行政机关及其工作人员违法行使行政职权侵犯公民、法人和其他组织的合法权益造成损害的，该民航行政机关则为赔偿义务机关；两个以上民航行政机关共同行使行政职权时侵犯公民、法人和其他组织的合法权益造成损害的，共同行使行政职权的民航行政机关为共同赔偿义务机关。民航行政机关依法设立的派出机构行使行政职权侵犯公民、法人和其他组织的合法权益造成损害的，设立该派出机构的民航行政机关为赔偿义务机关。受民航行政机关委托的组织或者个人在行使受委托的行政权力时侵犯公民、法人和其他组织的合法权益造成损害的，委托的民航行政机关为赔偿义务机关。

（二）评述

我国的民用航空行政执法目前集中于民用航空主管部门，主要是基于航空安全管理、航空运行规范等业务方面，有效促进了中国民航事业的快速、健康、安全发展。但是，在执法范围、执法职能、执法方式、执法力度等方面仍有尚待优化的余地。

第一，持续完善民航法律法规体系，优化行政执法依据。开展事故调查、飞行标准、运输规则、通用航空、机场管理、空管人员执照和设备、航空安保等重点领域的法规、规章审查工作，完善民航领域的公平竞争审查工作机制，将公平竞争审查内容融入规章和文件合法性审查要点，不断完善民航法规体系；以部际间、行业内、失信人三个层面的三部文件为基础，建立民航信用管理体系框架；落实通用机场使用许可、无人机管理、检疫机构改革等需求，授权国务院、中央军事委员会对无人驾驶航空器作出特别规定，为无人驾驶航空器监管立法提供法律依据。

第二，持续加强监管能力建设。稳步开展行业监管模式改革，在前期开展试点、试用的基础上，启动全国推广工作。建设民航行业监管执法系统，编制、更新监管事项库；推进政务信息公开，让权力在阳光下运行；加强监察员资质能力建设。加大监察员、公职律师和立法人员培训力度，改进培训模式，开发

网络视频课程和案例课程。❶

第三，深化行政审批制度改革，健全航线航班管理机制。简化航班计划变更手续，取消对航班计划调整的审批，所有临时飞行均实现网上审核。规范国际航权管理，不断放宽市场准入，提高国际航权使用效率。优化行政审批服务流程，提升行政审批网上服务水平，着力解决通航企业反映的行政机关办事烦琐、效率不高问题，削减审批流程。❷

五、中国航空交通运输法治的理论研究

在中国知网数据库进行检索，针对航空领域的学术论文，按照所涉及的具体领域类型划分，主要梳理如下。

（一）学界理论研究概况

笔者在中国知网以“民用航空运输”为关键词，检索到356篇核心期刊文献（包括北大核心与CSSCI），767篇学位论文；以“民用航空运输”“法律”为关键词，检索到14篇核心期刊，64篇学位论文；以“航空运输”“法律”为关键词，检索到38篇核心期刊，109篇学位论文。自改革开放至今，中国民航业发展迅速，其行业规模已经跃居世界第二位。❸ 相较于我国航空交通运输行业的蓬勃发展，国内相关领域的研究却略显单薄。

在航空交通运输法律问题方面，学界的研究主要围绕承运人责任、航空运输中对第三人的侵权责任、航班延误责任，以及责任限额、损害赔偿等问题展开。也有学者对航空器产品责任进行了研究。❹ 其中航空承运责任又可以分为旅客运输承运人责任和货物运输承运人责任，总体而言，对旅客运输承运人责任的研究更多。❺ 例如，董念清在《免责条款的学理解释与实务考察——基于

---

❶ 参见民航深化改革第三方评估小组：《全面推进民航法治政府建设　民航行政管理能力不断提升——深化民航改革工作系列述评之九》，载中国民航报网，http://www.caacnews.com.cn/1/2/201905/t20190509_1273119.html，2022年11月15日访问。

❷ 参见《2018年民航局法治政府建设工作情况》，中国民航局，2019年4月2日发布。

❸ 参见宋刚、耿绍杰：《论中国航班延误法律制度的完善——兼谈欧盟261/2004号条例对该制度的借鉴意义》，载《北京航空航天大学学报》2021年第2期。

❹ 参见郝秀辉、王锡柱：《论航空产品责任的承担主体及其归责原则》，载《北京理工大学学报》2016年第1期。

❺ 参见郝秀辉：《中国航空运输法律问题研究述评——中国航空法学30年研究综述（一）》，载《北京航空航天大学学报》2010年第2期。

航空运输合同的分析》一文中认为应在厘清国际航空私法条约中免责条款的含义的基础上，按照法定的适用范围和条件予以免责认定。对于承运人“自定”免责条款，还需要依据《蒙特利尔公约》《民用航空法》《民法典》的相关规定判定其效力。[1] 王锡柱在《民用航空器侵权责任主体的相对性及其突破》一文中指出，我国原《侵权责任法》中民用航空器侵权责任属于高度危险责任范畴，民用航空器经营人有无过错，均应承担责任。然而，对于经营人之外有过失的第三人能否作为责任主体，以及受害人能否向此类第三人直接求偿并未在该法中得到明确，进而造成了民用航空器侵权责任主体的相对性。这种相对性不利于侵权责任法体系的完整，对于受害人以及航空器经营人的保护并不周延。基于利益平衡以及明辨是非的标准有必要突破这种责任主体的相对性，将具有过失的第三人作为责任主体，并赋予受害人向第三人的直接请求权。[2] 胡晓在《航空承运人强制责任保险接轨模式研究——以双循环格局为背景》一文中指出，我国的航空承运人强制责任保险的范围明显小于加入的国际公约，且存在航空母法过时、仅规定地面第三人责任险、责任险立法缺失的现状，应该在这一方面与国际接轨，借鉴他国法和国际法的相关内容。[3] 刘伟民在《论中国航空运输责任赔偿制度的发展趋势》一文中主张，中国航空运输责任赔偿制度已经陈旧过时，所确定的40万元人民币的责任赔偿限额与社会经济发展状况已很不适应。民事损害赔偿法律制度从“过失责任制”过渡到“无过失责任制”，是历史的必然和法律演变的规律，由此刘伟民建议中国与国际接轨，参照1999年《蒙特利尔公约》，适时修订现行法律，完善中国航空运输责任赔偿制度，以促进航空安全，保护旅客生命健康权益，保障航空运输秩序，维护社会稳定，增进和谐。[4]

除了研究责任问题外，学界也较为关注航空运输行业的市场监管、市场准

---

[1] 参见董念清：《免责条款的学理解释与实务考察——基于航空运输合同的分析》，载《兰州学刊》2021年第12期。

[2] 参见王锡柱：《民用航空器侵权责任主体的相对性及其突破》，载《西南石油大学学报》2015年第3期。

[3] 参见胡晓：《航空承运人强制责任保险接轨模式研究——以双循环格局为背景》，载《北京航空航天大学学报》，2022年5月18日，中国知网网络首发。

[4] 参见刘伟民：《论中国航空运输责任赔偿制度的发展趋势》，载《北京航空航天大学学报》2013年第1期。

入、反垄断等市场规制问题。例如，张军在《民航客运市场垄断行为及其法律规制》一文中，指出我国民航客运市场国有资本份额过大，形成国有航空公司寡头垄断市场格局，民营航空公司发展空间受限。民航客运市场中存在着价格联盟、联合抵制行为、经营者集中及行政垄断等现象，损害市场自由、公平竞争秩序，损害其他航空公司利益及旅客权益。应进一步完善规制民航客运市场垄断行为的法律法规，促进民航客运市场健康发展。[1] 李晨丹在《公共航空运输企业市场准入研究》一文中对公共航空企业市场准入的必要性以及我国的公共航空市场准入的完善方向进行了论述。[2]

在新冠肺炎疫情影响之下，少部分学者开始研究疫情之下的中美航权问题以及国际航空旅行限制措施。虽然该类研究较少，但显然这些话题都是航空领域最新的研究方向之一。[3] 此外，由于航空运输领域天然的国际性，在当今世界经济一体化的发展态势下，没有任何一个部门法如同航空法一样受国际公约影响程度之深广，[4] 许多学者热衷于介绍、解释、比较国际公约的相关规定，以对我国的航空法律问题提出指引。例如，崔艳萍在《交通运输国际公约比较研究》一文中，在分析交通运输国际公约体系的基础上，对海事、民航、铁路国际公约进行比较，并从国家领土主权、运输过程安全性、交通工具国籍、法律范畴等方面研究国际公约的差异性，为交通运输领域国际化发展提供研究咨询参考。[5]

总体而言，航空交通运输领域的法律理论研究，较为偏重于对国际公约及他国法的借鉴，且呈现出以实用为主，理论为辅，重制度完善、轻理论深度的倾向。在国内，航空运输承运人责任研究方面还比较薄弱，既有研究大多已是10年前的内容，其分析方法及援用的法律依据都较为陈旧。例如，有学者就指出我国学界"在有关国际航空运输责任归责原则的研究重复性、介绍性的成果太多，创新性研究成果太少"。[6] 在我国民法学界对承运人责任、侵权责任等理

[1] 参见张军：《民航客运市场垄断行为及其法律规制》，载《广西社会科学》2016年第11期。

[2] 参见李晨丹：《公共航空运输企业市场准入研究》，载《河北经贸大学学报》2014年第2期。

[3] 参见董念清：《新冠肺炎疫情下的中美航权之争：争议与出路》，载《太平洋学报》2021年第8期；徐军华：《国际航空旅行限制措施在"国际关注的突发公共卫生事件"情势下的适用》，载《政法论坛》2021年第2期。

[4] 参见郝秀辉：《中国视域下航空法独立性之辩》，载《北京理工大学学报》2013年第3期。

[5] 参见崔艳萍：《交通运输国际公约比较研究》，载《铁道运输与经济》2017年第7期。

[6] 参见郝秀辉：《中国航空运输法律问题研究述评——中国航空法学30年研究综述（一）》，载《北京航空航天大学学报》2010年第2期。

论问题已有很多新发展的今天，还需将相关理论运用到航空运输领域，今后应该加强对国内航空运输承运人责任问题的研究，以推动国内航空运输责任立法和相关责任制度的现代化。

（二）学界理论研究评析

航空飞行的特别属性和专门的法律调整需求决定了航空运输法是具有自身特色的特别法。譬如，航空运输事故中的责任认定、赔偿方式等，仅在形式上与民法的民事责任具有相似性，但前者须在民事责任规则的基础上作出特殊调整。又如，航空行政管理不能完全适用国内行政法规范，应同时将我国加入的国际公约所规定的相关航空活动标准与措施作为依据；航空犯罪的法律依据也呈现出以国内刑法与国际法渊源作为法律依据的特点，但刑事责任的确定有赖于国内刑法。我国《民用航空法》也表现出与其他法律交叉研究的特点，以明确自身适用的特殊性。

随着民航运输规模的迅速扩大，旅客的权益保障问题越来越突出，与航空公司的法律责任密切联系起来。而我国对于航空旅客权益保障的研究主要限于航空消费者权益保护，将其纳入消费者权益保护法体系之内，整体上桎梏于经济法范围，尚未对建立航空旅客权益保障的法律体系予以深入的学术研究，未将航空旅客权益保障的理念贯彻于航空法的各分支领域的研究中，不利于对作为弱势群体的航空旅客合法权益的保护。在航空公司合规建设尚不完善的背景下，实践中旅客权益保障问题突出，进一步增加了司法的负担，而旅客保障法律依据不足，又导致了司法裁判的法律依据欠缺的问题。对此，学术界须深化研究航空旅客权益保护与航空公司法律责任与经营风险之间的平衡关系，既要照顾到民航行业发展的需求，又不能以旅客权益受损为代价。同时，在数字经济社会中，应着重关注与保护航空旅客的个人信息与数据权益，采取有效措施保护航空旅客数据的安全，并顺应社会信用体系建设的要求，在对航空旅客予以信用惩戒的同时，应为其提供信用修复、信用更改的路径。

在现代风险社会，航空运输面临的诸多风险剧增，需要妥当应对。航空运输的性质首先决定了其保证旅客运输、货物运输的安全到达。广义的安全一般包括安全与安保，国际民航组织最重要的工作之一就是对各个缔约国进行安全审计与安保审计。其“安全”主要侧重于民航运输的技术安全管理，是对于技术风险的防控；而“安保”关注的是人的风险因素，对人与机器之间的交互关系予以重点研究。20世纪90年代后，对于组织文化以及风险管控等组织风险逐步纳入安全管理的视野。整体而言，对于安全与安保的重视以20世纪70年代为分界线，与全球民航技术的发展与其面临的主要风险类型密切相关。[1] 进入21世纪，我国面临着百年未遇的世界重大变局，在整体国家安全观的指引下，国家安全因素应成为航空运输的重要考量事项，建构航空运输中的国家安全方案与审查制度成为学术研究的重点，这也是对航空运输安全问题的深化与发展。

我国航空运输执法改革的研究，应有效回应营商环境优化的政策环境。当前对此的学术研究大多较孤立，局限于航空法与行政法之间的融合，而未与我国优化营商环境的宏观经济背景与整体法治变革联系起来。对此，应当对标世界银行营商环境关于市场准入、基础设施建设等评价指标的得分要求，有针对性地设置我国航空运输领域的行政许可优化路径，更好地在民航领域突出市场导向的主体作用，实现民航领域的公平竞争，强化行业组织与社会团体在民航领域的自律管理作用，行政机关应由事前严格准入，转入重点关注运营监督与事后追责环节，以更好地促进航空运输的市场化变革与行业发展。

---

[1] 李亚凝：《我国民用航空法亟待修正的若干关键问题研究》，载《西北工业大学学报》2019年第4期。

第三篇

专题报告

中国数字交通法治发展报告

付新华[*]

习近平法治思想是中国特色社会主义法义理论的重大创新发展，是新时代全面依法治国的根本遵循和行动指南。党的十八大以来，以习近平同志为核心的党中央就“数字中国”建设作出了一系列决策部署。《“十四五”规划和2035年远景目标纲要》第五篇专章规定，“加快数字化发展，建设数字中国”，将“激活数据要素潜能”融入经济社会发展的各个领域，并在多个篇章重点着墨。“数字交通”是“数字中国”建设的重要组成部分，是实现交通强国战略的重要抓手。2019年《交通强国建设纲要》明确提出，大力发展智慧交通，“推进数据资源赋能交通发展，加速交通基础设施网、运输服务网、能源网与信息网络融合发展，构建泛在先进的交通信息基础设施”。从交通大国到交通强国的发展，应当按照“适度超前、实战实用、共建共享、安全经济”的基本思路，推进数据治理与交通治理深度融合，以数据治理赋能交通强国建设，为交通治理引入新范式、创造新工具、构建新模式，推动交通治理体系和治理能力现代化建设。

一、数字交通的政策法规发展

“十三五”期间，我国相继出台了多项利好政策，交通运输行业以数据为关键要素，加快行业信息化重点工程建设和示范试点工程建设，不断提升交通运输数字化发展水平，[1] 数字交通的政策地位日益凸显，交通数据安全的法律

---

* 付新华，北京交通大学法学院副教授。
感谢北京交通大学法学院2021级硕士研究生刘丹同学协助查阅、收集与整理相关材料。

[1] 参见《交通运输部关于印发〈数字交通“十四五”发展规划〉的通知》，交规划发〔2021〕102号，2021年12月22日发布。

框架基本建立。

（一）数字交通的政策地位日益凸显

1. 国务院发布的相关政策文件

2015年6月24日，国务院办公厅发布《关于运用大数据加强对市场主体服务和监管的若干意见》（国办发〔2015〕51号），提出率先在交通旅游等领域实施大数据示范应用工程，统筹构建和完善各领域大数据公共服务平台，推动大数据汇聚整合和有效应用。

2015年7月1日，国务院发布《关于积极推进“互联网+”行动的指导意见》（国发〔2015〕40号），提出推动交通运输主管部门和企业将服务性数据资源向社会开放。

2015年8月31日，国务院发布《关于印发促进大数据发展行动纲要的通知》（国发〔2015〕50号）专门提出建成国家政府数据统一开放平台，率先在交通等重要领域实现公共数据资源合理适度向社会开放，带动社会公众开展大数据增值性、公益性的开发和创新应用，充分释放数据红利，激发大众创业、万众创新活力。稳步推动公共数据的资源开放。制订公共机构数据开放计划，落实数据开放和维护责任，推进公共机构数据资源统一汇聚和集中向社会开放，提升政府数据开放共享标准化程度，优先推动交通等民生保障服务相关领域的政府数据集中向社会开放。

2019年9月19日，中共中央、国务院发布《交通强国建设纲要》，提出大力发展智慧交通，推动大数据、互联网、人工智能、区块链、超级计算等新技术与交通行业深度融合。推进数据资源赋能交通发展，加速交通基础设施网、运输服务网、能源网与信息网络的融合发展，构建先进的交通信息基础设施。构建综合交通大数据中心体系，深化交通公共服务和电子政务发展，并推进北斗卫星导航系统应用。

2021年2月24日，中共中央、国务院发布《国家综合立体交通网规划纲要》，提出创新智慧，坚持创新核心地位，注重科技赋能，促进交通运输提效能、扩功能、增动能；推进交通基础设施数字化、网联化，提升交通运输智慧发展水平；统筹发展和安全，加强交通运输安全与应急保障能力建设；构建综合交通大数据中心体系，完善综合交通运输信息平台；建设融合感知平台，推动智能网联车与现代数字城市协同发展。

以上政策文件，整理见表1。

表1 国务院发布的相关政策文件

发布时间	发文机关	文件名称
2015.06.24	国务院	《关于运用大数据加强对市场主体服务和监管的若干意见》
2015.07.01	国务院	《关于积极推进“互联网+”行动的指导意见》
2015.08.31	国务院	《促进大数据发展行动纲要》
2019.09.19	中共中央、国务院	《交通强国建设纲要》
2021.02.24	中共中央、国务院	《国家综合立体交通网规划纲要》

2. 交通运输部发布的相关政策文件

2014年4月22日，交通运输部发布《交通运输部办公厅关于加快推进城市公共交通智能化应用示范工程建设有关事项的通知》（厅运字〔2014〕79号），要求加快开展城市公共交通智能化应用示范工程建设项目的前期工作，报送城市公共交通智能化应用示范工程建设项目资金申请报告，规范城市公共交通智能化应用示范工程的建设工作。

2015年4月24日，交通运输部发布《交通运输部办公厅关于开展全国道路运政管理信息系统互联互通工作的通知》（交办运〔2015〕63号），提出正式启动运政系统建设及联网工作，计划在年底全面实现全国道路运政基础数据的高度共享，基本实现运政业务跨区域、跨部门业务协同。

2017年9月14日，交通运输部发布《交通运输部办公厅关于印发〈智慧交通让出行更便捷行动方案（2017—2020年）〉的通知》（交办科技〔2017〕134号），提出深化出行公共信息资源开放示范，推动相关政府部门、事业单位加快交通出行公共信息资源开放，充分利用以综合交通出行大数据开放云平台为代表的各类数据开放平台，支撑各类出行信息服务产品的研发推广，鼓励各类主体利用开放信息资源开展出行服务创新。

2021年8月17日，交通运输部发布《交通运输部关于交通运输部科学研究院开展综合交通运输大数据专项交通强国建设试点工作的意见》（交规划函〔2021〕403号）中提出以下三点主要意见。一是构建综合交通大数据中心体系。开展综合交通大数据中心体系构建研究，重点突破体系架构、体系组成、建设任务、建设路径等关键问题，形成综合交通大数据中心体系建设方案。组织开展多级综合交通大数据中心建设，提高各级数据中心数据管理、数据治理、加工分析、安全保障等能力。建立完善跨部门、跨领域、跨区域、跨层级的数据共享机制，开展大数据标准规范研究，加强区块链等新技术应用，深入推动数据交换共享。二是综合交通大数据支撑交通运输基础设施管理精细化。研究建立综合交通基础设施地理信息服务平台，加强综合交通基础设施全景化管理。围绕农村公路、高速公路和深水航道，推动重点基础设施数字化升级，推进全生命周期管理。融合 BIM 技术建设高速公路全生命周期管理平台，打通高速公路设计、施工、建设管理及运营交付流程。整合航运基础设施资源要素，打造航道设施智能化监测预警与信息服务平台，提升航道智能化监测水平。三是综合交通大数据，提升综合交通运输服务便捷化。开展客运出行服务创新应用，建设“一站式”数字化智慧出行服务平台，提升综合交通运输便捷化服务水平。

2021 年 8 月 31 日，交通运输部发布《交通运输部关于印发〈交通运输领域新型基础设施建设行动方案（2021—2025 年）〉的通知》（交规划发〔2021〕82 号），提出七项主要任务。具体包括：智慧公路建设行动、智慧航道建设行动、智慧港口建设行动、智慧枢纽建设行动、交通信息基础设施建设行动、交通创新基础设施建设行动、标准规范完善行动。

2021 年 10 月 25 日，交通运输部发布《交通运输部关于印发〈数字交通“十四五”发展规划〉的通知》（交规划发〔2021〕102 号），提出八项主要任务。具体包括：打造综合交通运输“数据大脑”，构建交通新型融合基础设施网络，部署北斗、5G 等信息基础设施应用网络，建设多式联运的智慧物流网络，升级现代化行业管理信息网络，培育数字交通创新发展体系，构建网络安全综合防范体系。

2021 年 10 月 28 日，交通运输部发布《交通运输部办公厅关于印发〈交通运输“十四五”立法规划〉的通知》（交办法〔2021〕69 号），提出加强智慧交通创新发展立法研究储备。开展新技术、新业态的法律法规前瞻性研究，探索研究建立自动驾驶、智能航运等智慧交通前沿技术应用相关法律制度，探索研究在相关立法项目中建立无人化载运工具管理制度。交通运输“十四五”立法规划规章类立法项目初步安排中，关于智慧交通的有《中国民用航空运行数据共享开放管理办法》。

2022 年 1 月 2 日，交通运输部、国家铁路局、中国民用航空局、国家邮政局联合发布《西部陆海新通道“十四五”综合交通运输体系建设方案》，指出提高创新发展能力，增强发展动能。推动交通基础设施数字化网联化，推进物流信息共享应用，鼓励智慧物流新模式发展，创新协同发展体制机制。

2022 年 1 月 16 日，交通运输部发布《交通运输部关于印发〈交通强国建设评价指标体系〉的通知》（交规划发〔2022〕7 号），指出评价综合交通智慧化水平应参考的指标包括：交通基础设施数字化、网联化水平，交通装备智能化、网联化水平，交通装备与运输服务智能化水平，重点物资运输电子运单覆盖率，自动驾驶和车路协同水平。

以上政策文件，整理见表 2。

表 2　交通运输部发布的相关政策文件

发布时间	发文机关	文件名称
2014. 04. 22	交通运输部	《交通运输部办公厅关于加快推进城市公共交通智能化应用示范工程建设有关事项的通知》
2015. 04. 24	交通运输部	《交通运输部办公厅关于开展全国道路运政管理信息系统互联互通工作的通知》
2017. 09. 14	交通运输部	《智慧交通让出行更便捷行动方案（2017—2020 年）》
2021. 08. 17	交通运输部	《交通运输部关于交通运输部科学研究院开展综合交通运输大数据专项交通强国建设试点工作的意见》
2021. 08. 31	交通运输部	《交通运输领域新型基础设施建设行动方案（2021—2025 年）》
2021. 10. 25	交通运输部	《数字交通“十四五”发展规划》
2021. 10. 28	交通运输部	《交通运输“十四五”立法规划》
2022. 01. 02	交通运输部、国家铁路局、中国民用航空局、国家邮政局	《西部陆海新通道“十四五”综合交通运输体系建设方案》
2022. 01. 16	交通运输部	《交通强国建设评价指标体系》

3. 工业和信息化部等部门发布的相关政策文件中的数字交通

2020 年 2 月 10 日，国家发展和改革委员会、中央网信办、科技部、工业和信息化部等 11 个国家部委联合发布《关于印发〈智能汽车创新发展战略〉的通知》（发改产业〔2020〕202 号），提出要加强数据安全监督管理。建立起覆盖智能汽车数据全生命周期的安全管理机制，明确相关主体的数据安全保护责任和具体要求。实行重要数据分类分级管理，确保用户信息、车辆信息、测绘地理信息等数据安全可控。完善数据安全管理制度，加强监督检查，开展数据风险、数据出境安全等评估。

2020 年 8 月 31 日，工业和信息化部发布《车联网信息服务　用户个人信息保护要求》（YD/T 3746—2020），对车联网信息服务数据安全和用户个人信息保护提出了具体要求。

2021 年 4 月 7 日，工业和信息化部公开征求《智能网联汽车生产企业及产品准入管理指南（试行）》（征求意见稿）的意见，提出智能网联汽车产品应满足功能安全、预期功能安全、网络与数据安全及车联网卡实名等有关要求，针对申请准入的具备有条件自动驾驶、高度自动驾驶功能的智能网联汽车生产企业及其产品制定了相关行业规范。该指南第 3 条对个人信息的采集、使用作出限制说明，并对智能汽车的安全监测、防护以及相关产品质量作出了要求。

2021 年 4 月 29 日，全国信息安全标准化技术委员会组织公开征求对《信息安全技术　网联汽车　采集数据的安全要求》（标准草案）的意见。该草案为落实《网络安全法》相关要求，主要从数据传输、数据存储和数据跨境等方面规范数据采集的安全要求。这一草案有利于加快智能网联汽车标准研制工作。

2021 年 6 月 22 日，工业和信息化部公开征求对《关于加强车联网（智能网联汽车）网络安全工作的通知（征求意见稿）》的意见。该通知旨在贯彻《网络安全法》，落实《新能源汽车产业发展规划（2021—2035 年）》《智能汽车创新发展战略》《车联网（智能网联汽车）产业行动计划》，指导基础电信企业、车联网运营企业、智能网联汽车生产企业加强车联网（智能网联汽车）网络安全管理工作，加快提升网络安全保障能力，促进车联网（智能网联汽车）产业规范健康发展。该意见稿重点强调了数据安全、通信安全、数据开发利用和共享使用、数据出境安全管理等问题。

2021 年 7 月 30 日，工业和信息化部发布《关于加强智能网联汽车生产企业及产品准入管理的意见》（工信部通装〔2021〕103 号），要求智能网联汽车生产企业应依法收集、使用和保护个人信息，实施数据分级分类管理，制定重要数据目录，不得泄露涉及国家安全的敏感信息。

2021 年 8 月 16 日，国家互联网信息办公室、国家发展和改革委员会、工业和信息化部、公安部、交通运输部联合发布《汽车数据安全管理若干规定（试行）》，对汽车设计、制造、服务企业或机构处理个人信息和重要数据作出了一系列规定。

2021 年 11 月 15 日，工业和信息化部发布《工业和信息化部关于印发“十四五”大数据产业发展规划的通知》（工信部规〔2021〕179 号），提出加强对运载工具和交通基础设施相关数据的采集和分析，为自动驾驶和车路协同技术发展及应用提供支撑。开展出行规划、交通流量监测分析等应用创新，推广公路智能管理、交通信号联动、公交优先通行控制。通过对交通物流等数据的共享与应用，推动铁路、公路、水利、航空等多方式联运发展。

2021 年 11 月 17 日，工业和信息化部发布《工业和信息化部关于印发“十四五”信息化和工业化深度融合发展规划的通知》（工信部规〔2021〕182 号），培育工业级智能硬件、智能机器人、智能网联汽车、智能船舶、无人机等新型智能产品。发展基于智能产品的场景化应用，加快智能产品在交通等重点行业领域应用推广。

2021 年 12 月 14 日，国家铁路局发布《国家铁路局关于印发〈“十四五”铁路科技创新规划〉的通知》（国铁科法〔2021〕45 号），指出党的十八大以来，智能铁路关键技术攻关取得突破，发布中国智能高铁技术体系架构 1.0 版。智能铁路成套技术体系不断完善，北斗卫星导航、第五代移动通信技术（5G）、人工智能、大数据等信息技术在铁路实现更广泛、成体系应用，各种交通方式信息共享水平明显增强。加强铁路运输大数据的获取融合及协同共享，建设综合交通大数据应用技术创新平台，支撑开展交通运输大数据采集处理、分析挖掘、管理决策、融合应用等技术的研发和工程化。

2022 年 2 月 25 日，工业和信息化部办公厅发布《工业和信息化部办公厅关于印发车联网网络安全和数据安全标准体系建设指南的通知》（工信厅科〔2022〕5 号），提出要在 2023 年年底，初步构建车联网网络安全和数据安全标准体系；到 2025 年，形成较为完善的车联网网络安全和数据安全标准体系。

以上政策文件，整理见表3。

表3 工业和信息化部等部门发布的相关政策文件

发布时间	发文机关	文件名称
2020. 02. 10	发展和改革委员会等11个国家部委	《智能汽车创新发展战略》
2020. 08. 31	工业和信息化部	《车联网信息服务　用户个人信息保护要求》
2021. 04. 07	工业和信息化部	《智能网联汽车生产企业及产品准入管理指南（试行）》（征求意见稿）
2021. 04. 29	全国信息安全标准化技术委员会	《信息安全　技术网联　汽车采集数据的安全要求》（标准草案）
2021. 06. 22	工业和信息化部	《关于加强车联网（智能网联汽车）网络安全工作的通知（征求意见稿）》
2021. 07. 30	工业和信息化部	《关于加强智能网联汽车生产企业及产品准入管理的意见》
2021. 08. 16	国家互联网信息办公室等5个国家部委	《汽车数据安全管理若干规定（试行）》
2021. 11. 15	工业和信息化部	《“十四五”大数据产业发展规划》
2021. 11. 17	工业和信息化部	《“十四五”信息化和工业化深度融合发展规划》
2021. 12. 14	国家铁路局	《“十四五”铁路科技创新规划》
2022. 02. 25	工业和信息化部	《车联网网络安全和数据安全标准体系建设指南》

4. 地方政府发布的相关政策文件

自2016年以来，各地方政府积极出台促进数字经济发展的地方性法规和发展规划的政策文件，为数字经济发展建立了初步的法律框架。数字交通作为数字经济发展的重要组成部分，受到各地方政府的高度重视。限于篇幅，本报告仅以北京、广州、深圳、上海等具有代表性的地方政府发布的政策文件为例展开介绍。

2016年8月3日，北京市人民政府发布《北京市人民政府关于印发〈北京市大数据和云计算发展行动计划（2016—2020年）〉的通知》（京政发〔2016〕

32 号)，提出要发展交通管理大数据。推进交通、规划、公安、气象等跨部门数据融合，充分整合社会数据，通过设计交通仿真模型、模拟真实路况，为制定缓解交通拥堵措施提供科学依据。吸引社会资源，开展综合交通服务大数据创新应用，提供道路出行、交通引导、路侧停车等服务。在公共服务中，不断拓展“北京通”在交通等领域的应用。

2020 年 9 月 22 日，北京市经济和信息化局发布《北京市经济和信息化局关于印发〈北京市促进数字经济创新发展行动纲要（2020—2022 年)〉的通知》(京经信发〔2020〕51 号)，提出进行服务业数字化转型工程，探索智慧交通、智慧物流等智慧城市应用场景，运用新一代信息技术在数字经济、社会精准治理领域开展应用试点示范，打造服务业数字化转型全国高地，赋能新型智慧城市建设。

2021 年 4 月 27 日，北京市经济和信息化局发布《北京市数据中心统筹发展实施方案（2021—2023 年)》，提出构建区域高速网络通道。坚持需求导向强化主体管理、立足核心需求推动数据中心存量优化、聚焦未来规划适度支持数据中心增量发展、引导先进节能技术应用及资源合理利用、推动京津冀数据中心一体化协同发展五大重点任务。

2022 年 5 月 7 日，北京市经济和信息化局公开征求对《北京市数字经济促进条例（征求意见稿)》的意见，该文件分别从数字基础设施、数据资源、数字产业化、产业数字化、数字化治理、数字经济安全和保障措施等方面对北京市的数字经济工作进行法规制度设计，力求解决制约北京市数字经济健康持续发展的法律问题，激发数字经济活力。

2017 年 1 月 7 日，广州市人民政府办公厅发布《广州市人民政府办公厅关于促进大数据发展的实施意见》(穗府办〔2017〕1 号)，提出以下三点关于交通运输的要求。一是航运大数据应用。整合政务、物流、通关、交易、金融等领域数据，建设港航企业、船舶、车辆、从业人员、货物、通航环境、空间地理信息、电子海图等港航基础数据库。建立港航企业、港航服务机构、船舶、车辆、从业人员诚信数据库，促进港口生产作业的智能化。二是物流大数据应用。充分利用大数据，推动物流企业和商贸企业间、物流企业间的配送信息与资源的互通共享，运用供应链信息化管理，降低流通成本。加快保税物流园区通关大数据应用，开展物流大数据应用试点示范，推进物流智能化，发展物流金融、物流保险、物流配送等物流新服务。三是交通服务大数据应用。整合相关数据资源，增强交通运输基础信息能力；推进交通公共数据合理适度向社会开放，鼓励社会机构创新应用；开展交通运输海量数据深层次的交互融合与挖掘应用，为政府行业管理、企业经营服务、市民出行提供支持服务。

2020 年 4 月 2 日，广州市人民政府发布《广州市人民政府关于印发广州市加快打造数字经济创新引领型城市的若干措施的通知》（穗府〔2020〕4 号），提出打造全国区域智慧轨道交通产业标杆示范。加快轨道交通产业数字化转型和智慧化升级，重点开展前瞻性技术研究与创新场景应用落地，重点支持穗腾联合实验室建设，着力打造轨道交通智慧平台。

2021 年 9 月 27 日，广州市人民政府发布《广州市人民政府关于印发广州市交通物流融合发展第十四个五年规划的通知》（穗府〔2021〕12 号），提出优化交通物流枢纽总体布局，完善交通物流枢纽通道网络，拓展现代物流和供应链服务网络，增强交通物流融合发展新动能。

2022 年 4 月 6 日，广州市人大（含常委会）发布《广州市数字经济促进条例》（广州市第十六届人民代表大会常务委员会公告第 1 号），围绕数字产业化和产业数字化这一核心，对数字产业化、工业数字化、建筑业数字化、服务业数字化、农业数字化、数字基础设施、数据资源、城市治理数字化等方面皆有着墨。广州将从宏观、微观两个层面，加快打造逻辑统一、多点联动的城市大数据平台，构建一体化数据资源体系。

2016 年 10 月 25 日，深圳市人民政府办公厅发布《深圳市人民政府办公厅关于印发〈深圳市促进大数据发展行动计划（2016—2018 年）〉的通知》（深府办函〔2016〕195 号），提出推动交通等领域物联网的共建共享和整合，逐步形成多层次、广覆盖的智慧城市感知网络，加强对城市运行保障、生态资源环境等状况的全方位实时监测和感知，为智慧城市运行管理提供丰富的大数据支撑；开展教育、医疗、交通、公共安全等领域大数据挖掘分析工作；逐步开放交通等领域的政府数据集；加快交通运输大数据应用。强化交通数据开放，鼓励社会第三方进行增值开发利用，提升交通信息服务能力。

2021 年 7 月 6 日，深圳市人大（含常委会）发布《深圳经济特区数据条例》（深圳市第七届人民代表大会常务委员会公告第 10 号），对大数据“杀熟”、个人信息收集、强制个性化广告推荐等有关数据问题作出了明确规定，是国内数据领域首部基础性、综合性立法。

2022 年 6 月 30 日，深圳市人大（含常委会）发布《深圳经济特区智能网联汽车管理条例》（深圳市第七届人民代表大会常务委员会公告第 55 号），对无人驾驶进一步制定相关规定，这也意味着，高度自动驾驶和完全自动驾驶汽车，可以在一定条件下，真正实现无人驾驶道路测试或示范应用，无人驾驶程度进一步提升。

2021 年 11 月 25 日，上海市人大常委会发布《上海市数据条例》（上海市人民代表大会常务委员会公告〔15 届〕第 94 号），明确了公共数据授权运营机制，对公共数据采集、整合、共享、开放、应用的全生命周期治理体系做了进一步优化。授权运营的数据涉及个人隐私、个人信息、商业秘密、保密商务信息的，处理该数据应当符合相关法律、法规的规定。

另有河南省人民政府、浙江省人民政府、黑龙江省人民政府、贵州省人民政府、天津市人民政府、江苏省人民政府、云南省人民政府、河北省人民政府、湖北省人民政府等各地方政府发布的政策文件，在此不一一列举（见表 4）。

表 4　地方政府发布的相关政策文件

发布时间	发文机关	文件名称
2016. 08. 03	北京市人民政府	《北京市大数据和云计算发展行动计划（2016—2020 年）》
2020. 09. 22	北京市经济和信息化局	《北京市促进数字经济创新发展行动纲要（2020—2022 年）》
2021. 04. 27	北京市经济和信息化局	《北京市数据中心统筹发展实施方案（2021—2023 年）》
2022. 05. 07	北京市经济和信息化局	《北京市数字经济促进条例（征求意见稿）》
2017. 01. 07	广州市人民政府	《广州市人民政府办公厅关于促进大数据发展的实施意见》
2020. 04. 02	广州市人民政府	《广州市加快打造数字经济创新引领型城市的若干措施》
2021. 09. 27	广州市人民政府	《广州市交通物流融合发展第十四个五年规划》

续表

发布时间	发文机关	文件名称
2022. 04. 06	广州市人大（含常委会）	《广州市数字经济促进条例》
2016. 10. 25	深圳市人民政府	《深圳市促进大数据发展行动计划（2016—2018 年）》
2021. 07. 06	深圳市人大（含常委会）	《深圳经济特区数据条例》
2022. 06. 30	深圳市人大（含常委会）	《深圳经济特区智能网联汽车管理条例》
2021. 11. 25	上海市人大（含常委会）	《上海市数据条例》
2015. 10. 08	河南省人民政府	《河南省人民政府关于推进云计算大数据开放合作的指导意见》
2018. 05. 09	河南省人民政府办公厅	《河南省大数据产业发展三年行动计划（2018—2020 年）》
2020. 06. 12	浙江省人民政府	《浙江省公共数据开放与安全管理暂行办法》
2019. 06. 04	黑龙江省人民政府	《“数字龙江”发展规划（2019—2025 年）》
2021. 10. 20	黑龙江省人民政府	《推动“数字龙江”建设加快数字经济高质量发展若干政策措施》
2014. 02. 25	贵州省人民政府	《关于加快大数据产业发展应用若干政策的意见》
2014. 02. 25	贵州省人民政府	《贵州省大数据产业发展应用规划纲要（2014—2020 年）》
2017. 06. 19	天津市人民政府	《天津市推进京津冀大数据综合试验区建设实施方案》
2016. 08. 19	江苏省人民政府	《江苏省大数据发展行动计划》
2017. 06. 23	云南省人民政府	《云南省人民政府办公厅关于重点行业和领域大数据开放开发工作的指导意见》
2020. 04. 19	河北省人民政府	《河北省数字经济发展规划（2020—2025 年）》
2021. 01. 25	湖北省人民政府	《湖北省政务数据资源应用与管理办法》
2022. 05. 27	河北省人大（含常委会）	《河北省数字经济促进条例》

（二）交通数据安全的法律成就与治理

习近平法治思想坚持总体国家安全观，明确提出统筹发展与安全、办好发展与安全两件大事。[1] 数字交通治理应当以统筹“发展与安全”理念为指导思想，布局谋划交通数据治理能力的全面提升。目前，我国的交通网络数据发展与安全统筹推进，取得了一定的成果。据统计，截至2021年10月，我国已有193个省级和城市的地方政府上线了数据开放平台。[2] 行业信息通信骨干网已全面建成，全国高速公路光纤网有力支撑行业重要业务开展，北斗卫星导航系统在行业广泛应用，交通运输政务信息共享取得显著进展。[3]

在数据安全方面，我国数据安全的法律框架已基本建立，形成了“五法一典”的数据安全法律体系。《国家安全法》《网络安全法》《密码法》《数据安全法》《个人信息保护法》《民法典》等法律规定，为我国的数据安全奠定了良好的制度基础。

《数据安全法》作为数据安全领域的基本法，为我国的数据安全治理奠定了法律基础。首先，加强交通数据治理要树牢交通数据安全理念，充分重视数据安全隐患，并提前准备好应对策略，这对于保障交通数据安全至关重要。具体而言，应把安全可靠要求贯穿于交通数据治理全过程，贯穿于设计、建设、使用、管理各环节，推动安全措施与基础设施同规划、同建设、同使用，确保国家交通数据安全、公共交通数据安全和个人隐私安全。加强数据安全防范，常态化开展安全警示教育，增强防泄密、防篡改、防攻击意识。[4] 一方面，交通大数据中心或综合利用平台数据加强安全收集，通过各种途径收集路况实时信息，做好数据安全性过滤，保证数据的有效、有序；另一方面，强化对交通大数据的安全存储，严防内部操作人员泄露数据和外部病毒程序入侵而盗取数据。此外，应做好数据备份，确保大数据在公共交通中的应用遇到突发情况或

---

[1] 参见《习近平法治思想概论》编写组：《习近平法治思想概论》，高等教育出版社2021年版，第277页。

[2] 参见复旦大学数字与移动治理实验室：《2021年度中国地方政府数据开放报告》，载中国大数据产业观察，http://www.cbdio.com/BigData/2022-01/25/content_6167686.htm，2022年6月30日访问。

[3] 参见《交通动输部关于印发〈数字交通“十四五”发展规划〉的道知》，交规划发〔2021〕102号，2021年10月25日发布。

[4] 参见《以“五大思维”强化智治在市域社会治理中的重要支撑作用》，载澎湃网，https://www.thepaper.cn/newsDetail_forward_15567593，2022年6月29日访问。

系统崩溃后能迅速恢复。

其次，加强交通数据治理应当严格执行“五法一典”所要求的数据安全和个人数据保障义务。一方面，交通数据处理者不得泄露或者篡改其收集、存储的个人信息；加强数据脱敏能力，未经自然人同意，不得向他人非法提供个人信息，经加工无法识别特定个人且不能复原的除外。另一方面，交通数据处理者应当采取技术措施和其他必要措施，确保其收集、存储的个人信息安全，防止信息泄露、篡改、丢失；发生或可能发生个人信息泄露、篡改、丢失的，应当及时采取补救措施，按照规定告知自然人并向有关主管部门报告。在“五法一典”的引领下，相关部门出台的涉及交通数据信息安全的规范性文件，将使交通数据治理更加具有可操作性，有利于进一步强化管理，保障交通数据安全和用户个人信息安全。

最后，加强交通数据治理，应注重推进高度开放与高度安全有机统一。既完善分级分类授权、使用主体合法性审查、数据共享和风控等安全管理制度，确保交通数据系统运行安全，又严格落实系统管理运营者安全责任制度，真正做到“谁管理、谁使用、谁负责”。[1]

但应当看到，我国的交通数据安全保障水平仍有待提升。网络数据安全主动防护、纵深防御、综合防范的能力不适应新形势的发展，关键信息基础设施和关键数据资源保护能力不足，重网络安全、轻数据安全的情势仍然存在。[2]因此，在以“五法一典”为主的数据安全法律体系的支撑下，为进一步加强交通数据治理，强化交通数据安全，仍有很长的路要走，而其中控制好交通数据安全风险，处理好交通大数据数据安全问题，会将成为未来一段时间的主要攻克重点。

二、数字交通的法学研究与法学教育

（一）数字交通的法学研究机构

2014 年，北京航空航天大学法学院成立工业和信息化法治研究院，下设工

---

[1] 参见《以“五大思维”强化智治在市域社会治理中的重要支撑作用》，载澎湃网，https://www.thepaper.cn/newsDetail_forward_15567593，2022 年 6 月 29 日访问。

[2] 参见《交通运输部关于印发〈数字交通“十四五”发展规划〉的通知》，交规划发〔2021〕102 号，2021 年 10 月 25 日发布。

信部工业和信息化法治战略与管理重点实验室（2014 年获批）、航空法研究所（2007 年成立）、自动驾驶与无人机法律研究中心、频谱与通信研究中心（2010 年成立）、外层空间法研究所（2000 年成立）、国家空管法规标准论证中心（国家空管委科研基地，2011 年获批）等研究中心。此外，于 2021 年，还增加设立了数字发展法治研究院。该校注重结合自身优势学科和特色研究，组建和支持高端智库，对推动智能交通，建设交通强国具有重要意义。❶

2017 年 5 月，北京交通大学互联网交通运输法律研究中心成立。该中心联合兄弟院校，专注“互联网 +”、大数据、人工智能、物联网等新兴行业与交通运输、物流、供应链等产业不断融合出现的新业态的研究，包括智能交通、共享交通、现代物流、交通大数据、无人机、智慧城市等交通运输领域，为政府部门的顶层设计、立法、政策制定，为科研单位的研发，为企业的实践提供法律支持和保障，并为政府、企业培养跨学科的专业人才提供理论和实践教育基地。❷

2019 年 5 月，贵州数字交通研究院正式揭牌。这是贵州省首个行业型数字化研究机构，由贵州省交通运输厅牵头，联合多家机构和业内企业共同组建，负责对数字交通前沿技术开展跟踪与应用研究。该研究院以数字交通产业发展、成果转化为重点，打造交通信息化领域人才培养、学术研究、产学研用深度融合的创新平台和基地，支撑和促进贵州省及西南地区乃至全国的数字交通建设。❸

2017 年 9 月，中国人民大学法学院未来法治研究院正式成立，下设数据权利研究中心、自动驾驶法律研究中心、法治大数据研究中心、智能法律科创新研究中心等机构。近年来，大数据、人工智能、区块链、物联网等科学技术发展迅猛，给我国的法学研究带来不少挑战。正是在此背景下，中国人民大学未来法治研究院应运而生，并对个人信息保护与数据治理、人工智能与法律规制等焦点问题进行重点深入研究。如 2021 年 4 月成功举办的以“智能时代的法治国际研讨会：2021 年自动驾驶的法律规制”为主题的研讨会，对推动探索自动

---

❶ 参见北京航空航天大学法学院官网，http://fxy.buaa.edu.cn/xygk/jgsz.htm，2022 年 6 月 30 日访问。

❷ 参见北京交通大学法学院官网，http://law.bjtu.edu.cn/xygk/zzjg/index.htm，2022 年 6 月 30 日访问。

❸ 参见《贵州组建数字交通研究院　打造交通信息化新平台》，载搜狐新闻，https://www.sohu.com/a/316740035_99960362，2022 年 11 月 5 日访问。

驾驶技术应用的法律解决方案有所裨益。

（二）数字交通的法学研究现状

在中国知网数据库，以“数字交通法律问题”“交通数据法律治理”等为关键词进行检索，发现相关文献寥寥可数。数字交通的法学研究主要集中于自动驾驶汽车的责任承担问题。例如，朱振、万丹等对自动驾驶汽车责任承担道德难题的法哲学研究，[1] 王华平等对自动驾驶汽车的责任归属问题研究，[2] 冯珏、郑志峰、赵申豪等对自动驾驶汽车的侵权责任研究，[3] 皮勇、牛天宝等对自动驾驶汽车的刑事责任研究，[4] 王乐兵、周铭川等对自动驾驶汽车的产品责任研究。[5] 可以说，国内关于数字交通治理的整体性研究、综合性研究尚付阙如。我们应当认识到，数字交通的发展有赖于交通领域数据的整合应用，未来应当强化对数字交通领域法学基本问题的研究，除自动驾驶汽车领域的法律问题以外，还应重视交通领域的数据共享法律问题、交通运营中的交通大数据应用法律问题、数字交通领域的数据安全法律问题等相关研究。上述基本法律问题的解决决定着我国数字交通能否健康长足发展，对此应当发挥数字交通领域法律制度的引领功能，加强对数字交通基本法律问题的研究，为我国数字交通的发展奠定坚实的理论基础。

（三）数字交通的法学教育与人才培养

东南大学法学院依托自身优势，在全国法学院校中率先形成了以交通法、大数据司法等交叉学科为特色的新型学科领域。现已拥有最高人民法院重点研究基地“司法大数据研究中心”（CTTI）、江苏省交通运输行业政策法规重点研究基地“交通法治与发展研究中心”等重点研究基地。其中，交通法治与发展

---

[1] 朱振：《生命的衡量——自动驾驶汽车如何破解“电车难题”》，载《华东政法大学学报》2020 年第 6 期；万丹、詹好：《自动驾驶汽车责任主体和道德两难问题的哲学分析》，载《社会科学战线》2021 年第 11 期。

[2] 王华平：《自动驾驶汽车的责任归属问题研究》，载《人民论坛·学术前沿》2021 年第 4 期。

[3] 冯珏：《自动驾驶汽车致损的民事侵权责任》，载《中国法学》2018 年第 6 期；郑志峰：《自动驾驶汽车的交通事故侵权责任》，载《法学》2018 年第 4 期；赵申豪：《自动驾驶汽车侵权责任研究》，载《江西社会科学》2018 年第 7 期。

[4] 皮勇：《论自动驾驶汽车生产者的刑事责任》，载《比较法研究》2022 年第 1 期；牛天宝：《通过现有规范解决自动驾驶汽车肇事之刑事责任归属问题》，载《法学杂志》2020 年第 3 期。

[5] 王乐兵：《自动驾驶汽车的缺陷及其产品责任》，载《清华法学》2020 年第 2 期；周铭川：《论自动驾驶汽车交通肇事的刑事责任》，载《上海交通大学学报》（哲学社会科学版）2019 年第 1 期。

研究中心积极聚焦社会热点，对规范出租车行业健康发展、网约车管理等提出意见和建议。[1]

同济大学法学院以“培养引领未来的社会栋梁与专业精英”为总体定位，依托自身优势，形成了城市建设与治理法制、科技法等特色方向，与汽车学院、交通学院联合进行无人驾驶的法律问题研究。[2]

大连海事大学法学院根据学科和科研发展，组建和成立了20多个研究基地和研究中心，夯实了研究基础。其中，辽宁海洋运输绿色与安全技术省部共建协同创新中心为国家级研究中心；辽宁省港口及航运发展研究基地、《科技部与世界知识产权组织合作谅解备忘录》框架下无人船舶系统及设备关键技术交通运输行业重点实验室为省部级研究机构。这些机构和基地为学生提供了良好的科研和实习平台，有利于提高学生的综合能力。[3]

此外，我国数字交通法学的课程和教材建设仍处于起步阶段，尚无专门关于数字交通的大学课程和相关教材，但是在已经开设的交通法课程内容中涉及交通前沿领域的相关内容，如网约车和智能网联汽车等。如东南大学开设的交通法课程结合了交通热点难点问题，并重点围绕交通新业态的法律问题展开，如网约车、共享单车、自动驾驶等，体现了交通法学科的理论与实践相结合的较高水平。

三、数字交通的未来之治

数字时代，数据是驱动各行各业深度变革的关键生产要素，“数字交通”建设既是“数字中国”建设的重要组成部分，也是实现“交通强国”战略的重要抓手，应当研究推进数据治理与交通治理深度融合的体制机制建设，发挥交通数据治理的“最大效能”。

（一）以交通数据治理提升交通部门的科学决策能力

数据治理在提升决策能力和决策效率方面具有重要意义和价值，而交通数据治理在提升交通部门科学决策能力方面具有巨大潜力，应着力以交通数据治

---

[1] 参见东南大学法学院官网，https://law. seu. edu. cn/9100/list. htm，2022年6月30日访问。

[2] 参见同济大学法学院官网，https://law. tongji. edu. cn/xygk/xyjj. htm，2022年6月30日访问。

[3] 参见大连海事大学法学院官网，http://law. dlmu. edu. cn/xue_yuan_gai_kuang/xyjj. htm，2022年6月30日访问。

理提升交通部门决策能力。“出行云”平台已接入16个企业的决策支持服务，涵盖城市管理、路网管理、公交管理等7大类43项，累计申请次数近300次，通过多方合作，积极开展多项大数据分析方法和应用模式的探索应用。例如，“出行云”平台曾向交通运输部提供春运服务调查与大数据分析支持，调查评估旅客出行服务满意度，研判春运客流迁徙态势及舆情变化，为春运服务工作提供技术保障。[1] 通过调查发现，在交通数据领域，国际上尚未有较为权威和规范的二级类目划分标准，与道路安全、航空路线和公共汽车运行相关的数据数量最多。[2] 未来我国应当着力建立交通数据二级类目，推动建立交通数据分类开放共享机制，健全交通数据辅助决策机制，推动交通治理从依靠直觉与经验决策向依靠交通大数据决策转变。

（二）以交通数据治理增强交通系统的风险预警处置能力

以交通数据治理增强交通系统的风险预警处置能力，深化综合交通运输调度和应急指挥制度建设，完善智能协同应用，满足“看得见、听得着、能指挥”需求，实现“能推演、能联动”等功能，提升重大突发事件的应急处置能力和安全保障能力。以精准综合交通运输“数据大脑”，实现精准动态监测预警，推动各业务应用系统共建共用、智能协同和迭代完善，切实增强综合交通运行动态掌控和突发事件应急指挥能力。鼓励和支持各地交通运输主管部门统筹开展综合交通运输信息平台建设，构建全国一体化协同综合交通运输信息平台。坚持网络安全和信息化同步发展，坚守网络和数据安全底线防线。利用先进信息技术提升交通运输本质安全水平，提升预测预警、应急反应能力。保障安全、防控有力。加强全国重要交通基础设施结构健康与安全风险监测。

首先，构建交通网络数据安全综合防范体系。以《数据安全法》《网络安全法》《个人信息保护法》等相关法律为核心，围绕全链条、全要素、全周期，构建事前防范、监测预警、应急处置三位一体的安全防护体系。其次，提升交通网络数据基础安全防护水平。严格落实上述法律要求的网络和数据等级保护制度，加强信息系统安全建设管理、网络安全检测评估，加强行业网络安全政

---

[1] 参见王翔、刘冬梅、李斌：《我国公共数据开放的促进与阻碍因素——基于交通运输部“出行云”平台的案例研究》，载《电子政务》2018年第9期。

[2] 参见曾粤亮：《英国政府数据开放平台交通数据的建设现状调查与分析》，载《情报资料工作》2017年第5期。

策标准研究，完善信息通报制度，建立风险报告、情报共享、研判处置机制。再次，落实上述法律在保护重要数据方面的要求，切实加强重要交通数据和个人信息保护。建立健全的交通行业数据安全保护制度，加强数据分级分类管理，加强数据容灾备份体系建设。强化公民个人信息保护，严控信息收集种类和规模。积极应对新技术、新应用伴生风险，明确风险应对措施，提高风险防控能力。最后，推动交通安全可信服务和产品应用。完善行业网络身份认证和设备安全接入认证体系，加强商用密码技术应用、接入检测、监督检查等。强化网络安全产品供应链管理。推进重要数据系统密码技术应用，完善行业密码服务基础设施。

（三）以交通数据治理增强交通系统的治理效能

坚持全局思维，协调联动，以数据赋能交通治理是数字交通建设的应有之义。加强统筹规划，加强行业协同、部省联动、区域协同，加强资源整合、共建共享，形成发展合力。坚持政府和市场双向激励、协同发力。创新发展机制，以市场为主导，推进产、学、研深度融合，增强创新活力，推动数字交通产业化发展。推进交通运输统计决策、工程管理、综合执法、安全生产监管、运行监测与应急处置、新业态监管等业务智能化，提升非现场监管、信用监管、联合监管等新型数据化监管能力。激励社会以赛促用，挖掘数据潜在价值。交通数据开放的根本目的在于促进数据利用，大力提倡和鼓励举办各类数据大赛，有助于挖掘数据潜在价值，可为交通领域带来巨大的商业价值和社会价值。目前各地数据大赛以数据开放为切口，通过政府搭台、政企合作等方式，发动公众参与和协作以共同解决公共问题。在举办大赛的过程中，政府部门感受到了开放数据的巨大潜能，加大了对开放数据的支持力度，有助于政府部门拓展思路，促使决策实现科学化和精准化。而社会各界基于开放数据提出的创新方案，也为解决实际交通问题提供了实证依据和新思路。[1] 未来应充分发挥交通大数据在数据治堵、信号控制、道路设施维护等方面的积极作用，[2] 以交通数据治理增强交通系统治理效能。交通运输部应会同有关部门指导各地提炼交通数据

---

[1] 参见汤志伟、郭雨晖、黄怡芸：《优质开放与高效利用：交通开放数据现状研究》，载《图书馆》2019 年第 8 期。

[2] 参见王忠：《城市交通大数据应用领域及措施研究》，载《管理现代化》2017 年第 1 期。

治理创新经验、发掘优秀智能应用，通过新媒体等方式进行交流和推广。各地可借鉴浙江数字改革“揭榜挂帅”机制，针对交通数据治理建设盲区弱项，提出攻坚方向，鼓励部门和地区先行先试，形成“一地创新、全域受益”的良好局面。充分发挥地方政府主观能动性，加强交通数据治理实践创新和经验交流，为全国交通数据治理提供更多的创新经验，全面提升交通系统治理效能。

（四）以交通数据治理增强人民群众的获得感

坚持以人民为中心，以人民为主体，是中国特色社会主义法治区别于资本主义法治的根本所在，是习近平法治思想区别于其他各种法治理论的根本所在。[1] 交通数据治理也应当坚持以人民为中心，以需求为导向，提升交通运输基础设施运行效率和运输服务品质，让数字交通发展成果惠及人民，增强人民的获得感。提升交通运输服务便捷智能化水平，形成各种运输方式一体衔接的全程电子化出行服务体系，提高电子客票覆盖率，构建全链条智慧物流服务体系。交通运输领域是大数据时代较早引发行业变革的重要领域。一方面，交通大数据为智慧出行奠定了基础；另一方面，交通大数据的深入发展也对政府的数据服务提出了更多要求。在移动互联网时代，电脑端的政府门户网站越来越难以为公众提供随时随地的便捷服务。如何把沉淀在政府、交通运输企业和互联网企业的数据开放、融合、创新利用，更好地为社会服务，是摆在包括交通运输行业管理部门面前的一个新课题。

2017 年 9 月，交通运输部办公厅发布《关于印发〈智慧交通让出行更便捷行动方案（2017—2020 年）〉的通知》（交办科技〔2017〕134 号），要求“深化出行公共信息资源开放示范。推动相关政府部门、事业单位加快交通出行公共信息资源开放，充分利用以综合交通出行大数据开放云平台为代表的各类数据开放平台，支撑各类出行信息服务产品的研发推广，鼓励各类主体利用开放信息资源开展出行服务创新”。该方案还提出了“依靠市场主体力量推进”“加强政企合作交流”等工作要求，具体包括要求“各项任务实施都应以市场为主体力量推进，借助市场竞争促进各类市场主体为百姓提供丰富、精准的出行信息服务，鼓励和规范社会资本进入出行信息服务市场”。例如，数据服务“出行云”平台联合百度、高德等互联网企业，向交通运输行业的管理部门提供了

---

[1] 参见张文显：《坚持以人民为中心的根本立场》，载《法制与社会发展》2021 年第 3 期。

近百项出行服务开发接口，以及实时路况、实时公交、地图路网、室内地图四项共建服务接口，并引导互联网企业与交通运输行业管理部门建立数据资源置换技术资源的合作模式，已经促成了百度、高德等互联网公司与江苏、辽宁、重庆、河南、河北等省市交通运输行业管理部门的合作。2017 年四川省北部阿坝州九寨沟发生地震后，四川省交通厅通过“出行云”平台第一时间把掌握的道路阻断信息上传到百度地图和高德地图上，并及时发布绕行路线，使得公众可以根据最新道路情况及时调整路径规划，引导社会车辆分流。[1] 未来应当继续转变政府数据思维，强化政企深度合作交通数据的开放和利用，以更好地服务于大众。政府部门对数据开放的正确认识，包括开放什么、怎么开放、如何追责、如何评估等，是释放交通数据潜能的前提。交通数据开放的目的在于政府部门和社会公众一起探讨和解决城市拥堵问题、公路运输问题、尾气排放问题等，以期实现智慧交通、智慧城市，增强人民群众获得感。[2]

---

[1] 参见王翔、刘冬梅、李斌：《我国公共数据开放的促进与阻碍因素——基于交通运输部“出行云”平台的案例研究》，载《电子政务》2018 年第 9 期。

[2] 参见汤志伟、郭雨晖、黄怡芸：《优质开放与高效利用：交通开放数据现状研究》，载《图书馆》2019 年第 8 期。

北京市公共交通运输法治发展报告

徐正祥[*]　赵一璞[**]

2012年，国务院发布《国务院关于城市优先发展公共交通的指导意见》（国发〔2012〕64号），提出实施城市公共交通优先发展战略，确立了公共交通在城市交通中的主体地位。发展城市公共交通，城市人民政府是责任主体。2012年以来，北京市公共交通行业深入贯彻落实中共中央、国务院和北京市政府关于交通强国战略和城市公共交通优先发展战略部署，落实首都城市战略定位，聚焦北京市公共交通改革发展中心工作，积极推动北京市公共交通运输法治建设，围绕科学立法、严格执法、公正司法、深化交通法治理念，提高北京市公共交通行业运用法治思维和法治方式深化改革、推动发展、化解矛盾、维护稳定的能力，把法治贯穿规划、运营、管理和安全生产的全过程各领域各环节，全面推进北京市公共交通行业治理体系和治理能力现代化，为北京市公共交通发展提供有力的法治保障，为建设国际一流的和谐宜居之都，满足人民对美好出行生活向往做出贡献。

一、推进城市公共交通立法[1]

（一）建立健全公共交通管理规范性文件

1.《北京市轨道交通运营安全条例》

北京市轨道交通发展迅速，2011年轨道交通运营里程372公里、客运量21.9亿人次，2012年轨道交通运营里程442公里、客运量24.6亿人次，2013

---

* 徐正祥，北京公共交通控股（集团）有限公司法务部部长、战略和改革发展部部长，经济学博士、法学硕士，正高级经济师、副研究员。

** 赵一璞，北京公共交通控股（集团）有限公司法务部内控专员，法学硕士，经济师。

[1] 本报告采广义立法概念，是指一切国家机关制定和变动各种不同规范性文件的活动。

年轨道交通运营里程465公里、客运量32亿人次，2014年轨道交通运营里程527公里、客运量33.9亿人次，[1] 客运量屡创新高。轨道交通安全运营管控需求发生了变化，单线运营转向网络化运营，需要完善网络化安全管控制度，而运营安全风险的管控需要适度向源头延伸，体现预防为主的管理方针。运营环境日趋复杂，需要解决地下空间行政管理缺位的问题。轨道交通涉及群体庞大，需要社会公众的广泛参与。需要立法建立公众有序乘车的行为规范，完善运营服务社会评价制度等。北京市委、市政府为加快推动立法专门成立了轨道交通运营安全领导小组，统筹协调北京市轨道交通运营安全工作，研究解决本市轨道交通运营安全重大问题，研究审议北京市轨道交通运营安全工作的政策措施，督促有关部门落实北京市轨道交通运营安全工作任务。

2014年11月28日，北京市十四届人大常委会十五次会议通过了《北京市轨道交通运营安全条例》（北京市人民代表大会常务委员会公告第7号，以下简称《条例》），这是全国第一部轨道交通安全运营的地方政府规章，标志着北京市轨道交通安全运营的法治体系建设迈上了一个新台阶，轨道交通运营管理工作迈入法治化轨道。《条例》包含总则、运营安全风险前期防控、设备设施运行安全与保护、运营组织安全与服务、应急管理、法律责任和附则，共7章78条。主要内容为：贯穿一条主线（运营安全），突出两个重点（乘客权益保护和社会共管共治），构建三大体系（风险前期防控体系、安全服务体系和法律责任体系），创新四项制度（运营安全专篇、运营安全评估、桥下空间治理和安全检查）。[2] 该《条例》理顺了建设与运营的衔接，规定轨道交通规划建设环节要考虑后期运营安全需要，预留换乘和疏散空间；完善了轨道交通控制保护区制度，明确了保护区范围，细化了保护区需控制的作业类型和实施程序；建立了风险评估和隐患排查治理制度，将安全生产管理关口前移，有效控制风险和消除隐患；明确规定轨道交通可以实施安检措施等。该《条例》有效保障了北京市轨道交通的安全发展，对全国轨道交通行业的法治建设起到了带头示范作用。

此外，为更好推动《条例》实施，北京市交通委员会编写出版《北京市

---

[1] 参见北京市交通委员会：《北京交通统计年鉴2018》，人民交通出版社2019年版。

[2] 参见北京市交通委员会：《北京交通年鉴2015》，《北京交通年鉴》编辑部2015年版，第175页。

轨道交通运营安全条例实施指南》，还制定了《北京市城市轨道交通安全服务千分制评价管理办法》（京交轨道发〔2021〕2 号）、《北京市轨道交通安全保护区施工作业安全监管办法》（京交设施发〔2019〕12 号）等制度，规范了北京市轨道交通运营安全和服务管理。

2.《北京市轨道交通乘客守则》

2016 年 2 月，《北京市轨道交通乘客守则（试行）》依据《北京市轨道交通运营安全条例》制定施行。但随着首都及城市轨道交通的发展与进步，轨道交通环境秩序新情况、新现象、新问题不断出现，为适应轨道交通发展、运营需求，维护轨道交通运营秩序，确保轨道交通运营安全。2019 年，北京市交通委员会对《北京市轨道交通乘客守则》进行修订，对使用伪造、变造票卡现象进行突出强调，对在城市轨道交通车站、车厢内不应发生的行为进行了明确，对禁烟、禁止携带影响乘车的动物等内容进一步细化规定。将社会关注的“霸座”、车厢内进食、扫二维码推销等影响车站、车厢环境秩序的行为，明确纳入乘客不文明行为。将站内使用自动平衡车、各类滑板车等物品和携带严重异味、易污损物品等影响环境卫生和他人乘车的行为，列入乘客不文明行为。

为确保《北京市轨道交通乘客守则》的实施效果，北京市交通委员会于 2019 年 5 月发布《北京市交通委员会关于对轨道交通不文明乘车行为记录个人信用不良信息的实施意见》（京交法发〔2019〕10 号）。该意见主要规定：一是记录个人信用不良信息的不文明乘车行为，包括逃费、占座、列车上进食、推销营销、大声播放视频音乐；二是相关治理措施，对不文明乘车行为劝阻制止不听的，地铁运营单位有权拒绝为其提供乘车服务，并报告公安和交通执法部门，北京市交通执法部门将其记录为个人信用不良信息，公安机关依法进行处理；三是相关补救措施，因不文明乘车行为记录个人信用不良信息的行为人，可以通过主动参加轨道交通志愿服务进行不良信息修复；四是信息复核，自然人认为个人信用不良信息有误的，可以向北京市交通执法部门申请个人信用不良信息复核，北京市交通执法部门将进行核查并做出处理。[1] 北京市轨道交通加强运营管理，保障运营秩序，为乘客营造文明、有序、安全、和谐的出行环

[1] 参见《北京市交通委员会关于对轨道交通不文明乘车行为记录个人信用不良信息的实施意见》，京交法发〔2019〕10 号，2019 年 5 月 15 日发布。

境，是信用建设和行业管理相结合的有益尝试，也是北京市城市管理理念“精治、共治、法治”的具体体现，为把北京市建成首善之区、国际一流的和谐宜居之都，提供了有力保障。

3.《北京市交通出行数据开放管理办法（试行）》

2019年11月，北京市交通委员会在全国率先出台《北京市交通出行数据开放管理办法（试行）》，目的是进一步深化大数据在城市交通治理中的应用，通过推动交通出行数据向社会开放共享，促进交通行业和互联网企业深度融合，优化和改善出行引导服务，为市民合理选择出行时间、出行方式和出行路线提供高品质、精细化服务。根据该试行办法，交通出行数据开放目录清单包括北京市地面公交、轨道交通、静态交通、路网运行四个类别，数据类型包括静态数据和动态数据。规定交通出行数据开放方式分为无条件开放和依申请开放两种方式。其中，“无条件开放”的数据包括地铁、公交的线路信息、站点信息，路侧停车位基础信息，公租自行车停车位基础信息等。“依申请开放”的数据包括公交到站预报信息、公交拥挤度，轨道站点拥挤度、区间拥挤度，综合交通枢纽停车场信息（大兴国际机场）、公租自行车可停放车辆数、实时路况信息以及公路事件信息。此外，明确提出，原始数据的来源单位除了保证原始数据的稳定性和可靠性，还要根据清单所要求的更新频率及时更新数据。例如，公交到站预报信息的更新频率是1分钟，公交、地铁拥挤度信息更新频率是5分钟，停车场泊位数信息、实时路况信息更新频率是5分钟，公路事件信息的更新频率为“实时”。北京市交通委员会有关部门在原始来源数据基础上，进行必要的清洗、脱敏和加工处理，形成开放数据。开放数据须保证与原始来源数据具有相同的更新频率和信息一致性。数据开放目录清单随着北京市智慧交通信息化建设发展进程定期更新。

此外，北京市基于移动智能终端技术的服务系统，推广以乘客为中心的“出行即服务”理念，推出国内首个绿色出行一体化服务（MaaS）平台。而且为进一步推进新技术与交通行业的深度融合，北京交通一卡通 App 实现查询公交实时到站信息线路全覆盖，通过公交二维码支付实现“一码通行、互联互通”，不断提升乘客出行体验，使乘客出行可计划、可预期。

4. 其他主要公共交通管理制度

北京市交通委员会稳步推进公共交通立法，健全公共交通法律规范体系。

2019 年发布《交通立法工作程序性规定》，构建了“行业部门起草、法制部门统筹推进、执法部门贯彻落实的”交通立法工作体制机制。[1]

2017 年发布《北京市城市轨道交通新建线路运营设备和设施专项验收办法》（京交轨道发〔2017〕38 号），规范城市轨道交通新建线路运营设备和设施验收工作，加强验收工作监管。

2017 年发布《北京市交通委员会关于印发北京市轨道交通设备设施更新改造管理办法（试行）的通知》（京交函〔2017〕1496 号），规范北京市轨道交通设备设施更新改造工作，进一步发挥轨道交通产权单位和运营单位的主体责任作用，做好轨道交通设备设施更新改造的规划编制、项目申报与审核、实施管理、变更管理、总结与评价等工作，统筹平衡项目需求与年度资金安排，保证轨道交通设备设施技术状态良好、运行正常。

2017 年发布《北京市交通委员会运输管理局关于印发北京市公交站台站杆站牌站亭管理办法（试行）的通知》（京交运发〔2017〕81 号），对站杆站牌的建设管理、使用管理、维护管理、监督检查作了明确规定，要求做好公交站杆站牌站亭的建设管理维护工作，及时维修更换缺失破损设施，方便群众乘车。

此外，北京市人民政府还针对公共交通制定发布了相关规定。例如，2014 年发布《北京市公共汽车电车车票使用规则》，明确了单程票、一卡通卡、互联网票务 App 手机二维码、学生卡、免费卡（证）的使用，规定了稽查、补票和投诉等内容，为加强本市公共汽车、电车车票的使用管理，维护乘车秩序提供了依据。

2018 年 3 月，北京市十五届人大常委会三次会议通过《北京市机动车停车条例》，并于 2021 年进行修正。该条例有利于加强路侧停车治理，按照政府主导、科学统筹、社会共治、规范有序的管理原则，通过分类定位、差别供给、盘活资源、有偿使用、精细管理、属地负责，构建公共治理体系，着力解决供需不平衡、静动不融合、权责不明确、管理不到位、秩序不规范等问题，紧抓规划施划、电子收费、严格执法三个关键环节，以良好的停车秩序促进城市交通环境的改善，以顺畅的交通环境推动城市的良性运行，促进城市综合交通体系协调、可持续发展。[2]

---

[1] 参见北京市交通委员会：《2019 年法治政府部门建设情况的报告》，载北京市交通委员会官网，http://jtw. beijing. gov. cn/xxgk/zxgkxx1/202003/t20200327_1744099. html，2022 年 6 月 20 日访问。

[2] 参见北京市交通委员会：《北京市交通委员会 2018 年法治政府部门建设情况报告》，载北京市交通委员会官网，http://jtw. beijing. gov. cn/xxgk/dtxx/201904/t20190416_348642. html，2022 年 6 月 20 日访问。

2018 年 9 月，北京市十五届人大常委会七次会议通过《北京市非机动车管理条例》，有助于加强共享自行车治理，并对共享单车管理进行了制度设计，提出了总量调控、质量检测、承租人信用管理、电子标签管理、服务质量信用考核、监管信息公示、禁止停放区目录管理等多项管理制度，为北京市共享单车管理搭建了基础制度架构，提供了有力的法律依据。

除上述规范外，北京市还针对实际需求和热点问题，制定网约车管理实施细则、互联网租赁自行车指导意见、私人小客车合乘意见等 300 余个规范性文件，为解决北京交通发展中的热点难点问题提供了制度支撑，不仅有助于深化改革推进出租汽车行业健康发展，还有利于促进巡游车转型升级，规范网约车发展。

5. 推动重点领域立法

北京市作为首都，制定《北京市公共交通发展条例》是提高城市公共交通综合实力要求和服务水平的制度保障。目前，北京市公共交通发展在规划建设、设施用地、路权分配、财政补贴、运营服务等方面仍存在现实问题，需要通过地方公共交通立法建立和完善相关管理制度，以推动解决北京公共交通发展现实问题的需要。2020 年 6 月，北京市十五届人大常委会二十二次会议上，由王春杰等 35 名代表提出的关于《北京市公共交通发展条例》的立法议案交付北京市人大城建环保委审议，并被建议列入北京市人大常委会 2021 年立法计划。[1] 但截至目前，该条例尚未出台。

（二）完善公共交通行业标准体系

北京市坚持充分发挥标准在推进公共交通行业治理体系和治理能力现代化中的作用，优化标准体系，强化标准实施监督，推进交通行业标准化建设，提升标准化服务能力，发挥标准化在交通精细化管理方面的作用。

2015 年，北京市质量技术监督局发布《公交专用车道设置规范》（DB11/T 1163—2015），强调“公交优先”是解决城市交通拥堵的必然选择，在有限的城市道路空间里，“公交优先”首先体现为“路权优先”，而“城市公交专用道”是保障地面公交在道路上优先通行的重要措施之一。目的是提高北京市地

---

[1] 参见《〈北京市公共交通发展条例〉列入明年立法计划》，载凤凰网，https://finance.ifeng.com/c/7xly2psKqMR，2022 年 6 月 20 日访问。

面公交运行速度和运行可靠性，提升地面公交服务水平，为市民提供更为快速、便捷、可靠的公共交通服务。该标准规定了公交专用车道的设置原则、设置条件、设置方法及公交专用车道相关设备，首次提出了借道区和公交专用（共用）导向车道的设置方法，极大地解决了公交专用道连续性不足的问题，有利于促进公交专用道网络化，大幅提升公交运行速度。

2015 年，北京市质量技术监督局发布《城市轨道交通运营安全管理规范》（DB11/T 1166—2015），规定了城市轨道交通运营安全管理的基本要求、人员安全管理、行车安全管理、客运安全管理、设备设施安全管理、事故和事件管理、风险和应急管理及安全运营指标等相关要求。

2016 年，北京市质量技术监督局发布《公共汽电车站台规范》（DB11/T 650—2016），规定了公共汽电车站台设置、站台规模、站台分类及设施配置、站台工程、站台服务设施、站台及设施的维护等要求，明确了在城市道路新建和改建的地面公共汽电车中途站站台及服务设施的规划、设计、建设与维护。

2018 年，北京市质量技术监督局发布《城市轨道交通运营线路安全评价规范》（DB11/T 1510—2018），规定城市轨道交通运营线路的安全管理、运营组织与管理、设备设施、外界环境、物资管理系统、安保系统、信息安全、安全表现等内容。

2021 年，北京市质量技术监督局发布《城市轨道交通运营服务管理规范》（DB11/T 647—2021），规定了城市轨道交通运营服务管理的基本要求、行车服务、列车服务、车站服务、票务服务、信息服务、无障碍服务、运营环境、员工规范、广告设施与便民设施管理、安全管理、应急管理、运营服务评价要求等内容，强化运营安全监管。

2015 年，北京市交通委员会编制发布《市政交通一卡通技术规范》（DB11/T 159—2015），该标准于 2022 年 11 月 16 日公开征求意见稿，并即将出台该标准规定了市政交通一卡通的系统结构、系统功能、性能指标、通信及传输要求、安全要求、业务规范要求，适用于北京市市政交通一卡通系统的设计、开发、实施、验收、运营与管理等内容。这次的修订，将使该标准更加适应社会发展需求，便利人们的出行生活。

2018 年，北京市市场监督管理局发布《公共汽电车场站功能设计要求》（DB11/T 715—2018），该标准适用于公共汽电车场站的设计与建设，规定了公共汽电车场站的分类、功能、设施、适用条件、建设用地规模及功能设计要求等内容。

2020 年 12 月，北京市交通委员会发布《城市轨道交通车厢标志设置指南》（BJJT/0058—2020），规定了北京市城市轨道交通车厢标志类型、位置、数量、安装形式、版面信息等基础标志要素的设计与设置。

总体来看，2012 年以来，北京市在贯彻国家和行业标准基础上，相继发布了《公共交通安全防范技术要求》《公共交通客运标志》《城市轨道交通安全防范系统技术要求》《城市轨道交通广告设施设置规范》等数十项地方标准，强化了公共交通客运管理，促进了公共交通服务水平提升（见表 1）。

表 1　北京市公共交通地方标准一览表

标准号	标准名称	标准号	标准名称
DB11/T 915—2012	穿越城市轨道交通设施检测评估及监测技术规范	DB11/ 1444—2017	城市轨道交通隧道工程注浆技术规程
DB11/ 995—2013	城市轨道交通工程设计规范	DB11/T 1322. 36—2017	安全生产等级评定技术规范 第 36 部分：公共汽电车客运企业
DB11/T 1036—2013	公共汽电车能源消耗评价方法	DB11/T 1482—2017	城市轨道交通综合救援应用技术规范
DB11/T 1035—2013	城市轨道交通能源消耗评价方法	DB11/T 1486—2017	轨道交通节能技术规范
DB11/ 1067—2014	城市轨道交通土建工程设计安全风险评估规范	DB11/T 1510—2018	城市轨道交通运营线路安全评价规范
DB11/T 657. 5—2014	公共交通客运标志 第 5 部分：客运枢纽	DB11/T 715—2018	公共汽电车场站功能设计要求
DB11/T 1102—2014	城市轨道交通工程规划核验测量规程	DB11/T 1681—2019	城市轨道交通视频监视系统技术规范
DB11/T 1162. 1—2015	公共交通安全防范技术要求　第 1 部分：公共汽电车安全防范系统	DB11/T 1682—2019	城市轨道交通视频监视系统测试规范

续表

标准号	标准名称	标准号	标准名称
DB11/T 1162.2—2015	公共交通安全防范技术要求　第2部分：公交场站安全防范系统	DB11/T 311.1—2019	城市轨道交通工程质量验收标准　第1部分：土建工程
DB11/T 1163—2015	公交专用车道设置规范	DB11/T 1678—2019	城市轨道交通广告设施设置规范
DB11/T 1164.4—2015	轨道交通联网收费系统技术要求　第4部分：操作界面	DB11/T 1683—2019	城市轨道交通乘客信息系统技术规范
DB11/T 1164.5—2015	轨道交通联网收费系统技术要求　第5部分：车票处理单元	DB11/T 1684—2019	城市轨道交通乘客信息系统测试规范
DB11/T 1164.6—2015	轨道交通联网收费系统技术要求　第6部分：票卡	DB11/T 1707—2019	有轨电车工程设计规范
DB11/T 1168—2015	城市轨道交通桥梁支座更换技术规程	DB11/T 1715—2020	城市轨道交通安全保护区测量技术规范
DB11/T 1167—2015	城市轨道交通设施结构检测技术规程	DB11/T 1714—2020	城市轨道交通工程动态验收技术规范
DB11/T 1166—2015	城市轨道交通运营安全管理规范	DB11/T 1716—2020	城市轨道交通全自动运行线路试运行基本条件
DB11/T 1236—2015	轨道交通接驳设施设计技术指南	DB11/T 1730—2020	公共汽电车场站绿色评价指标体系
DB11/T 657.2—2015	公共交通客运标志　第2部分：轨道交通	DB11/T 1737—2020	城市轨道交通牵引电能车载计量器具功能要求
DB11/T 1272—2015	实时公交信息服务系统数据交换及信息质量要求	DB11/T 1744—2020	城市轨道交通车站安检设计标准
DB11/T 1163—2015	公交专用车道设置规范	DB11/ 1762—2020	城市轨道交通车辆基地上盖综合利用工程设计防火标准

续表

标准号	标准名称	标准号	标准名称
DB11/T 159—2015	市政交通一卡通技术规范	DB11/T 1164.1—2020	城市轨道交通自动售检票系统技术规范　第1部分：系统结构及功能
DB11/ 1316—2016	城市轨道交通工程建设安全风险技术管理规范	DB11/T 1164.2—2020	城市轨道交通自动售检票系统技术规范　第2部分：接口数据格式
DB11/T 1345—2016	城市轨道交通运营设备维修管理规范	DB11/T 1164.3—2020	城市轨道交通自动售检票系统技术规范　第3部分：数据传输
DB11/T 646.1—2016	城市轨道交通安全防范系统技术要求　第1部分：通则	DB11/T 1164.7—2020	城市轨道交通自动售检票系统技术规范　第7部分：终端
DB11/T 646.2—2016	城市轨道交通安全防范系统技术要求　第2部分：视频安防监控子系统	DB11/T 1164.8—2020	城市轨道交通自动售检票系统技术规范　第8部分：检测
DB11/T 646.3—2016	城市轨道交通安全防范系统技术要求　第3部分：实体防护与入侵报警子系统	DB11/T 1164.9—2020	城市轨道交通自动售检票系统技术规范　第9部分：技术指标体系
DB11/T 646.4—2016	城市轨道交通安全防范系统技术要求　第4部分：化学监测子系统	DB11/T 581—2021	轨道交通工程防水技术规程
DB11/T 646.5—2016	城市轨道交通安全防范系统技术要求　第5部分：放射性材料监测与处置	DB11/T 1882—2021	城市轨道交通车站工程施工质量验收标准
DB11/T 646.6—2016	城市轨道交通安全防范系统技术要求　第6部分：武器与爆炸危险品检测及处置	DB11/T 1890—2021	城市轨道交通工程信息模型设计交付标准

续表

标准号	标准名称	标准号	标准名称
DB11/690—2016	城市轨道交通无障碍设施设计规程	DB11/T 647—2021	城市轨道交通运营服务管理规范
DB11/T 657.3—2016	公共交通客运标志　第3部分：公共汽电车	DB11/T 1897—2021	城市轨道交通广播系统技术规范
DB11/T 650—2016	公共汽电车站台规范	DB11/T 1972—2022	城市轨道交通工程冻结法施工技术规范
DB11/T 718—2016	城市轨道交通设施养护维修技术规范	DB11/T 1973—2022	城市轨道交通工程施工模型细度标准
DB11/T 1448—2017	城市轨道交通工程资料管理规程	DB11/T 1980—2022	市域（郊）轨道交通设计规范

（三）坚持规划引领交通发展

北京市交通发展坚持规划先行，先后发布了《北京市“十二五”时期交通发展建设规划》《北京市“十三五”时期交通发展建设规划》《北京市“十四五”时期交通发展建设规划》《北京市地面公交线网总体规划（草案）》等文件。

1. 发布交通发展建设规划

随着时代发展，北京市曾先后发布实施《北京市“十二五”时期交通发展建设规划》《北京市“十三五”时期交通发展建设规划》，持续构建现代化交通综合治理体系，深化体制机制改革和完善法律法规和标准规范体系。与之相应，北京市出台了一系列交通领域地方性法规、规章，持续加强交通法治建设，为交通行业的健康发展提供法治保障。

2022年4月，北京市人民政府发布《北京市“十四五”时期交通发展建设规划》（以下简称《北京市“十四五”规划》），这是指导“十四五”时期北京交通发展建设的行动纲领。在“十四五”时期，北京市将着力落实“三个优先”（慢行优先、公交优先、绿色优先）发展理念，初步构建起综合、绿色、安全、智能的立体化现代化城市交通系统。《北京市“十四五”规划》提出要继续推进交通运输治理体系和治理能力现代化，坚持和完善“市区联动、部门协同、社会参与”工作机制，完善“横到边、纵到底”的交通治理责任体系，促进精治、共治、法治。具体而言，包括以下几方面内容。一是坚持智慧引领加强精治，大力整治交通秩序；二是坚持推动社会协同共治，提高交通治理参与度；三是坚持改善交通法治环境，优化交通运输营商环境。此外，四是加强交通行政执法管理，推进规范公正文明执法。

2. *发布《北京市地面公交线网总体规划（草案）》*

2020年发布《北京市地面公交线网总体规划（草案）》（以下简称《规划草案》）确定了北京“两定四优先”的公共交通发展原则，即确定公共交通的重要战略地位和公益性定位，坚持公共交通设施用地优先、投资安排优先、路权分配优先、财税扶持优先。《规划草案》提出，按照“先优干线微循环后优普线，先增服务后减重复线路”的原则，力争到2022年，地面公交基本实现与轨道协同发展、精准服务、准时高效的发展目标，公交专用道长度1020公里，高峰时段地面公交干线平均时速20公里，地面公交站点500米覆盖率达99.5%。为了实现该目标，北京市着力打造“八横、六纵、三环、十放射”共27条主要公交客流走廊，并首次提出公交线网设置“3+1”层级，“3”即干线、普线和微循环线，“1”即定制公交，设置各层级有不同的功能定位和发车频率等服务标准。

地面公交线网规划的实施是一项复杂的系统工程，《规划草案》为公共交通线网布局提供了指导思想和科学依据。北京市有效推动地面公交线网总体规划落地实施，持续优化地面公交线路，持续提高服务水平，有利于实现三环内24小时公交全覆盖，丰富多样化公交服务模式，公交专用道基本成网，公交路权得到进一步保障。

二、加强城市公共交通司法

行政复议作为一种行政司法行为，是依法维护申请人合法权益的权利救济手段，也是行政机关内部自我纠错监督，推进法治政府建设的重要抓手。北京市交通委员会成立交通行政复议委员会，并于2012年发布的《行政复议委员会工作规则》（以下简称《工作规则》）中明确了职责要求。该《工作规则》明确行政复议委员会“审议交通委重大疑难行政复议案件和研究本市交通系统行政复议工作中的重大问题”的主要工作职责，确立“定期召开行政复议委员会全体会议和行政复议案件审理会议”的工作开展形式，确定“案件承办人汇报案情、主持人提出待审议事项、参会委员发表意见、主持人综合参会委员意见提出案件审议意见”的案件审理会议具体流程。[1]

为推进公共交通行政司法工作，应从以下几方面入手。一是健全行政复议诉讼机制，规范行政复议审理程序，明确案件管辖、职责分工、应诉流程以及追责机制，推行行政复议决定文书网上公开，进一步提升办案效率、质量和公信力。加强行政应诉文书及相关材料的管理，提升精细化、规范化、信息化水平。二是落实行政机关负责人出庭应诉制度，带头维护司法权威，及时向法院提交答辩状和证据，尊重并执行法院生效裁判，落实司法建议，依法化解矛盾争议。及时履行行政复议决定书，有效避免行政复议不作为现象的发生。三是建立重大、典型案件分析研判和通报指导制度，积极开展复议普法宣传，采取案例分析、以案释法等多种形式加强应诉培训，不断提升应诉能力和水平，提高防范诉讼风险的意识和能力。四是组织学习行政诉讼法，落实行政复议规定、行政诉讼应诉管理办法、民事诉讼应诉管理办法、交通行政复议规定，配合司法部门做好交通运输行政诉讼案件审判工作。五是深入做好行政复议诉讼工作，依法受理符合法定条件的行政复议申请，依法做好行政应诉。

三、加强城市公共交通执法

（一）坚持依法行政

1. 推进依法决策

坚持依法行政，首先应做到依法决策。为此，应做到以下五点。

一是严格履行法定程序。严格履行重大行政决策程序，凡属重大决策、重要干部任免、重大项目安排和大额度资金使用必须由党组会议或党组扩大会议集体研究决定，所有重大行政决策严格履行合法性审查和集体讨论等必经程序。坚持重大决策由法制部门参与，重大事项由法制部门审核，严格依法决策。对政策措施、管理措施等重大决策进行合法性审查，严格核实是否违反法定权限、法定程序设定和实施各类行政处罚和行政检查事项。建立公众参与、专家咨询、调研论证、合法性审查和集体决策相结合的决策机制。完善决策程序制度，依据法律法规，健全依法行政制度，制定执法工作规则、执法工作协作办法、行

---

[1] 参见北京市交通委员会：《北京交通年鉴2013》，《北京交通年鉴》编辑部2013年版，第174页。

政处罚听证程序、行刑衔接案件移送工作规程等多个依法行政程序性制度，实现依法行政工作有制度规范、有程序要求。

二是加强规范性文件管理。《行政规范性文件管理规定》《公平竞争审查工作暂行规定》等规范，确立了规范性文件管理各个流程和公平竞争审查办法，明确审查程序，强化责任，必要时组织专家论证会，将公平竞争审查嵌入办公自动化系统，实现规范性文件合法性审查 100% 。定期开展规范性文件清理，开展规范性文件评估，提出立、改、废意见，形成规范性文件工具库。

三是开展市级交通行政执法职权梳理，并公布市级交通执法主体、执法依据和执法职权梳理结果。其中，执法依据包括法律、法规和规章，行政执法职权涉及行政处罚、行政许可、行政强制、行政征收和其他行政执法职权共 5 大类。❶ 根据《北京市交通委员会关于 2021 年法治政府建设年度情况的报告》，为深入推进“两库”建设，要全面梳理交通委系统规范性文件，保留 151 个，形成规范性文件库；梳理北京交通行业 168 部法律法规，分类汇编成册，形成法律法规库。❷

四是强化法律研究。对行业改革、新业态等涉及的 100 余项法律问题开展专项研究，提出对策建议；对 40 余部其他行业法规进行研究，结合交通工作研提 120 余条意见建议，助力解决交通行业难题。❸

五是建立完善行刑衔接机制。定期召开行刑衔接工作座谈会，完善案件移送平台功能，细化涉刑事案件移送标准，规范案件移送程序，畅通移送途径，为行政执法工作开展提供司法保障。❹

2. 推进民主决策

一方面，拓宽公众参与渠道。开展“北京交通开放日”活动，主动敞开交通行业的“大门”，邀请社会公众“零距离”接触了解交通工作，增进社会沟通、凝聚社会共识、激发社会力量，提升社会公众参与交通治理的积极性。例如，通过开设 12328 交通服务热线，微博开设“微访谈”直播栏目，与北京交

---

❶ 参见北京市交通委员会：《北京交通年鉴 2013》，《北京交通年鉴》编辑部 2013 年版，第 174 页。

❷ 参见北京市交通委员会：《北京市交通委关于 2021 年法治政府建设年度情况的报告》，载北京市交通委员会官网，http://jtw.beijing.gov.cn/xxgk/tzgg/202203/t20220318_2633612.html，2022 年 6 月 20 日访问。

❸ 同注❷。

❹ 参见北京市交通委员会：《北京交通年鉴 2019》，《北京交通年鉴》编辑部 2019 年版，第 117 页。

通广播合作“治堵大家谈”“红绿灯”专题节目，与腾讯大燕网合作开设“交通缓堵，我来说两句”网络互动平台，不仅畅通了群众监督渠道，广泛听取群众意见，还能及时回应社会关切，动员全社会参与交通治理。

另一方面，加强政府信息公开。严格执行《政府信息公开条例》，推进重大决策、行政审批、工程项目、安全管理等信息公开。如，2021 年北京市交通委员会主动公开政务信息 4000 余条，回复群众申请政府信息公开 170 余件。[1] 深入推进主动公开，充分利用官网加强政务公开，设置信息公开和工作动态专栏，及时信息，切实履行政府信息公开法定义务，主动接受社会监督。加强信息公开平台建设，应坚持以用户为中心的原则，以服务公众、突出重点、便捷高效为工作导向，不断完善便民服务查询内容。例如，通过设置了行业服务栏目，可方便用户快速精准查询所需信息，与全市平台互联互通“一网通查、一网通办、一网通答”，提高政府信息和政务公开规范水平。

（二）加强行政执法管理

1. 全面落实交通执法

首先，全面落实交通执法“三项制度”，即执法全过程记录制度、严格执行重大执法决定法制审核制度、推行行政执法公示制度。在官方网站设行政执法公示专栏，对执法依据、结果等进行公示；建立执法事项法制审核目录，明确重大执法决定的范围、标准、层级；强化以文字记录、音像记录等方式对执法活动进行全过程记录，实现执法全过程全面、客观、准确和可回溯管理。其次，以“人权、财权、事权”为重点内容，以招投标、许可、处罚为重点领域，开展廉政风险点梳理，细化到岗、细化到人。[2] 深入推动巡察发现问题整改落实，强化有权必有责、用权受监督。最后，落实《城市轨道交通服务质量评价规范》，坚持以乘客为中心，遵循公平、公正、公开的原则，规范城市轨道交通服务质量评价工作，促进城市轨道交通运营服务水平提升。

---

[1] 参见北京市交通委员会：《北京市交通委员会关于 2021 年法治政府建设年度情况的报告》，载北京市交通委员会官网，http://jtw. beijing. gov. cn/xxgk/tzgg/202203/t20220318_2633612. html，2022 年 6 月 20 日访问。

[2] 参见北京市交通委员会：《北京市交通委员会 2020 年法治政府建设年度情况报告》，载北京市交通委员会官网，http://jtw. beijing. gov. cn/xxgk/zxgkxx1/202103/t20210318_2310390. html，2022 年 6 月 20 日访问。

2. 健全权责清单制度

制订行政权力和责任清单，明晰法定职责、权力边界，建立动态调整机制。细化监管领域监管对象的经营资质、经营行为，确立检查单，明确检查事项、内容、方法及标准，将处罚职权全部纳入检查单。落实《权力清单动态管理规定》，及时调整行政权力清单，形成“9 + X”行政权力清单。

3. 加强执法检查和督导考核

通过单位自查、系统提取、抽查检查等方式获取考评数据，推进严格规范公正文明执法。根据交通系统各单位不同特点，分别制定法治政府建设评价指标，定期对各单位工作落实情况进行通报督导，推进各项工作落到实处。推进巡察督查，出台加强巡察整改工作实施办法，细化巡察工作任务清单，探索开展机动式、点穴式巡察，深入推动巡察发现问题整改落实，强化有权必有责、用权受监督。[1]

4. 推动交通信用体系建设

一是建立以信用为基础的新型监管机制，加强守信激励和失信惩戒，出台交通信用管理工作办法，明确信息归集、评价、共享与应用工作程序和部门职责，建立信用采集、报送、研判、公示、推送、共享以及联合惩戒机制。二是搭建信用管理平台，建立完善“信用交通北京”信息化平台，设置搜索栏、排行榜和曝光台等栏目，客观公正披露北京市交通运输行业市场主体的守信与失信信息，公示本市交通运输部门产生的行政许可和行政处罚信息。三是推进交通行业信用治理，建立健全事前信用承诺教育机制、事中信用评价监管机制、事后信用奖惩应用机制，推进信用、许可、执法、事中事后监管系统的四网融合。[2] 四是制定行业信用评价标准，研究制定 11 个行业评价指标，推出公交评价指标，发布公交线路综合评价等 8 个行业信用排行榜，推进交通行业信用分级分类监管。[3]

5. 深入落实“接诉即办”

习近平总书记指出，让人民生活幸福是“国之大者”，要从人民群众关心

---

[1] 参见北京市交通委员会：《北京市交通委员会 2020 年法治政府建设年度情况报告》，载北京市交通委员会官网，http://jtw. beijing. gov. cn/xxgk/zxgkxx1/202103/t20210318_2310390. html，2022 年 6 月 20 日访问。

[2] 中华人民共和国交通运输部：《中国交通运输年鉴 2021》，人民交通出版社 2021 年版，第 386 页。

[3] 《中国交通年鉴》社：《中国交通年鉴 2021》，《中国交通年鉴》社 2021 年版，第 380 页。

的事情做起，从让人民群众满意的事情做起，带领人民不断创造美好生活。北京市建立起以12345市民服务热线为主渠道的接诉即办机制，发布了《中共北京市委、北京市人民政府关于进一步深化“接诉即办”改革工作的意见》，出台了《北京市接诉即办工作条例》（北京市人民代表大会常务委员会公告〔15届〕第62号），持续提高接诉即办为民服务工作的规范化、科学化、法治化水平，为推进首都治理体系和治理能力现代化提供法治保障。一方面，深入落实管理责任，通过“接诉即办”精准感知民之所需，为政府决策提供支撑。另一方面，依托12345市民服务热线等工作机制，按月、按季度组织对16区交通综合治理工作进展和效果进行排名，研究细化工作评价体系，将交通管理责任下沉。例如，2014年北京市开通交通运输监督电话“12328”，建立倾听民声、畅通民意、排解民忧的渠道，进一步提高了交通运输服务质量和水平，有利于建设人民群众满意交通。

（三）推进综合执法改革

1. 构建综合执法体系

构建综合执法体系，应首先完善交通法治建设的组织领导体制和工作机制，主要负责人应切实履行交通法治建设第一责任人职责，持续完善交通法治建设决策部署工作机制和程序。主要领导是建设法治政府部门的第一责任人，通过交通综合治理领导小组，定期听取工作汇报，研究部署重要工作，协调解决重大问题。其次，从更深层次、更广领域对“交通病”进行综合治理，形成“市区联动、部门协同、社会参与”的共担共治、综合治理工作格局。例如，2020年，北京市综合执法改革全面完成，整合市交通执法总队、10个郊区公路分局、城区6个运输管理分局及市交通委内设和所属单位等涉及交通运输的执法职责，组建北京市交通运输综合执法总队，以北京市交通委员会名义执法，重塑交通行业执法理念、机制、队伍。[1]

2. 深入推进“放管服”改革

坚持深化“放”、优化“管”、实化“服”，组织研究综合执法改革制度设计、机构设置等具体问题，制定落实综合执法改革配套文件。一是坚持放管结合，取消行政许可事项，精简政务事项。开展政务服务事项标准化梳理，对办

---

[1] 中华人民共和国交通运输部：《中国交通运输年鉴2021》，人民交通出版社2021年版，第379页。

事指南的内容进行标准化和规范化梳理，清理全部“兜底条款”，清理涉企涉民证明，取消行政审批中介服务事项。二是推进“先照后证”数据共享，实现数据由人工接收反馈到系统自动对接的转换。不断优化服务，推行材料电子化，扩大电子证照适用范围，强化系统对接自动获取信息，减少申请材料，缩短办理时限。三是深化信息互联共享，服务基层应用。例如，2018 年北京市实现政务服务 365 个事项网上可办的全覆盖，其中 44 个事项实现“只跑一次”。四是优化政务服务事项，实现“一网通办、全程网办、跨区协办、全市可办”。五是整合执法机构和职能，构建综合执法体制，强化“管理包含执法，执法是管理手段”理念，建立政府部门、各行业、基层三个层级的执法联席会议制度，推进行业管理与执法有机融合。

3. 持续深入推进京津冀交通法制一体化

加快制定实施《京津冀公路立法协同工作办法》《京津冀交通运输行政执法合作办法》，加强天津、河北对公路管理条例、道路运输条例相关问题研究，推进公路养护工程施工作业沟通机制、公路建设项目计划协调机制编制工作。重视执法协同，研究推进大货车绕行相关政策和执法协调及其他“一体化法制建设”。

（四）加强执法队伍建设

建立交通行政执法人员培训考核系统，实现北京市交通行政执法人员的培训内容规范化、学习方式自主化、考核内容标准化、考核形式网络化，[1] 并组织交通行政执法人员开展北京市交通行政执法人员培训考核系统应用培训。

一方面，建立案件评查员队伍。北京市交通委员会从市、区县两级交通执法机构的法制部门、违章处理部门和行政许可全程办事代理机构选拔优秀基层执法人员，建立起覆盖全部基层执法单位的执法案卷评查员队伍。并通过组织专题讲座、开展行政许可和处罚案卷互查等方式，加强案卷评查员的业务能力和知识水平。严格执行资质准入考、定期评测考、年度审验考三个层级的考评制度，组织人员参加全市执法资质考试、对执法人员进行线上集中培训和考试、对执法单位行政处罚案卷进行集中评查，并就评查中的倾向性问题开展培训，不断提升执法能力。

另一方面，深入推进法律顾问和公职律师管理。成立专家委员会，建立法

---

[1] 参见北京市交通委员会：《北京交通年鉴 2013》，《北京交通年鉴》编辑部 2013 年版，第 172 页。

律顾问专家库，持续推进公职律师、法律顾问制度机制建设。积极发挥“外脑”保障作用，制定《法律顾问管理办法》，统一收费标准，明确服务团队、服务内容、责任承担、退出和竞争机制。择优选取律师事务所，对交通立法和重大交通决策等进行法律把关，对行政复议诉讼中的重难点问题提出法律意见，充分发挥法律顾问在重大决策、行业管理、法律专业问题研究中的辅助作用，推动“内脑”与“外脑”深入结合。[1]

四、北京公交建设法治国企实践

2012 年以来，北京公交在全面贯彻中央和北京市建设法治国企的各项决策部署，服务集团公司改革发展大局，扎实推进各项法治工作，在法治公交理念、法治公交文化、制度体系、内控管理、知识产权、标准化体系建设等方面，取得了一系列新成绩、新突破、新发展。如今，法治公交建设目标初步实现，已全面形成“大法治”工作格局，为企业改革发展稳定提供了有力的支撑保障。

（一）深化法治公交理念

思想是行动的先导，理论是实践的指南。全面依法治企是一项系统工程，也是一场深刻的企业变革。根据建设法治中国和依法治企等工作要求，北京公共交通控股（集团）有限公司（以下简称北京公交集团）紧扣公交实际，从专业到战略，从碎片到系统，从理念到操作，对分阶段、分步骤地把纸面法治公交建设化为行动法治公交建设进行了一系列创新，总结开创性、独创性的实践经验，首创性提出“三个凡是”“五法”“大法治”等理念，并逐步形成和发展起法治公交建设理论体系，将外在要求和内在需求相统一、理论和实际相结合，具有时代特色、公交特色和实践特色。

北京公交集团以法治公交文化人心为主线，坚持和深化“凡是企业的生产经营管理行为都是法律行为，凡是企业的生产经营管理风险都是法律风险，凡是企业的生产经营管理责任都是法律责任”的法治公交理念，坚持和深化“心中信法、决策问法、经营用法、管理合法、改革有法”的法治公交精神。并提

[1] 参见北京市交通委员会：《北京市交通委员会 2018 年法治政府部门建设情况报告》，载北京市交通委员会官网，http://jtw.beijing.gov.cn/xxgk/zxgkxx1/201912/t20191231_1549945.html，2022 年 6 月 20 日访问。

出“要面向全体，包括治理层、管理层、执行层；要覆盖全领域，包括人、财、物；要贯穿全流程，包括决策、执行、监督”的法治公交工作布局，明确“依法治理、依法经营、依法管理、依法维权、依法监督、依规治党共同推进，法治制度体系、法治执行体系、法治监督体系、法治保障体系、领导责任体系一体建设，法治机制、法治能力、法治文化协调发展”的法治公交主要内容，为引领和推进北京公交集团成为国内领先、世界一流的现代城市客运出行综合服务商提供强大力量。北京公交集团大力推进新时代法治建设，不断完善重大风险防控机制，不断提升法治价值创造能力。

（二）制定法治公交建设战略

为坚持“先定规矩，再抓牌”的发展思路，制定法治公交发展战略，北京公交集团于2017年发布《全面推进依法治企建设法治公交实施纲要》（以下简称《纲要》），将法治建设写入了北京公交集团发展规划，是北京市市属国企首个为全面推进依法治企建设而制定的实施纲要。该《纲要》是北京公交集团依法治企2016—2020年这五年的法治建设战略规划，提出到北京公交集团成立100年时，建设成为法治引领、制度严密、治理科学、经营合规、管理规范、监督有力和守法诚信的卓越的现代化企业。

全面推进依法治企建设法治公交的实践路径，包括以下几方面内容。一是更好地发挥法治引领和规范作用，有效提升公交产业和服务的法治化、标准化、优质化和均等化水平。二是加快推进公司制改革，深化法人治理，建立健全现代企业制度。要以董事会为中心推进法人治理规范运行。三是着力推进全员、全领域、全流程依法合规开展生产经营管理，实现国有资产安全运行和保值增值。四是强化内部控制，构建高效协同的监督制约体系，坚决防止国有资产流失。强调事前规范制度、事中加强监控、事后强化问责。五是努力造就忠诚企业敢于创新富有法治精神的经营管理队伍。六是大力培育心中信法、决策问法、经营用法、管理合法、改革有法的法治精神和文化。七是切实加强和改善全面推进依法治企的组织和领导。党政主要负责人要亲自研究、亲自部署、亲自协调、亲自督办企业法治建设工作。

（三）建立健全公交特色制度体系

第一，积极发声，贡献北京公交探索。主动研究制定《北京市公共交通发展条例》的提案，以地方性法规的形式凝聚政府和社会各方力量来发展首都公共交通事业的共识。

第二，首创制定法律审核标准。北京公交集团秉承“一流企业做标准”的理念，在市属国有企业中率先推出企业标准，发布《规章制度、重大事项、重大经济合同合法合规性审查管理规范》，规定了审查内容、审查流程等，进一步推动集团公司法律“三审核”的程序化、规范化、科学化。

第三，建立健全基本管理制度。加强法务管理制度建设，制定《北京公交集团派出董事、监事管理办法》《北京公共交通贯彻落实“三重一大”决策制度实施办法》《总法律顾问述法评议实施办法》《法治建设考核评价实施办法》《党政主要负责人履行推进法治建设第一责任人职责办法》《合同管理办法》《合同管理放管服试行办法》《法律纠纷案件管理办法》，填补了知识产权管理、外聘律师管理等制度空白。

（四）法治公交建设成效

1. 坚持党的领导，公司治理取得新进步

北京公交集团推进党的领导与公司治理有机统一，充分发挥党委的领导核心和政治核心作用，把党建工作总体要求纳入集团公司章程。成立了全面依法治企委员会，全面协调推进依法治企工作，充分发挥法治在战略谋划、改革创新、提质增效、高质量发展中的引领、规范和保障作用。董事会设法治建设专业委员会，明确由审计监察与法务委员会负责审议法治建设情况，统筹推进法治建设各项工作。把全面推进依法治企总体要求纳入企业章程，明确依法治企的战略定位、基本原则、工作布局、组织体系、保障机制。健全完善企业法人治理体系，不断强化“决策先问法、违法不决策”。充分发挥“关键少数”作用，强调党政主要负责人作为推进法治建设第一责任人应当履行的职责。明确总法律顾问列席党委常委会、董事会，参加经理办公会机制，全面参与企业重要决策和经营活动，切实发挥法律审核把关作用。

2. 坚持依法合规，大力防范法律风险

合同是各项决策的落地和具体化，是事前防范法律风险的重要文件。从完善制度着手，重新制定合同管理办法，并配套系列合同管理文件、制作合同管理口袋书。新合同管理办法明确合同管理的管理体制、合同立项、资信调查、合同审核审批流程、合同签订、合同履行、监管和考核等内容，并配套了系列

合同管理文件，严把法人资格关、个人身份关、合同条款关、履约能力关、资信等级关、担保能力关，着力解决实践中出现的“裸报”“不报”“闯红灯”“不对等”和“部门签约”等问题，实现合同管理的统一归口、统一流程、统一文本、统一平台，从源头对法律风险进行有效控制。同步开发了合同管理信息系统，实现了管理系统化、系统标准化、标准流程化、流程信息化，大幅提升合同管理的效果和效率。之后不断探索法治信息化建设，将合同管理系统升级为法务360度管理系统，增设了法治宣传教育、案件管理、内控管理、知识产权管理、律师管理和法律法规库等模块。

加强纠纷案件管理，制定纠纷案件管理制度，提出了年度考核、季度讲评、月度通报等一系列工作举措，要求各单位将法律案件工作抓细、抓实、抓出成效。北京公交集团法务部负责牵头处理重大复杂案件，总结重大案件处理经验，建立重大案件模拟会商机制，实现重大复杂案件的依法、及时、高效处理，降低或减少企业的决策、经营管理风险，维护企业的合法权益。

重视外聘律师管理，制定完善《北京公交集团外聘律师办法》，确立“一二三四八”的工作要求。其中，“一”是指一个目的，即规范外聘律师管理，提高外聘律师服务水平，维护企业利益。“二”是指两个管理层次，即公交集团总部管外聘律师工作的“进口”和“出口”，各单位负责外聘律师的“中间”。“三”是要抓住选聘、日常管理和考核三个环节。“四”是外聘律师管理工作要遵循四项原则，即按需聘用和自愿聘用原则，有效竞争原则，集中管理原则以及全过程管理原则。“八”是外聘律师管理工作的八条红线，分别是拟签法律服务合同一律报请公交集团审核审批；遵循有效竞争原则，不得聘用同一律师事务所为常年法律顾问单位；法律服务费用在50万及以上的，均应当采用招标方式选聘；签订的法律服务合同期限不得超过一年；法律服务费用不得一次性支付；在法律服务合同中需写明遵守外聘律师管理制度；法律服务合同签订之日起30日内，完成外聘律师线上备案；在法律服务合同届满前30日内，对外聘律师进行年度考核。

重视知识产权保护，建立了“1+4”知识产权管理制度体系。其中“1”是指《知识产权管理办法》，这是集团公司知识产权工作的“母法”，规定了知识产权管理的基本原则、基本制度、管理体系等主要问题。“4”是指《专利管理办法》《商标管理办法》《著作权管理办法》《商业秘密管理办法》等4项具体管理制度。成功注册“北京公交”“北京公交出行”“北京公交旅游”商标，成为首都最具代表性的公交品牌。推广《企业知识产权管理》国家标准，建立知识产权管理体系和工作机构，开展知识产权管理体系认证。

坚持流程管控，持续优化内控体系建设。制定《内部控制管理手册》，建立起包括19项一级流程，81项二级流程，78项三级流程和14项四级流程在内的风险防控体系。积极落实中央、北京市合规管理体系建设工作部署，北京公交积极探索合规体系建设，将合规管理纳入年度法治培训，引导全体员工树立了合规管理意识。根据企业实际，制定实施《合规管理体系建设实施方案》，统筹推进法务和内控、合规工作，有机融合、有效衔接，明确建立健全以风险管理为导向，合规管理监督为重点，努力打造协调运转、精干高效的企业重大风险防控工作格局，实现风险管理效能的最大化。

3. 坚持法治宣传，法治公交不断深化人心

北京公交集团发布《法治宣传教育第七个五年规划》《法治宣传教育第八个五年规划》，为其法治宣传教育工作绘制了蓝图。开展“基层治理法治行”活动，以安全维稳规划、劳动用工、反恐防暴、道路交通安全、遵守法规敬畏开车等方面为主要培训内容，提升客运单位基层车队党员干部依法办事的意识和能力为培训内容。自编《基层治理法治行》读本，动员号召车队书记队长学法、懂法、用法。每年开展法治宣传教育活动近千场次，组织法律进交通枢纽、进场站活动，覆盖公交场站数百个，组织各类宣传活动近百场、覆盖近10万人，传递法治力量。每年组织“改革·发展·法治”专题培训，开阔员工视野，提升员工的法律专业能力。发挥新媒体传播速度快，覆盖范围广等优势，在法务360度管理系统中专门设置“法治动态”“法治要闻”等法治宣传专栏，开通“法治公交”企业微信号，定期推送国家、地方和行业的政策法规以及各单位的法治工作情况，培养广大干部职工“按照规矩搞经营、尊重规律办企业”的经营管理观念。利用“4·26”世界知识产权日、“12·4”国家宪法日等重点时期开展法治宣传教育活动，相继在宋家庄枢纽、四惠枢纽、有轨电车巴沟站等近百处场站进行集中宣传，组织各类宣传活动百余场，传递法治力量。北京公交集团被北京市委全面依法治市委员会授予“七五”普法先进集体荣誉称号。